GUIA PARA LA IDENTIFICACION DE LAS AVES DE
ARGENTINA Y URUGUAY

El Cardenal Común, *Paroaria coronata*, ha sido elegido para nuestra portada porque simboliza el esplendor de las aves rioplatenses y el dolor de un cautiverio inmerecido.

T. NAROSKY - D. YZURIETA

ASOCIACION ORNITOLOGICA DEL PLATA

GUIA PARA LA IDENTIFICACION DE LAS AVES DE
ARGENTINA Y URUGUAY

VAZQUEZ MAZZINI EDITORES

BUENOS AIRES

Una obra de la Asociación Ornitológica del Plata (AOP)

25 de mayo 749 2º piso, 1002, Buenos Aires - Tel: 312-8958 (C.C. 3368)

Editado con el apoyo del
Consejo Internacional para la Preservación de las Aves
Sección Panamericana

Primera Edición 18 de Agosto de 1987.
Segunda Edición 1988.
Tercera Edición 1989.
Primera Edición Inglés 1989.
Primera Edición Blanco y negro 1989
Cuarta Edición 1993.
Segunda Edición Inglés 1993.

© VAZQUEZ MAZZINI EDITORES, Argentina

Título original:
GUIA PARA LA IDENTIFICACION DE LAS AVES DE ARGENTINA Y URUGUAY

ISBN 950-99063-4-4

VAZQUEZ MAZZINI EDITORES
Concepción Arenal 4864
1427 - Buenos Aires - Argentina
Tel. y Fax. 854-7085

AUSPICIAN ESTA OBRA

Ministerio de Educación y Justicia de la Nación, Secretaría de Cultura
Secretaría de Agricultura, Ganadería y Pesca de la Nación,
Dirección Nacional de Fauna Silvestre
Ministerio de Agricultura, Ganadería y Recursos Renovables (Córdoba)
Museo Argentino de Ciencias Naturales B. Rivadavia (Buenos Aires)
International Council for Bird Preservation, Pan American Section
Fundación e Instituto Miguel Lillo (Tucumán)
Fundación Vida Silvestre Argentina
Consejo Internacional para la Preservación de las Aves, sección Argentina

Esta obra contó con la colaboración especial de

Sergio Salvador
Manuel Nores
Rosendo Fraga
y un equipo de naturalistas de la A.O.P.

y en las ilustraciones complementarias

Eduardo Saibene
Juan Claver
y Gabriel Peralta

Fotografías: Gentileza de Héctor Rivarola

Diseño Gráfico: José Luis Vázquez

A la memoria de Claes Christian Olrog
el maestro que no se ha ido

UBICACION DE ARGENTINA Y URUGUAY
EN AMERICA DEL SUR

ARGENTINA Y URUGUAY
con los Parques Nacionales de Argentina

Mon.Nat. Laguna de los Pozuelos
PN Baritú
Jujuy
PN Calilegua
PN El Rey
Res. Nat. Formosa
PN Río Pilcomayo
PN Iguazú
Salta
Formosa
PN Los Cardones
Chaco
PN Chaco
Tucumán
Misiones
Catamarca
Santiago del Estero
Corrientes
La Rioja
Santa Fe
San Juan
Córdoba
Entre Ríos
PN El Palmar
URUGUAY
San Luis
Mendoza
Buenos Aires
La Pampa
PN Laguna Blanca
PN Lihué Calel
Neuquén
PN Lanín
PN Los Arrayanes
Río Negro
PN Nahuel Huapi
PN Puelo
PN Los Alerces
Chubut
Mon. Nat. de los Bosques Petrificados
Sector Antártico
PN Perito Francisco P. Moreno
Santa Cruz
PN Los Glaciares
Islas Malvinas
Tierra del Fuego
PN Tierra del Fuego

Para que haya siempre un ave cruzando el cielo
y alguien mirándola

Citar:

NAROSKY T. y D. YZURIETA. 1987. Guía para la
Identificación de las Aves de Argentina y Uruguay.
Asoc. Ornitológica del Plata. B. Aires.

INDICE DE MATERIAS

PROLOGO A LA CUARTA EDICION

Desde la aparición de la primera edición de la "Guía para la Identificación de las Aves de Argentina y Uruguay", en 1987, no sólo han transcurrido algunos años, sino una serie de acontecimientos referidos a la ornitología rioplatense. Y este libro no ha sido ajeno a la mayoría de ellos. El éxito editorial, sorprendente aún para los más optimistas, obligó a repetir ediciones en 1988 y 1989 y, en el mismo año, a completar una cuidadosa traducción al inglés, para su distribución en diversos países del orbe.

Todas estas versiones se agotaron prontamente. También en 1989 se ha lanzado una edición económica en blanco y negro.

La realización en 1991 de la "Lista Patrón de los Nombres Comunes de las Aves Argentinas" bajo la autoría de Navas, Narosky, Bó y Chebez, con el consenso nacional y el sustento de la Asociación Ornitológica del Plata, obliga a Narosky e Yzurieta a incorporar nuevas denominaciones a partir de la 4a. edición. Asimismo se ha agregado una lista tentativa de las nuevas especies citadas en los últimos años, junto al nombre vulgar tipificado, cuando lo tuviesen. Además se han corregido pequeños errores deslizados en ediciones anteriores y se ha actualizado el índice.

En su conjunto la obra es la misma. Los miles de aficionados que se han sumado a nuestro esfuerzo por el conocimiento y la conservación de las aves rioplatenses, guía en mano, nos alientan a seguir este camino.

Y por sentirnos agradecidos queremos demostrarlo así.

LOS EDITORES

PROLOGO

Si bien la belleza de las aves ha conmovido al hombre desde siempre, hasta hace apenas 50 años su conocimiento científico estuvo reservado a unos pocos; identificar a las aves menos obvias requería cazarlas, para comparar el ejemplar en mano con las descripciones insertas en voluminosos libros de consulta.

Pero en 1934, la creación de la primera "guía de campo" por Roger Tory Peterson, produjo una verdadera revolución en la ornitología al tornarla accesible al gran público. De allí en más bastaría un pequeño manual, susceptible de ser enfundado en el bolsillo de una chaqueta, y un binocular, para que cualquier mortal pudiese reconocer a las aves halladas en una excursión campestre, y hasta discernir entre especies parecidas.

La identificación, junto con los datos básicos, es condición "sine qua non" para interesarse verdaderamente en los animales. Es el punto de partida para realizar observaciones de su comportamiento y relación con el medio; en síntesis, para una apreciación intelectual.

La pionera guía de Peterson fue seguida por miles —algunas copiando su método, otras introduciendo variaciones— que exhibieron la avifauna de continentes, regiones, países y aún de zonas más circunscriptas.

En la Argentina, el velo que cubría a la ornitología para el gran público, fue descorrido en 1959 por el Dr. Claes Christian Olrog, con la aparición de su manual "Las Aves Argentinas, una Guía de Campo". Toda una generación de amantes de la naturaleza se inició en la interpretación de nuestro mundo alado con esta obra, única en su género por muchos años.

De las pocas guías que le siguieron, seguramente la más exitosa, la más usada en base a su practicidad —a pesar de que sus ilustraciones fueran en blanco y negro— ha sido la Guía para el reconocimiento de la avifauna bonaerense de Narosky e Yzurieta, aparecida en 1978 y cuyo plan básico sigue la presente obra. Indudablemente el éxito mencionado ha de haber alentado a los autores a encarar la ambiciosa tarea de abarcar la totalidad de la avifauna argentina —que con cerca de 1.000 especies se cuenta entre las más numerosas del mundo— y uruguaya, y les ha confirmado la conveniencia de la fórmula de diagramación adoptada, inspirada en "Las Aves del Departamento de Lima", de María Koepcke.

Idealmente, una guía de campo requiere —además del formato que permita su cómodo empleo— ilustraciones de gran precisión exhibiendo a las aves en poses que faciliten la comparación, textos muy concisos que destaquen para cada especie los rasgos distintivos y los aspectos salientes de su conducta, preferencia de hábitat, mapas de distribución y rigurosa seriedad científica, incorporando los datos más recientes y basándose en las más actualizada clasificación taxonómica. El método de presentación de la información influye notablemente en la practicidad del manual.

Obviamente, nadie estaría mejor capacitado para realizar una tarea con estos requisitos que nuestros más experimentados y perspicaces observadores de aves. Quien haya acompañado a Narosky y a Yzurieta en una salida de campo habrá quedado asombrado por su extraordinaria percepción y por sus detalladas y sistemáticas anotaciones. Anotaciones que constituyen el mejor material de base para extraer los sintéticos textos buscados, y registros fotográficos, que han complementado las imágenes conservadas en la memoria, para dar por resultado las ilustraciones de Yzurieta, que reflejan las poses típicas de esas aves. La amplia cobertura que han hecho del país en sus excursiones garantiza su familiaridad con la mayor parte de nuestra avifauna, y la condición de Narosky de verdadero "alma mater" de la actual Asociación Ornitológica del Plata, unida a sus nutridos trabajos, aseguran el mayor nivel científico.

No dudo que esta nueva guía va a tener una enorme repercusión en la apreciación de las aves por el público, no sólo proveyendo una mejor herramienta para quienes ya están interesados en la observación —amén de su utilidad para los investigadores científicos— sino particularmente, acercando a esta contemplación a multitud de personas que requieren el aliciente de un instrumento verdaderamente práctico y atractivo, para volcarse a tan fascinante actividad. Y como la supervivencia misma de nuestra avifauna está íntimamente asociada al interés que ella despierta en la población, esta obra significará también una valiosa contribución a la conservación de las aves, en esta parte del continente.

Francisco Erize

NUESTRO AGRADECIMIENTO

La idea de plasmar en realidad "Las Aves de Argentina y Uruguay" ha recibido amplio apoyo de los ornitólogos y ornitófilos rioplatenses. Tal vez por ello es posible reconocer en este trabajo la influencia de los estudios especializados de ambas márgenes del Plata. Además de los criterios propios y bibliográficos se han realizado consultas que abarcan desde los grandes lineamientos de la obra, hasta pequeños detalles de distribución. Y el aporte ha sido, lógicamente, desigual. Intentaremos nombrar a quienes nos prestaron algún tipo de colaboración. De cualquier modo sabemos que habrá omisiones, inevitables tras cinco años de trabajo y un constante y variado intercambio epistolar y personal.

A todos, mencionados o no, nuestro profundo agradecimiento. Y particularmente:

al Biólogo Manuel Nores, quien además de sugerencias diversas y críticas oportunas es responsable del capítulo "Ornitogeografía Argentina", que sin duda jerarquiza la obra;

al naturalista Sergio Salvador a quien se debe una eficaz labor de investigación en los rubros ambiente y distribución;

a los dibujantes especializados Eduardo Saibene (siluetas de géneros y de familias de passeriformes), Juan Claver (siluetas de familias de no passeriformes) y Gabriel Peralta (especies de presencia dudosa y topografía de un ave), que contribuyeron con su valiosa pluma a la tarea artística, complementando eficientemente la labor del ilustrador;

al Dr. Jorge R. Navas, quien sugirió ideas y discutió aspectos de la obra, aportando su reconocida idoneidad profesional y cediendo para nuestra labor importante material ornitológico del Museo Argentino de Ciencias Naturales Bernardino Rivadavia;

al Dr. Rosendo M. Fraga, quien participó en las primeras etapas, ofreciendo con generosidad su conocimiento sobre comportamiento de aves, especialmente en el tema voces;

al grupo que, con alternativas y variantes, constituyó el equipo de colaboradores y que entregó su entusiasmo y juvenil experiencia. El mismo estuvo integrado por: Lic. Diego Gallegos (elaboración de textos), Lic. Javier Beltrán e Ing. Agr. Horacio Rodríguez Moulin (revisión de pieles de museo), Ornitoguías: Alejandro Di Giácomo (familias), Horacio Aguilar (índice y sinonimia) y Marcelo Betinelli (revisión de pieles);

al joven y destacado dirigente conservacionista Juan Carlos Chébez por su contribución al tema de los nombres vulgares;

a los naturalistas Mauricio Rumboll y Justo Herrera, quienes sin retaceos brindaron su vasto conocimiento sobre las aves de la selva paranense;

al Profesor Rodolfo Escalante (Uruguay), nuestro consejero en el sector de aves marinas, y al Dr. Philip Humphrey (EEUU), igualmente eficaz en la dilucidación de los problemas con el género *Tachyeres;*

a Francisco Erize, Juan Klimaitis, Pablo Canevari, Guillermo Vassina, Horst Hethke (Alemania), Juan Cuello (Uruguay), Carlos Saibene, Miguel A. Castelino, Andrés Johnson,

José Santos Biloni, Miguel Woites, Gustavo Siegenthaler, Eduardo Casas, Tomás Sheridan, Miguel A. Fiameni, Víctor Pulido (Perú), Sergio Goldfeder, David B. Wilson, Ada Azategui, Giovanna Crispo, Carlos A. Cancelo (Uruguay), Norberto Montaldo, Laura Rosemberg, Mateo R. Zelich, Bernabé López Lanús y Miguel Blendinger, quienes hicieron variados aportes;

a Raúl L. Carman, notable naturalista y dilecto amigo, quien contribuyó con su generosidad de siempre a realzar este trabajo;

a la Lic. Estela Alabarce y a la Dra. Nelly Bo que con una amistosa solicitud que excede la función, pusieron a nuestra disposición el material de estudio bajo su custodia, en el Instituto Miguel Lillo de Tucumán y en el Museo de La Plata respectivamente;

a Haydée Teggi, apoyo insustituible en las agotadoras jornadas de elaboración de textos y cuyo entusiasmo y capacidad ayudaron a resolver muchas de las dificultades surgidas durante estos años;

a Adelino Narosky quien, como siempre, fue un auxiliar indispensable en múltiples tareas, secundado en esta ocasión por Omar González, Roberto Hermo, Javier Ospital y Pablo Losardo;

a José Luis Vázquez, el editor ideal para una obra compleja que requiere aportes creativos y cuya calidad humana y profesional fue decisiva en el resultado obtenido. Y a su equipo de trabajo compuesto por: Marisa, Cristina y Fernando Vázquez Mazzini, Miguel y Diego Dente, Verónica Balotta, Alberto Rodríguez, María Cristina Melendi, Juan Carlos Augenti, Luis Vázquez Mansilla y Raúl Lazarte;

al veterano y capacitado "bird-watcher" Maurice Earnshaw, por su eficaz traducción de la obra al inglés; a Carlota de Roberts quien aportó su profesionalidad y a Pablo Rovner que realizó la delicada tarea de homogeneización del texto;

a Roberto Cinti, que en la difícil etapa de la difusión entregó con la honestidad de siempre su indiscutida sapiencia;

a William Belton y Montserrat Carbonell, Presidente y Coordinadora, respectivamente, de la Sección Continental Panamericana del Consejo Internacional para la Preservación de las Aves, por el generoso y cálido impulso dado a nuestra labor y por su invalorable aporte personal en la revisión de la traducción;

a la honestidad y eficiencia de Elsa M. de Stein, colaboradora del Ing. José Leiberman, quien fue Director de Ediciones de la A.O.P., y encargado de la urdimbre técnico financiera que dio lugar a este "alumbramiento". Para él las últimas pero quizá las más reconocidas palabras, pues tomó con placer la responsabilidad y soportó estoicamente las dificultades hasta arribar a este final que lo cuenta como protagonista.

T. Narosky - D. Yzurieta

"Si los hombres no los apedrearan me habría gustado ser pájaro;
claro que si no los apedrearan me gustaría ser hombre"

INTRODUCCION

Esta obra es, fundamentalmente, una herramienta de trabajo. Está pensada para el creciente número de aficionados a la observación de aves en el campo, que requieren elementos perfeccionados, al estilo de los que se ofrecen en los países más adelantados del mundo. Existe ya a ambas márgenes del Plata una importante bibliografía ornitológica que, aún así, todavía se halla a la zaga del creciente interés por los fenómenos naturales, especialmente en cuanto a aves. La intensa actividad de la Asociación Ornitológica del Plata y los cursos para observadores que organiza desde hace una década, no son ajenos al desarrollo de este proceso. Los primeros beneficios se palpan ya. Un mayor conocimiento implica respeto por la vida en sus diferentes manifestaciones y a la postre, medidas conservacionistas impulsadas por la misma opinión pública. El resultado final justifica lo invertido; el hombre, además de hallar a través de las aves un camino nuevo hacia la paz y la dicha, aplica fórmulas inteligentes de frenado al deterioro del medio natural, deterioro que lo arrastra también a él, como parte integrante de ese proceso mágico que se llama vida.

Por ello mismo la A.O.P. está presente como figura central en la concreción de esta obra, que ha sido pensada básicamente para la Argentina, como que argentinos son sus autores y colaboradores, y quienes han posibilitado la edición en sus múltiples aspectos. También se refieren a nuestro país los mapas de distribución, el número de razas, los datos ornitogeográficos y la abundancia. Sin embargo, como con el agregado de unas pocas especies se podía incorporar a la República Oriental del Uruguay, se las incluyó a fin de apoyar la labor de los naturalistas del país hermano y aún considerando que cuentan con excelente material nativo.

Cuando se tiene por primera vez una obra de identificación es conveniente, antes de probar su utilidad en el campo, establecer un principio de acuerdo con los autores. Las abreviaturas y símbolos y el método didáctico utilizado, deben ser conocidos de antemano para no demorar su interpretación. Por ello se hace imprescindible memorizar algunos de estos elementos. Dado que la guía es, en esencia, una herramienta más o menos compleja, cuanto más rápido se vayan descubriendo sus pequeños secretos, más pronto el observador de aves irá perfeccionando sus conocimientos.

Nuestra labor ha sido en realidad de síntesis. No se pueden representar ni describir todas las posibilidades, de modo que selección, más que inclusión, fue la idea dominante en la tarea. Un espacio breve exige permanente eliminación de datos, muchos de los cuales podrían ser eventualmente útiles. Eso crea la conciencia de que es imprescindible elegir con el máximo de rigor, para incorporar un cúmulo de información en el breve espacio asignado a cada rubro. El tamaño total del libro, de bolsillo, lo determina. Así nos hemos visto precisados a utilizar un lenguaje telegráfico y al mismo tiempo, una serie de símbolos y abreviaturas. Pero el exceso de ellos hubiese sido igualmente perturbador. En general nos regimos por idéntico criterio que en "Aves Argentinas, guía para el reconocimiento de la avifauna bonaerense" pero la experiencia de 9 años y varias ediciones, sumado a la incorporación del color, de mapas de distribución y de muy diversos y variados elementos, a veces sutiles, hacen de "Guía para la Identificación de las Aves de Argentina y Uruguay" una obra más compleja y deseamos que también más útil.

Piense el lector que ninguna palabra, símbolo o espacio están o faltan por casualidad. Podría tratarse de errores, sin duda, pero es muy probable la existencia de razones no resaltantes en primera lectura. Se puede utilizar el texto destacado en **negrita** para una aproximación que a veces resulta suficiente. Para ello hemos remarcado sintácticamente dichos elementos de modo que puedan leerse aislados del resto del texto.

La obra sigue el ordenamiento sistemático. Sin embargo hemos procurado agrupar en cada página a las especies más parecidas dentro de la misma familia, a fin de señalar por comparación los rasgos distintivos. Se utilizan términos de valor decreciente tales como: muy parecido..., parecido..., recuerda..., algo recuerda...

Para las ilustraciones se utiliza una misma escala en cada página, de modo de poder comparar los tamaños. Sin embargo, ocasionalmente el dibujante no se atuvo a ello, por lo que resulta más fiel la medida en centímetros que figura en el texto.

La descripción del colorido sigue siendo un problema de difícil solución. Aunque existen tablas de muy buena calidad, éstas no son útiles en el campo ni están al alcance de los aficionados. Creemos que la práctica en el uso de la guía facilitará la tarea. Ciertas aves muy conocidas pueden servir de base. La cola del Hornero, por ejemplo, será rufa; el cuello del Chingolo Común, canela, y de ese modo se podrá ir compatibilizando el criterio personal del lector con el utilizado en esta obra, de todos modos también subjetivo.

Pedimos disculpas a los ornitófilos avisados cuando, por razones didácticas, usamos frases redundantes. Ejemplo: montañas, no llanuras. Si eso hacemos aunque parezca innecesario, es por aclarar bien un hecho, seguramente importante para separar a esa especie de otra parecida.

En los textos se ha seguido, con pocas variantes, una secuencia que incluye ordenadamente: nombres vulgar, inglés y científico, número de razas en la Argentina, medida natural, comportamiento, voz, aspecto general, descripción del macho, de la hembra y del joven, distribución en América, ambiente y probabilidad de su hallazgo.

Nombre vulgar: Durante el año 1991, la Asociación Ornitológica del Plata ha editado la Lista Patrón de los Nombres Comunes de las Aves Argentinas, bajo la autoría de Jorge Navas, Tito Narosky, Nelly Bó y Juan Carlos Chebez. Así se ha cumplido un anhelo que nace en 1916. Desde la edición actual de esta guía, cada especie tendrá como nombre vulgar el de esa Lista Patrón, habiéndose eliminado del índice algunos sinónimos que pierden mérito tras la tipificación.

Los especialistas que tuvieron a su cargo aquel trabajo nos ofrecen un nombre en cierto modo oficial. Sin embargo, el aficionado se encontrará en el campo con multitud de denominaciones cuyo valor folclórico no puede desatenderse.

Nombre científico: Teniendo en cuenta la diversidad de opiniones entre los taxónomos, no existiendo fórmulas definitivas y considerando que no es éste un tratado de sistemática, hemos optado por seguir libremente los estudios modernos teniendo presente también, usos y costumbres arraigados, en especial cuando el cambio propuesto no aparece incontrovertible. Pero más aún; en caso de posibilidades igualmente válidas, se ha optado por el nombre que ha de facilitar la tarea del observador. Rara vez nuestra experiencia de campo ha terciado en el debate.

Como un aporte más, el índice incluye una larga serie de sinónimos con su equivalencia. Creemos haber salvado así, pragmáticamente, una situación de difícil solución que, como cualquier otro criterio, ha de merecer reparos.

En la sección titulada: "Zonas ornitogeográficas de Argentina" han sido modificados algunos nombres para adaptarlos al criterio general de la obra.

Razas geográficas o subespecies: Dado que el observador no puede por lo general descubrir a campo las leves diferencias de coloración o tamaño que determinan subespecies, la obra no las considera especialmente, salvo en aquellos pocos casos en que son bien notorias y obviar la información puede crear confusiones. Sólo en contadas oportunidades, entonces, se indican características subespecíficas con las áreas geográficas correspondientes. Además, en todos los casos y como dato informativo se incluye un símbolo (2R, 3R, etc.) junto al nombre científico, que representa el número de razas reconocidas para la Argentina. De no aparecer ese símbolo es porque se reconoce una sola.

Medida natural: El número de centímetros con que se inicia cada texto no es el del largo total del ave, sino el tamaño aproximado que el observador le otorga en la postura más habitual. Así la medida natural de un macá estará calculada nadando y la de un carpintero, en posición vertical, desde la cabeza a la cola y no desde el extremo del pico estirado hacia atrás. Pese a la imprecisión de este dato, resulta de importancia práctica y conviene al observador utilizarlo comparativamente. En ciertos casos se da información acerca de la medida del pico, de la cola o de la envergadura. Cuando el tamaño está destacado en **negrita**, queremos señalar su importancia especial.

Comportamiento: La experiencia de campo demuestra que muchas veces es más sencillo reconocer aves por su conducta que por el colorido. Cuando así sucede se ha puesto énfasis en dichos caracteres. Los comportamientos típicos de familias o géneros se han descrito en el espacio dedicado a esos taxones. A menudo hemos intentado describir voces, a sabiendas de cuanta subjetividad ofrece el tema. Sin embargo puede ayudar cuando aves parecidas poseen voces característicamente diferentes o en selvas donde el oído suele ser la única forma de contacto con especies que viven ocultas.

Migración: A los efectos de sintetizar el conocimiento y aunque existan distintas modalidades y algunas excepciones, hemos dividido a las especies migratorias en tres categorías.

Migrador A: Aves que nidifican en el hemisferio norte y que luego vuelan a nuestro país. Se los encuentra aquí en primavera y verano. Ejemplo: playeros, varios gaviotines, algunos chorlos y golondrinas, etc.

Migrador B: Aves que nidifican en la Argentina (en primavera y verano) y que migran al norte durante el invierno. Ejemplo: diversos tiránidos como la Tijereta, el Churrinche, el Suirirí Real, etc.

Migrador C: Aves que nidifican en la Patagonia durante la primavera y que aparecen en el centro del país y aún más al norte durante el invierno. Ejemplo: algunos chorlos, el Sobrepuesto, otros tiránidos, etc.

A todas las demás especies, sobre las que nada se indica en cuanto a migración, se las supone residentes durante todo el año, pese a que puede haber importantes variantes numéricas estacionales, a que existen además desplazamientos altitudinales en áreas montañosas y a que, en muchos casos, ciertos movimientos son poco conocidos. También sucede que en algunas especies, una raza puede ser residente y otra migratoria, como acontece con la Remolinera Común, o que ciertas poblaciones sean migradores B y otras residentes. Ejemplo: Churrinche. Conviene aclarar que no es excepcional encontrar en invierno a migradores A que debían haber vuelto a sus lugares de cría en el hemisferio norte.

Aspecto general: Antes de la descripción suele incluirse algún dato que caracteriza al ave, tal como "llamativo colorido", "enorme", "pardo". Este calificativo corresponde sin duda a la primera impresión pues de inmediato se enuncian los elementos parciales.

Descripción: La obra no es minuciosamente descriptiva en cuanto a las partes del ave, incluyendo sólo aquellos datos que el aficionado puede apreciar con el primático desde cierta distancia y munido de alguna experiencia. Esta irá creciendo en la medida que se estreche la relación observador-guía. Aquí es donde con más razón se deben recordar las denominaciones incluidas en la topografía de un ave y las explicaciones del glosario. Si macho y hembra son iguales, se evita esa mención, lo mismo que cuando no existe dimorfismo estacional. En caso contrario se describe el macho en plumaje de reposo sexual (PI) y se indican los caracteres diferenciales de la hembra o del plumaje nupcial (PN). A los jóvenes se les ha dedicado nada más que unas palabras y sólo cuando ellos difieren claramente de los adultos. Sabemos que en casos, como el de ciertos Accipitridae, esta información resulta insuficiente y se requerirá bibliografía especializada y buena experiencia, para su reconocimiento, al que coadyuvarán de todos modos: silueta, comportamiento, distribución, hábitat, etc. La proximidad de adultos puede resultar útil.

Distribución: No existe conocimiento sobre la distribución exacta de la mayoría de las aves argentinas. Sin embargo no quiso obviarse un dato de esta importancia cuyo verdadero valor sólo puede darlo un uso crítico de la información. En el texto se incluye la zona que abarca la especie en la Región Neotropical, no mencionando su presencia en otras partes del globo. Sin explicación alguna, al término de la descripción y antes del hábitat, figuran los países abarcados salvo la Argentina. Ejemplo: ...Ecuador, Perú y Bolivia; o bien ...Desde Méjico, salvo Paraguay... Resulta así tan sólo un dato informativo. Con el Uruguay se ha seguido distinto criterio. Se lo incluye siempre por separado y en mayúscula. Ejemplo: ... Sudamérica, salvo Chile - URU-GUAY ... El lector podrá así, con observar superficialmente, saber si la especie vive en ese país. La no inclusión, aunque diga "toda América", indica que no es conocido para la República Oriental del Uruguay.

Los mapas con división política procuran reemplazar la ausencia de distribución argentina, en el texto. Para este objetivo hemos utilizado amplia bibliografía y datos inéditos propios y ajenos. Incluso se han sombreado áreas que consideramos de baja densidad para la especie y zonas donde no cría, mostrando con una flecha el sentido de la migración. Para perfeccionar este conocimiento será de utilidad el aporte futuro de los usuarios.

En ocasiones duplicamos la información al incluir también en el texto el área de distribución en la Argentina, criterio usado cuando tan solo una o dos palabras resultaban suficientes. Ejemplo: Misiones, NO, NE, etc.

Circunstancialmente aparece una localidad entre paréntesis. Se trata de sitios donde el ornitófilo podrá hallar con más probabilidad, ciertas especies poco comunes.

Hábitat: Es este un elemento al que el novel observador no suele prestar demasiada atención y que sin embargo, en muchos casos, resulta esencial. Más especies de las que se supone están estrechamente ligadas a ciertos hábitats.

El área de cría para aves marinas está referida únicamente a la Argentina.
En el glosario se explican los términos utilizados para describir el ambiente.

Probabilidad de su observación: Mucho más que la abundancia en sí, lo que importa es la posibilidad que tiene el ornitófilo de hallar una especie determinada. Por ello, el número romano de I a VI que figura separado del texto, en la parte final de cada especie, está indicando si hay pocas o muchas probabilidades de observar un ave.
I: de presencia hipotética. Se incluye en esta calificación a aquellos casos en que se cuenta con por lo menos dos o tres citas fehacientes de aves que, por no vivir en países vecinos con hábitats similares, hacen de su existencia permanente en nuestra zona, algo poco probable. También incorporamos a esta categoría especies de países limítrofes y de hábitats continuados, pero con una sola cita moderna (menos de 40 años) o varias antiguas. Los casos que a nuestro parecer no alcanzan esta calificación se incluyen en las páginas 292 y 293.
II: Rara o muy difícil de ver
III: Escasa o difícil de ver

IV: Relativamente común o fácil de ver
V: Abundante o muy fácil de ver
VI: Muy abundante. Se la observa prácticamente en todas las salidas.

Por las características de esta sencilla tabla, y dado que en un país tan extenso aparecen variantes numéricas importantísimas de una localidad a otra, los datos tienen carácter meramente orientador. Pero el valor que nosotros le otorgamos está demostrado por el largo tiempo dedicado a establecerla, en consulta con los más distinguidos ornitólogos de campo del país. En caso de que el observador se halle ante especies del grupo II y más aún del grupo I será de interés que dé a conocer tal información mediante un simple comunicado a la A.O.P. o por cualquier otro medio. Demás está mencionar la importancia de los hallazgos sobre aves que figuran en los rubros: "Especies cuya presencia actual requiere confirmación" o en "Especies alguna vez citadas"

Familias: En las primeras páginas de la obra se da una información sintética, a la manera de los textos para especies, sobre las 82 familias representadas en la avifauna de Argentina y Uruguay. Junto a la descripción aparecen una o más siluetas.

Géneros: Dentro del texto general pero con idéntico criterio que para familias, aparecen los datos genéricos al comenzar a describir cada grupo. En este caso las siluetas están en negro. Cuando el nombre vulgar resulta por alguna razón más ajustado que el científico, hemos optado por él.

En 1978, en Aves Argentinas, guía para el reconocimiento de la avifauna bonaerense, decíamos que nuestra aspiración era colaborar modestamente con la difusión de la ornitología como ciencia y como pasión, permitiendo canalizar inquietudes que de otro modo pueden quedar truncas. También expresábamos la esperanza de incorporar un puñado de amigos al círculo de los que inspiran su vida en el vuelo de las aves. Nuestros deseos siguen siendo los mismos, pero la Argentina es otra. El puñado de observadores con que soñamos se ha convertido en multitud. Jóvenes y adultos se incorporan constantemente al núcleo de quienes admiran o estudian a las aves en la Naturaleza. Por eso esta nueva guía, en la que invertimos casi 5 años, es más adulta; tiene además otra intención. Servirá a quienes den sus primeros pasos, sin duda, pero esperamos que también sea la herramienta, el libro-amigo del ornitófilo, como lo fue para nosotros la vieja y admirada guía de Olrog de 1959.

Sin duda ya no somos tan modestos en nuestras aspiraciones. La Argentina, un paraíso para las aves, y los aficionados de ambas márgenes del Plata, lo merecen.

LA PAGINA DEL DIBUJANTE

A poco de haber recorrido este libro, admirando la variedad y belleza de nuestra avifauna, se notará que no hay un tratamiento absolutamente uniforme en todas las láminas. Existen casos en que se muestra una sola figura por especie, y en otras, dos, tres, cuatro y aún cinco. Como esta obra pretende convertirse en una herramienta de trabajo para ser usada como guía de campo, se pone especial énfasis en la *identificación* de las aves, no en el lucimiento artístico. La intención es presentar una ficha visual lo más completa posible, ilustrando la mayoría de las opciones: macho (en primer plano), hembra, juvenil, plumajes estacionales, diseño en vuelo y en ciertos casos subespecies. Cuando no se muestra alguno de los aspectos, la breve descripción del texto suplirá la contundencia visual del dibujo.

Por otro lado nos hemos permitido introducir una novedad: las aves a todo color, y el hábitat en blanco y negro. El vívido contraste entre las figuras cromáticas y su entorno permite visualizar al pájaro con nitidez, aunque el ambiente esté minuciosamente detallado. De todos modos, cada especie está ilustrada en los lugares que frecuenta con mayor asiduidad, ya sea selva, bosque, montaña, llanura, costa marina, etc. Este esfuerzo de adecuación a la realidad no debe ser descuidado por el aficionado, pues resultará útil como complemento para la identificación a campo. Sin embargo la vida —y la de las aves en especial— es dinámica y nada puede afirmarse como definitivo en ellas. Así podrá hallar el observador situaciones no previstas aquí.

Quiero destacar el aporte de la Dra. Mercedes Gutiérrez y del Profesor Gustavo Haro, de la Universidad Nacional de Córdoba, por el préstamo de pieles de estudio, base de las ilustraciones. Además, muy especialmente, al Ing. Agr. Arturo L. Jaccard, Director de Recursos Naturales Renovables de Córdoba; a la Bióloga Cristina Rendel por la sugerencia de, experimentar con la ambientación en blanco y negro, y a Roberto Straneck, Oscar Salzgeber, Carlos Bazán, Gustavo Haro, Gabriel Peralta, Rodolfo Miatello y Lucio y Sergio Salvador por el préstamo de siluetas fotográficas y a los que de algún modo colaboraron con su aporte y cuyos nombres pude haber omitido involuntariamente.

Por fin a Martha, mi esposa, y a mis hijos, a quienes "abandoné" durante larguísimas jornadas en las que permanecí recluido en mi gabinete, dibujando. A todos ellos, mi más profundo agradecimiento.

Darío Yzurieta

TOPOGRAFIA DE UN AVE

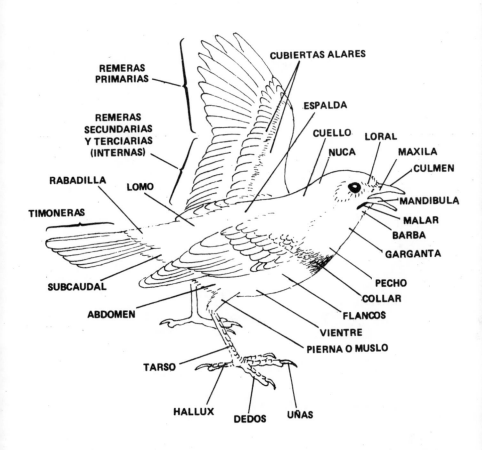

Para el aficionado: No olvide que este libro es una herramienta de trabajo. Escríbalo, subráyelo, critíquelo, corríjalo. Así, ornitológicamente hablando, podrán crecer ambos.

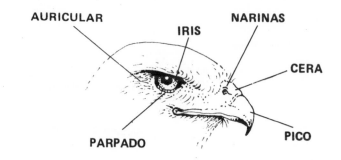

AURICULAR

IRIS

NARINAS

CERA

PARPADO

PICO

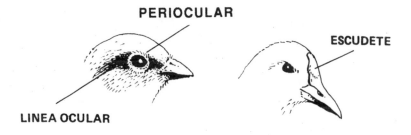

PERIOCULAR

ESCUDETE

LINEA OCULAR

SUPRAFRONTAL

CEJA

AMPLIA FRENTE

CORONA

CABEZA

CAPUCHON

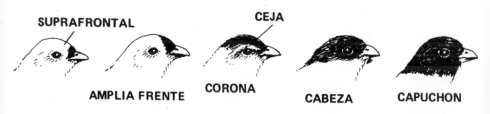

LAS DIMENSIONES QUE FIGURAN EN EL TEXTO (MEDIDA NATURAL) FUERON TOMADAS DE LA SIGUIENTE FORMA:

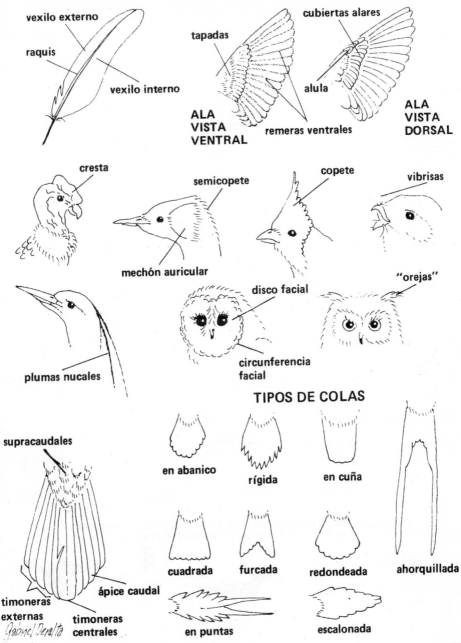

vexilo externo
raquis
vexilo interno

tapadas
cubiertas alares
alula
remeras ventrales

ALA VISTA VENTRAL

ALA VISTA DORSAL

cresta

semicopete

copete

vibrisas

mechón auricular

plumas nucales

disco facial

circunferencia facial

"orejas"

TIPOS DE COLAS

supracaudales

en abanico

rígida

en cuña

cuadrada

furcada

redondeada

ahorquillada

timoneras externas

timoneras centrales

ápice caudal

en puntas

escalonada

25

FAMILIAS DE AVES REPRESENTADAS EN ARGENTINA Y URUGUAY

Orden Sphenisciformes Colaboró: Alejandro Di Giácomo

Fam. SPHENISCIDAE: **Pingüinos**, pájaros bobos (Penguins) - Hemisferio sur (uno en Galápagos) - 17 especies, 8 en Argentina, 2 en Uruguay - **Pelágicos - No vuelan** - Eximios nadadores y buceadores - A tierra sólo van a nidificar o exaustos - Postura erecta que recuerda 1a de cormoranes - Gregarios - Crían en colonia - 1 ó 2 huevos blancos - Alas modificadas en aletas - Plumaje como piel - Pico robusto - Patas y cuello cortos - 3 dedos palmeados - ♂ y ♀ semejantes   Pág. 43

Orden Rheiformes

Fam. RHEIDAE: **Ñandúes**, "avestruces americanos", suris, choiques (Rheas) - Sud América - 2 especies, ambas en Argentina, 1 en Uruguay - **No vuelan** - Grandes corredores - En grupos - Polígamos - Incuba el ♂ - Nido en el suelo ccn muchos huevos cremosos - **Enormes - Patas y cuellos largos** - Cabeza chica - Alas y cola sin plumas rígidas - 3 dedos - ♂ y ♀ algo distintos   Pág. 45

Orden Tinamiformes

Fam. TINAMIDAE: **Inambúes**, "perdices", martinetas, keús (Tinamous) - América - 41 especies, 15 en Argentina, 2 en Uruguay - Terrícolas - Poco voladores - Caminadores - Polígamos - Incuba el ♂ - Brillantes huevos coloreados - A menudo **presa de cazadores** - Miméticos - Plumaje compacto - Recuerdan pollos - Cabeza chica - **Cola corta** - ♂ y ♀ semejantes   Pág. 46

Orden Podicipediformes

Fam. PODICIPEDIDAE: **Macáes**, zambullidores (Grebes) - Cosmopolita - 18 especies, 6 en Argentina, 4 en Uruguay - Acuáticos - Zambullen a menudo - Buenos **buceadores** - Bastantes gregarios - Vuelan poco de día tras largo carreteo - Cuando muy raramente caminan, andan erguidos - Nido flotante - Varios huevos blancuzcos que luego se tiñen - Recuerdan patos - Plumaje compacto satinado - **Pico cónico** - Cola rudimentaria - **4 dedos lobulados** - ♂ y ♀ semejantes - Dimorfismo estacional   Pág. 50

Orden Procellariiformes

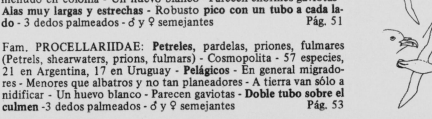

Fam. DIOMEDEIDAE: **Albatros** (Albatrosses) - Cosmopolita - 13 especies, 7 en Argentina, 4 en Uruguay - Pelágicos - Eximios **planeadores** de vuelo bajo - Nadadores - A tierra sólo van a nidificar, a menudo en colonia - Un huevo blanco - Parecen enormes gaviotas - **Alas muy largas y estrechas** - Robusto **pico con un tubo a cada lado** - 3 dedos palmeados - ♂ y ♀ semejantes   Pág. 51

Fam. PROCELLARIIDAE: **Petreles**, pardelas, priones, fulmares (Petrels, shearwaters, prions, fulmars) - Cosmopolita - 57 especies, 21 en Argentina, 17 en Uruguay - **Pelágicos** - En general migradores - Menores que albatros y no tan planeadores - A tierra van sólo a nidificar - Un huevo blanco - Parecen gaviotas - **Doble tubo sobre el culmen** -3 dedos palmeados - ♂ y ♀ semejantes   Pág. 53

Fam. HYDROBATIDAE: **Paíños,** petreles de tormenta, "golondrinas de tormenta" (Storm-petrels) - Cosmopolita - 23 especies, 5 en Argentina, 3 en Uruguay - **Pelágicos** - Parecen **pequeños** petreles de vuelo errático - **Revolotean sobre las olas** con las patas colgando - No planean - Suelen aparecer en tiempo tormentoso - A tierra sólo van a nidificar, de noche - Un huevo blanco - Pico fino con gancho apical - **Un sólo tubo sobre el culmen** - 3 dedos palmeados - ♂ y ♀ semejantes Pág. 59

Fam. PELECANOIDIDAE: **Yuncos,** potoyuncos, petreles zambullidores (Diving-petrels) - Hemisferio sur - 4 especies, 3 en Argentina, 1 en Uruguay - **Costeros** - Parecen **pequeños y robustos** petreles - Vuelo bajo y rápido - Eximios **zambullidores** - **Bucean** - Un huevo blanco - Alas cortas - Pico corto y robusto con **2 tubos en la base del culmen, abiertos hacia arriba** - Patas cortas - 3 dedos palmeados- ♂ y ♀ semejantes Pág. 60

Orden Pelecaniformes

Fam. SULIDAE: **Piqueros,** alcatraces (Boobies) - Cosmopolita - 9 especies, 1 en Argentina y Uruguay - Costeros - Zambullen desde cierta altura - Vuelan en fila - Gregarios - No anidan en el área - Alas largas y estrechas - **Cola en cuña** - **Pico robusto,** casi recto, **agudo** - 4 dedos palmeados - ♂ y ♀ semejantes Pág. 61

Fam. PHALACROCORACIDAE: **Cormoranes,** biguá (Cormorants)- Cosmopolitas - 30 especies, 6 en Argentina, 2 en Uruguay - Costeros (2 también en aguas interiores) - Gregarios - Zambullen y bucean - **Postura erecta** - **A veces al sol con las alas extendidas** - Crían en colonia - 4 huevos celestes - **Pico recto,** más bien largo, **con gancho apical** - Cuello largo - Cola larga, algo rígida - 4 dedos palmeados - ♂ y ♀ semejantes Pág. 62

Fam. ANHINGIDAE: **Aninga,** biguá-víbora (Darters) - Hemisferio sur - 2 especies, 1 en Argentina y Uruguay - Pantanos y ríos arbolados - Zambullen persiguiendo peces, que ensartan con su **pico largo, recto y agudo** - **Nadan semihundidos** - Suelen planear alto - Crían en colonia - 4 huevos celestes - Parecen cormoranes de **cuello y cola más largos** - 4 dedos palmeados - ♂ y ♀ distintos Pág. 61

Fam. FREGATIDAE: **Fragatas,** aves fragata, rabihorcados (Frigatebirds) - Pantropicales - 5 especies, 1 en Argentina y Uruguay - Costeros - Vuelo ágil - **Persiguen aves** - No nadan - Gregarios - No anidan en el área - **Alas largas y angostas** - **Larga cola ahorquillada** - Pico largo con gancho apical - 4 dedos palmeados - ♂: Bolsa gular inflable - ♂ y ♀ algo distintos Pág. 61

28

Orden Ardeiformes
Fam. ARDEIDAE: **Garzas,** mirasoles (Herons) - Cosmopolita - 60 especies, 13 en Argentina, 11 en Uruguay - Palustres - **Vuelo** lento **con el cuello recogido** - Gregarias - Vadean - La mayoría cría en colonia - 3 ó 4 huevos a menudo azul verdosos - Pico largo y agudo - Patas largas, con dedos no palmeados - ♂ y ♀ semejantes   Pág. 64

Fam. CICONIIDAE: **Cigüeñas** (Storks) - Cosmopolita - 17 especies, 3 en Argentina y Uruguay - Recuerdan garzas - Más grandes y robustas - No tan gregarias ni tan palustres - **Cuello extendido en vuelo** - A menudo crían en colonia - 2 a 4 huevos blancos - Cabeza y cuello desnudos en 91) y 93) y sólo cara en 92) - **Pico largo y grueso** - Patas largas, con dedos no palmeados - ♂ y ♀ semejantes   Pág. 68

Fam. THRESKIORNITHIDAE: **Bandurrias,** cuervillos, espátula (Ibises, Spoonbills) - Cosmopolita - 28 especies, 7 en Argentina, 5 en Uruguay - Recuerdan cigüeñas - Mucho menores - Gregarias - Algo palustres - **Vuelo rápido con el cuello extendido;** a veces formación en "V" - En general crían en colonia - 2 a 5 huevos - Cuello y patas largos - Dedos no palmeados - **Pico largo,** delgado y curvo (salvo 100) - ♂ y ♀ semejantes   Pág. 69

Orden Phoenicopteriformes
Fam. PHOENICOPTERIDAE: **Flamencos,** parinas (Flamingos) - Cosmopolita - 5 especies, 3 en Argentina, 1 en Uruguay - En aguas salobres y dulces - Gregarios - Vuelo en fila con el cuello extendido - Crían en colonia - Nido de barro - 1 huevo blanco - **Rosados - Patas y cuello muy largos** - Dedos palmeados - **Pico abruptamente curvado** - ♂ y ♀ semejantes   Pág. 71

Orden Anseriformes
Fam. ANHIMIDAE: **Chajáes** (Screamers) - Sud América - 3 especies, 1 en Argentina y Uruguay - Algo palustres - A veces gregarios - Vuelo lento - Planeo - **Gritones** - 4 a 6 huevos blancuzcos - Robustos - Pico como de gallina - Cabeza pequeña con **copete nucal - Alas largas y anchas, con espolones** - Tarsos gruesos - Dedos largos, no palmeados - ♂ y ♀ semejantes   Pág. 72

Fam. ANATIDAE: **Patos,** cisnes, gansos, cauquenes, "avutardas" (Ducks, swans, geese) - Cosmopolita - 144 especies, 38 en Argentina, 21 en Uruguay - **Acuáticos** - Buenos **nadadores y voladores** - Zambullen - Caminan - Gregarios - Vuelo rápido y batido - Muchos huevos blancuzcos - Uno es parásito - A menudo presa de cazadores - **Espejo alar brillante - Pico ancho, chato, con uña apical** - Patas cortas - 3 dedos palmeados - En algunos, ♂ y ♀ distintos   Pág. 72

Orden Falconiformes

Fam. CATHARTIDAE: **Jotes**, cóndores, urubúes, "cuervos" (American Vultures) - América - 7 especies, 5 en Argentina, 3 en Uruguay - **Comen carroña** - Suelen planear alto - Más bien gregarios - A veces asentados con las alas abiertas - 1 a 2 huevos, blancos o manchados - Recuerdan Accipitridae - Grandes - **Cabeza desnuda,** a menudo coloreada - Pico con gancho apical - Alas largas y anchas - Patas robustas - Uñas débiles - ♂ y ♀ semejantes   Pág. 82

Fam. ACCIPITRIDAE: **Gavilanes**, águilas, aguiluchos (Eagles, hawks, kites) - Cosmopolita - 210 especies, 40 en Argentina, 18 en Uruguay - Diurnos - Vuelo rápido - Postura erecta - 1 a 4 huevos, a menudo manchados - Coloración modesta - Suelen ser difíciles de identificar (fases, JJ, etc) - **Pico corto,** muy curvo, **sin borde dentado** - A veces tarso emplumado - Uñas curvas y fuertes - Iris, cera y patas, coloreadas - Alas largas - ♀ más grande   Pág. 83

Fam. PANDIONIDAE: **Sangual**, águila pescadora (Osprey) - Cosmopolita - 1 especie, que visita Argentina y Uruguay - **Pescadora** - Costera - Más bien solitaria - **Vuela sobre el agua** - No cría en el área - Aspecto de aguilucho - **Alas** más **largas y anguladas** - Uñas largas y curvas - ♂ y ♀ semejantes   Pág. 93

Fam. FALCONIDAE: **Halcones**, caranchos, chimango (Falcons, caracaras) - Cosmopolita - 57 especies, 15 en Argentina, 6 en Uruguay - Diurnos - Parecen Accipitridae - **Pico igual pero con borde dentado** - Tarsos no emplumados - Cola larga - 2 a 4 huevos muy manchados - ♀♀ más grandes - ♂ y ♀ semejantes   Pág. 94

Orden Galliformes

Fam. CRACIDAE: **Pavas de monte**, yacúes (Guans) - América - 43 especies, 6 en Argentina, 1 en Uruguay - Terrícolas y arborícolas - A menudo presa de cazadores - Anidan en árboles - 2 a 4 huevos blancos - Recuerdan pavos - Grandes - Cabeza pequeña - **Zona gular y cara desnudas, coloreadas** - Pico como de gallina - Alas anchas - **Cola larga** - Tarsos y dedos fuertes - ♂ y ♀ semejantes Pág. 98

Fam. PHASIANIDAE: **Codornices**, urúes (Quails) - Fuera del área incluye gallinas, perdices y faisanes - 177 especies, 2 en Argentina - Terrícolas - En la espesura - Nido en el suelo - Hasta 14 huevos manchados - Robustos - Recuerdan pollos - Pico corto, como de gallina - Alas, patas, cola y cuello cortos   Pág. 100

30

Orden Gruiformes

Fam. ARAMIDAE: Carau (Limpkin) - América - 1 especie, que también vive en Argentina y Uruguay - Gritón - Palustre - **Vuela con las primarias separadas** - Oculto nido en bañados - Hasta 7 huevos manchados - Negruzco - **Pico largo, apenas curvo** - Cuello y patas largos - Alas largas y anchas - Cola corta - ♂ y ♀ semejantes
Pág. 100

Fam. RALLIDAE: Gallinetas, gallaretas, burritos, pollas (Rails, crakes, coots) - Cosmópolita - 120 especies, 25 en Argentina, 15 en Uruguay - Palustres - De día poco voladoras - Grito fuerte - Varios huevos manchados - A veces escudete - Alas cortas y redondeadas - **Cola corta, a menudo erecta** - Dedos largos - **(Galleretas:** Acuáticas, **dedos lobulados)** - ♂ y ♀ semejantes
Pág. 101

Fam. HELIORNITHIDAE: Aves de sol, Ipequí (Sungrebe) - Cosmopolita - 3 especies, 1 en Argentina - Acuáticas - Difíciles de ver - Nido en árboles cerca del agua - 2 a 6 huevos poco manchados - **Pico fino**, cónico - Alas y patas cortas - Cola larga - **Dedos lobulados** - ♂ y ♀ semejantes.
Pág. 107

Fam. CARIAMIDAE: Chuñas (Seriemas) - Sud América - 2 especies, ambas en Argentina - **Terrícolas - Corredoras** - Grito fuerte - Nido en árboles - 2 a 3 huevos manchados - Plumaje laxo - Pico como de gallina - **Cuello, patas y cola largos** - Alas algo cortas y redondeadas - Dedos cortos - ♂ y ♀ semejantes
Pág. 108

Orden Charadriiformes

Fam. JACANIDAE: Jacanas, gallitos de agua (Jacanas) - Cosmopolita - 7 especies, 1 en Argentina y Uruguay - Palustres - Caminan sobre vegetación flotante - Poliándricos - 4 huevos con dibujos en negro, sobre plantas acuáticas - Plumaje vistoso - **Pico corto con escudete** - **Alas** redondeadas, **con espolón** - Cola corta - **Dedos y uñas muy largos** - ♂ y ♀ semejantes - J: Muy distinto
Pág. 108

Fam. ROSTRATULIDAE: Aguateros, "agachonas" (Paintedsnipes) - Cosmopolita - 2 especies, 1 en Argentina y Uruguay - Palustres- De día ocultos - Poliándricos - Nido en el suelo - 2 huevos manchados - Miméticos - **Pico largo, curvo en el ápice** - Alas anchas- Cola corta - Dedos largos - ♂ y ♀ semejantes
Pág. 108

31

Fam. HAEMATOPODIDAE: **Ostreros** (Oystercatchers) - Cosmopolita - 7 especies, 3 en Argentina, 2 en Uruguay - Costeros - Silbos fuertes - Vuelo bajo - Nido en el suelo - 2 ó 3 huevos manchados - Plumaje compacto, negruzco o blanquinegro - **Pico rojo, largo** y angosto - Alas y patas largas - Cola corta - ♂ y ♀ semejantes Pág. 109

Fam. CHARADRIIDAE: **Chorlos,** chorlitos, (Plovers, lapwings) - Cosmopolita - 63 especies, 12 en Argentina, 8 en Uruguay - Recuerdan Scolopacidae - No tan gregarios ni tan costeros - Vuelo rápido - Nido en el suelo - 2 a 4 huevos manchados - A menudo dimorfismo estacional - **Pico corto con ápice engrosado** - **Cabeza grande** - Patas no muy largas - **3 dedos** y 1 rudimentario o ausente - (Teru-terus: No costeros - Gritones - Alas redondeadas, con espolón) - ♂ y ♀ semejantes
Pág. 110

Fam. SCOLOPACIDAE: **Playeros,** becasas, becasinas, pitotois (Sandpipers-snipes) - Cosmopolita - 82 especies, 22 en Argentina, 17 en Uruguay - **Migradores** con dimorfismo estacional, salvo *Gallinago* - **Más gregarios,** costeros y de cabeza menor que Charadriidae - Vuelo rápido - Nido en el suelo - 3 a 4 huevos manchados - Esbeltos - Pico y patas a veces muy largos - Alas agudas - **4 dedos** - ♂ y ♀ semejantes
Pág. 113

Fam. RECURVIROSTRIDAE: **Teros reales,** avocetas (Stilts, avocets) - Cosmopolita - 8 especies, 2 en Argentina, 1 en Uruguay - Costeros en aguas interiores - Gregarios - Nido en el suelo - 2 a 4 huevos manchados - **Esbeltos** - Plumaje blanco y negro - **Pico largo y fino, recto o curvo hacia arriba** - Cola corta - **Patas muy largas** - Dedos algo palmeados - ♂ y ♀ semejantes
Pág. 110

Fam. PHALAROPODIDAE: **Falaropos,** chorlos nadadores (Phalaropes) - Cosmopolita - 3 especies, que visitan Argentina y 1 ó 2, Uruguay - Migradores - Parecen Scolopacidae - **Nadadores** - 2 pelágicos - Gregarios - No anidan en el área - Dimorfismo estacional - **Pico largo, fino y recto** - Alas largas y agudas - **Dedos lobulados** - ♀ mayor; más colorida en PN
Pág. 119

32

Fam. THINOCORIDAE: **Agachonas,** corraleras (Seedsnipes) - Sud América - 4 especies, todas en Argentina, 1 en Uruguay - Terrícolas - Caminadoras - No palustres ni costeras - Asentadas parecen palomas y en vuelo, chorlos - Nido en el suelo - 4 huevos manchados - Robustas - **Miméticas - Pico corto y grueso - Patas** y cola **cortas -** ♂ y ♀ semejantes o apenas distintos   Pág. 120

Fam. CHIONIDIDAE: **Palomas antárticas** (Sheathbills) - Periantártica - 2 especies, 1 en Argentina y Uruguay - Costeras - **Parecen palomas blancas** - Confiadas - Terrícolas - Vuelo a desgano - Nido entre rocas o en hoyos - 2 a 3 huevos manchados - **Pico grueso y corto, con vaina córnea en la base** - Cola corta - ♂ y ♀ semejantes   Pág. 121

Fam. STERCORARIIDAE: **Salteadores,** gaviotas pardas, skúas (Skuas, jaegers) - Cosmopolita - 5 especies, todas en Argentina, 3 en Uruguay- Costeros y pelágicos - **Atacan a otras especies** para alimentarse - Nadan - Nido en el suelo - 2 a 3 huevos manchados - **Parecen gaviotas** - Más bien pardas - **Pico robusto con gancho apical - Alas largas, agudas con mancha blanca - Timoneras centrares alargadas** - Dedos palmeados - ♂ y ♀ semejantes   Pág. 121

Fam. LARIDAE: **Gaviotas,** gaviotónes (Gùlls) - Cosmopolita - 48 especies, 7 en Argentina, 4 en Uruguay - Diversos ambientes acuáticos - Gregarias - Bullangueras - Anidan en colonia - Hasta 4 huevos manchados - Dimorfismo estacional (salvo 296) - **Más bien blancas** - Gancho apical menos notable que en Stercorariidae - Alas largas y agudas - Dedos palmeados - ♂ y ♀ semejantes   Pág. 122

Fam. STERNIDAE: **Gaviotines,** "golondrinas de mar" (Terns) - Cosmopolita - 42 especies, 12 en Argentina y Uruguay - Diversos ambientes acuáticos - Recuerdan gaviotas - Más delgados - **Zambullen** - No nadan - Gregarios - Anidan en colonia - 2 a 3 huevos manchados - Dimorfismo estacional - **Pico recto, agudo sin gancho** - Alas largas y angostas - Cola a menudo muy larga y furcada - Patas muy cortas - Dedos palmeados - ♂ y ♀ semejantes   Pág. 124

Fam. RYNCHOPIDAE: **Rayadores** (Skimmers) - Cosmopolita - 3 especies, 1 en Argentina y Uruguay - Costeros - **Rayan el agua** - Gregarios - Parecen gaviotines - Crían en colonia, en playas arenosas - 3 a 4 huevos manchados - Leve dimorfismo estacional - **Largo y extraño pico, con maxila más corta** - Alas largas y delgadas - Patas muy cortas - Dedos palmeados - ♂ y ♀ semejantes   Pág. 127

33

Orden Columbiformes

Fam. COLUMBIDAE: **Palomas**, torcazas (Pigeons, doves) - Cosmopolita - 284 especies, 23 en Argentina, 9 en Uruguay - Inconfundibles - Caminadoras - Vuelo sostenido y ruidoso - **Arrullo** - 1 ó 2 huevos blancos o cremosos - Robustas - Cabeza chica, redondeada - **Pico** fino, corto, **con cera en la base** - Cuello corto - Alas largas y agudas - Patas cortas, a menudo rojizas - ♂ y ♀ semejantes Pág. 128

Orden Psittaciformes

Fam. PSITTACIDAE: **Loros**, aras, guacamayos, cotorras, catas (Parrots, macaws, parakeets) - Cosmopolita - 327 especies, unas 24 en Argentina, 5 en Uruguay - Inconfundibles - **Bullangueros** - Trepadores - Vuelo rápido y batido - Más bien gregarios - Nido en huecos salvo 349) - 2 a 6 huevos blancos - **Verdes** - Cabeza grande - **Pico robusto y muy curvo** - Alas largas y agudas - Patas cortas - **2 dedos hacia adelante y 2 hacia atrás** - ♂ y ♀ semejantes Pág. 134

Orden Cuculiformes

Fam. CUCULIDAE: **Cuclillos**, pirinchos, anós, crespín (Cuckoos) - Cosmopolita - 125 especies, 12 en Argentina, 8 en Uruguay - Trepadores - Varios son parásitos - Nido en árboles - Número y color de huevos variable, algunos con malla calcárea (369) - Esbeltos - Coloración modesta - Pico algo curvo - Alas cortas - **Cola larga, graduada** - **2 dedos hacia adelante y 2 hacia atrás** - ♂ y ♀ semejantes
Pág. 140

Orden Strigiformes

Fam. TYTONIDAE: **Lechuzas de campanario** (Barn Owls) - Cosmopolita - 9 especies, 1 en Argentina y Uruguay - Nocturnas - Voz fuerte - Nido en edificios ó árboles - Varios huevos blancos - Parecen Strigidae - Esbeltas - **Cara blanca con disco facial acorazonado** - Pico recto y alargado - Patas largas y emplumadas - **Dedos cubiertos por "cerdas"** - ♂ y ♀ semejantes Pág. 143

Fam. STRIGIDAE: **Lechuzas**, búhos, caburés, lechuzones (Owls) - Cosmopolita - 121 especies, 16 en Argentina, 8 en Uruguay - Mayormente nocturnas - Vuelo lento y silenciosos - Nido en huecos o en el suelo - 2 a 7 huevos blancos, esféricos - Cabeza grande, a veces con "orejas" - **Disco facial redondeado - Pico curvo y corto** - Patas, más bien cortas, y dedos emplumados - Uñas largas y curvas - ♂ y ♀ semejantes Pág. 143

Orden Caprimulgiformes

Fam. NYCTIBIIDAE: **Urutaúes** (Potoos) - América - 5 especies, 1 en Argentina y Uruguay - Nocturnos - De día inmóviles - Cazan insectos desde un apostadero o en vuelo - 1 huevo manchado, en extremos de troncos - Incuban en **posición vertical** - Miméticos - Parecen Caprimulgidae - Cabeza y ojos grandes - Pico muy pequeño - **Boca enorme sin vibrisas** - Alas y cola largas - Patas cortas - ♂ y ♀ semejantes   Pág. 147

Fam. CAPRIMULGIDAE: **Atajacaminos,** dormilones (Nightjars, nighthawks) - Cosmopolita - 67 especies, 14 en Argentina, 5 en Uruguay - Nocturnos ó **crepusculares** - De día inmóviles en el suelo o en ramas, en **posición horizontal** - Vuelo quebrado y silencioso - 2 huevos manchados, en el suelo - **Miméticos** - Cabeza grande - Patas, pico y cuello cortos - **Boca amplia, rodeada de vibrisas** - Ojos rojos de noche - Alas y cola largas - ♂ y ♀ algo distintos   Pág. 148

Orden Apodiformes

Fam. APODIDAE: **Vencejos** (Swifts) - Cosmopolita - 80 especies, 7 en Argentina, 1 en Uruguay - **Gregarios** - **Vuelo permanente,** rápido y sinuoso, por lo general a gran altura - Se posan verticalmente en paredes rocosas, en las que anidan - Varios huevos blancos - **Recuerdan golondrinas** - A menudo coloración oscura - Pico corto - Boca grande - **Alas muy largas y estrechas, curvadas** - Patas cortas - Uñas fuertes - ♂ y ♀ semejantes   Pág. 152

Orden Trochiliformes

Fam. TROCHILIDAE: **Picaflores,** colibríes (Hummingbirds) - América - 319 especies, 28 en Argentina, 7 en Uruguay - Inconfundibles - A menudo confiados - **Vuelo muy veloz,** ágil y sonoro, incluso hacia atrás - **Se mantienen en el aire frente a flores** - Polígamos - Nido a baja altura - 2 huevos blancos, cilíndricos - Pequeños - Recuerdan insectos - **Plumaje vistoso con brillo metálico** - **Pico fino** y largo, a veces curvo - Patas diminutas - ♂ y ♀ más bien distintos   Pág. 154

Orden Trogoniformes

Fam. TROGONIDAE: **Surucuáes** (Trogons) - Cosmopolita - 35 especies, 3 en Argentina - Selváticos - Arborícolas - Vuelo corto y lento - Crían en árboles o termiteros - 2 a 4 huevos blancuzcos - **Plumaje vistoso** - **Pico corto, robusto y dentado** - Alas y patas cortas - **Cola larga, ancha y graduada** - 2 dedos hacia adelante y 2 hacia atrás - ♂ y ♀ distintos   Pág. 161

35

Orden Coraciiformes

Fam. ALCEDINIDAE: **Martín-pescadores** (Kingfishers) - Cosmopolita - 86 especies, 3 en Argentina y Uruguay - Pasivos - Asentados en ramas o postes cerca del agua - **Zambullen** para capturar peces - Vuelo rápido y ondulado - Nido en cuevas - Varios huevos blancos, brillantes - Plumaje vistoso - Cuerpo corto - Cabeza grande - Semicopete - **Pico recto, largo, robusto y agudo** - Alas cortas y redondeadas - 3 dedos hacia adelante, 2 de ellos unidos, y 1 hacia atrás - ♂ y ♀ algo distintos   Pág. 162

Fam. MOMOTIDAE: **Burgos**, yeruvás (Motmots) - América - 8 especies, 2 en Argentina - Selváticos - Arborícolas - Pasivos - Vuelo lento y ondulado - Nido en cuevas - 2 huevos blancos, brillantes - **Plumaje vistoso, más bien verde** - Pico robusto con bordes aserrados - Alas cortas - **Cola larga, graduada** - ♂ y ♀ semejantes   Pág. 163

Orden Piciformes

Fam. BUCCONIDAE: **Chacurúes**, durmilí (Puffbirds) - América - 31 especies, 4 en Argentina - Pasivos - **Confiados** - En sitios visibles- Vuelo corto y lento - Nido en cuevas o huecos de árboles - 2 a 4 huevos blancos, brillantes - Recuerdan martín-pescadores - Cabeza grande, redondeada - **Pico robusto, con vibrisas en la base** - Patas cortas - 2 dedos hacia adelante y 2 hacia atrás - ♂ y ♀ semejantes
Pág. 165

Fam. RAMPHASTIDAE: **Tucanes**, tucanos, arasaríes (Toucans) - América - 37 especies, 5 en Argentina - Arborícolas - Bullangueros - Más bien en grupos - Vuelo alto, lento y ondulado - Nido en huecos de árboles - 2 a 4 huevos blancos, brillantes - Plumaje vistoso - **Pico muy grande y colorido, comprimido, con bordes aserrados** - Alas cortas - **Cola larga que apoyan en la cabeza al dormir** - Dedos largos, 2 hacia adelante y 2 hacia atrás - ♂ y ♀ semejantes, salvo 449)   Pág. 163

Fam. PICIDAE: **Carpinteros**, "pájaros carpinteros" (Woodpeckers)- Cosmopolita - 210 especies, 30 en Argentina, 7 en Uruguay - **Trepadores** - Arborícolas - Algunos terrícolas - Voz fuerte - Vuelo ondulado - Tamborean - Nido en huecos de árboles o barrancas - Varios huevos blancos, brillantes - Cabeza grande - **Pico fuerte, recto y agudo** - Cola rígida, que usan para apoyarse - Tarsos cortos - 2 dedos hacia adelante y 2 hacia atrás - ♂ y ♀ apenas distintos   Pág. 166

Orden Passeriformes

Fam. DENDROCOLAPTIDAE: **Trepadores**, chincheros (Woodcreepers) - América - 48 especies, 12 en Argentina, 2 en Uruguay - Arborícolas - **Trepan en espiral, sin apoyar la cola** larga, rígida, **en puntas** - Vuelo rápido, de un tronco a otro para posarse verticalmente - Voz fuerte - 2 a 4 huevos blancos, en huecos de árboles - Recuerdan Picidae y Furnariidae - Pardos - **Pico a menudo curvo** - Tarsos cortos- 3 dedos hacia adelante y 1 hacia atrás como todos los passeriformes - ♂ y ♀ semejantes   Pág. 174

Fam. FURNARIIDAE: **Horneros**, camineras, pijuíes, leñatero (Horneros, miners, spinetails) - América - 218 especies, 76 en Argentina, 26 en Uruguay - Vuelo débil - Voces fuertes, poco melodiosas, a veces a dúo - A menudo grandes **nidos cerrados de palitos** - También cuevas, etc. - 2 a 5 huevos blancos (raramente verdosos) - **Coloración modesta a menudo parda** - **Pico fino, sin gancho apical** - Alas cortas y redondeadas - ♂ y ♀ semejantes   Pág. 177

Fam. FORMICARIIDAE: **Bataráes**, tiluchíes, chocas (Antbirds, antshrikes) - América - 227 especies, 23 en Argentina, 3 en Uruguay - **Ocultos** - Vuelan poco - **Voces fuertes** - **Confiados** - Nido a baja altura - 2 a 3 huevos manchados - Recuerdan Furnariidae - Más coloridos - **Pico robusto con gancho apical** - Alas cortas y redondeadas - ♂ y ♀ distintos   Pág. 196

Fam. RHINOCRYPTIDAE: **Gallitos**, churrines, chucao (Gallitos, tapaculos) - América - 28 especies, 10 en Argentina - Terrícolas - A veces **ocultos** - Corren rápido - Voces fuertes - Nido a baja altura- 2 ó 3 huevos blancos - Cuerpo robusto - Cabeza grande - Alas cortas - **Cola erecta, a menudo inclinada sobre el dorso** - Tarsos largos - ♂ y ♀ semejantes   Pág. 202

Fam. COTINGIDAE: **Anambés**, tuerés, yacutoro, pájaro campana (Cotingas, becards, bellbird) - América - 77 especies, 10 en Argentina, 2 en Uruguay - Arborícolas - Vuelo rápido - A menudo voces fuertes - 2 a 4 huevos manchados - Algunos recuerdan Tyrannidae - Pico ancho, con gancho apical - Alas y cola más bien largas - Plumaje vistoso - ♂ y ♀ distintos   Pág. 205

Fam. PIPRIDAE:**Bailarines** (Manakins) - América - 55 especies, 6 en Argentina - Selváticos - Arborícolas - Voces potentes - Complicadas ceremonias nupciales - Nido a baja altura - 2 huevos manchados - Recuerdan Cotingidae y Tyrannidae - **Pequeños** - Rechonchos- **Plumaje vistoso** - Cabeza grande - **Pico corto y ancho** - Cola más bien corta - Alas cortas y redondeadas - ♂ y ♀ distintos   Pág. 207

Fam. TYRANNIDAE: **Viuditas,** monjitas, benteveos, mosquetas, piojitos, fiofíos (Monjitas, tyrants, flycatchers, tyrannulets, elaenias) - América - 380 especies, 122 en Argentina, 36 en Uruguay - Suelen cazar en vuelo elástico - Algunos agresivos - Voces, nidos y huevos variados - **Pico a menudo fino, con vibrisas y gancho apical** - Alas y tarsos largos - ♂ y ♀ generalmente semejantes   Pág. 209

Fam. PHYTOTOMIDAE: **Cortarramas,** quejones (Plantcutters) - Sud América - 3 especies, 2 en Argentina, 1 en Uruguay - **Voz ronca, como balido** - Comen brotes - Nido en arbustos a baja altura - 2 a 4 huevos verdosos, manchados - Parecen Emberizidae - **Pico corto, grueso con bordes aserrados** - Alas cortas y redondeadas - ♂ y ♀ distintos   Pág. 240

Fam. HIRUNDINIDAE: **Golondrinas** (Swallows) - Cosmopolita - 79 especies, 14 en Argentina, 11 en Uruguay - **Vuelo rápido, ágil con mucho planeo** - **Gregarias** - Beben en vuelo - Se asientan en cables y alambrados - Mayormente migradoras - Nido en huecos, a veces en colonia - Varios huevos blancos o poco manchados - **Cuello, pico y patas cortos** - Alas largas y agudas - ♂ y ♀ a menudo semejantes   Pág. 240

Fam. CORVIDAE: **Urracas** (Jays) - Cosmopolita - 102 especies, 3 en Argentina, 2 en Uruguay - **Grupos** - **Bullangueras** - Inquietas - Nido en árboles - Varios huevos manchados - **Grandes** - **Plumaje vistoso, azulado** - Pico robusto, con "cerdas" sobre las narinas - **Cola larga** y redondeada - ♂ y ♀ semejantes   Pág. 244

Fam. CINCLIDAE: **Mirlos de agua** (Dipper) - Cosmopolita - 5 especies, 1 en Argentina - Acuáticos - Zambullen usando sus cortas alas como remos - **Caminan sumergidos** - Vuelo bajo - Nido cerrado, de musgo, en paredes rocosas, sobre el agua - Varios huevos blancos - **Rechonchos** - Pico recto - **Cola corta** - Tarsos y dedos robustos - ♂ y ♀ semejantes   Pág. 245

Fam. TROGLODYTIDAE: **Ratonas** (Wrens) - Cosmopolita - 59 especies, 3 en Argentina, 1 en Uruguay- Inquietas - Vuelo corto - Canto variado - Anidan en huecos - Varios huevos manchados - (768: nido cerrado, en pajonales, huevos blancos) - **Pequeñas** - Coloración módesta - **Pico fino**, más bien largo y algo curvo - Alas redondeadas - **Cola corta, erecta** - Tarsos y dedos robustos - ♂ y ♀ semejantes   Pág. 245

Fam. MIMIDAE:. **Calandrias** (Mockingbirds, Mockingthrush) - América - 31 especies, 5 en Argentina, 2 en Uruguay - Conspicuas - Vuelo bajo - Canto melodioso y variado - **Imitan** - Nido semiesférico, a baja altura - 3 a 5 huevos verdosos, manchados - Esbeltas - Pico fino, algo curvo - Alas cortas y redondeadas - **Cola larga**, a menudo erecta - ♂ y ♀ semejantes   Pág. 246

Fam. TURDIDAE: **Zorzales** (Thrushes) - Cosmopolita - 303 especies, 11 en Argentina, 3 en Uruguay - Más bien terrícolas - **Balancean la cola** con las alas caídas - Canto melodioso - No imitan - Nido semiesférico, a baja altura, de barro y vegetales - 3 huevos verdosos, manchados - Recuerdan calandrias - Más ocultos y robustos - Pico casi recto - Alas largas y agudas - Tarsos fuertes - ♂ y ♀ a menudo semejantes   Pág. 247

Fam. MOTACILLIDAE: **Cachirlas** (Pipits) - Cosmopolita - 53 especis, 8 en Argentina, 4 en Uruguay - Confiadas - Terrícolas - Muy **caminadoras** - Miméticas - En época nupcial **se elevan alto**, emitiendo un típico canto y **cayendo en planeo** - Nido en el suelo - 3 ó 4 huevos manchados - Parecidas entre sí - Estriadas - Pico fino y recto - Alas largas y agudas - Cola oscura con timoneras externas claras - **Uña del hallux muy larga**, salvo 787) - ♂ y ♀ semejantes   Pág. 250

Fam. SYLVIIDAE: **Tacuaritas** (Gnatcatchers) - Cosmopolita - 370 especies, 2 en Argentina, 1 en Uruguay - Arborícolas - Acrobáticas - **Activas** - Canto agradable y variado - A veces imitan - Nido mullido en árboles, a media altura - 3 ó 4 huevos celestes, manchados - **Pequeñas** - **Esbeltas** - Pico fino y recto - **Larga cola** a menudo erecta - ♂ y ♀ algo distintos   Pág. 252

Fam. VIREONIDAE: **Chivíes,** juan chiviro (Vireos, peppershrike) - América - 37 especies, 3 en Argentina, 2 en Uruguay - Arborícolas - **Voz fuerte, continua y musical** - Nido en árboles, semiesférico - 3 a 4 huevos manchados - Dorsalmente verdosos - ♂ y ♀ semejantes
Pág. 252

Fam. PLOCEIDAE: **Gorriones** (Sparrows) - Cosmopolita - 156 especies, 1 introducida en Argentina y Uruguay - **Asociados al hombre-** Atrevidos - Bullangueros - Gregarios - Más bien terrícolas - Nido cerrado en huecos diversos, también en árboles - Varios huevos manchados - Pico corto, robusto y cónico - ♂ y ♀ distintos Pág. 253

Fam. PARULIDAE: **Arañeros** (Warblers) - América - 117 especies, 9 en Argentina, 5 en Uruguay - Arborícolas - **Activos - Acrobáticos-** Voz agradable - Nido en árboles o matorrales - Hasta 4 huevos manchados - **Plumaje vistoso - Pequeños** - Recuerdan Tyrannidae - Pico fino y recto - Cola redondeada - En algunos, ♂ y ♀ distintos Pág.253

Fam. COEREBIDAE (Probablemente disuelta): **Saíes** (Bananaquit, dacnis) - América - 36 especies, 4 en Argentina - Selváticos - Arborícolas - Acrobáticos - Nido en árboles - 2 ó 3 huevos manchados - Pequeños - Plumaje vistoso - Recuerdan Parulidae - ♂ y ♀ distintos, salvo 810)
Pág. 255

Fam. TERSINIDAE: **Tersina** (Swallow-Tanager) - América - 1 especie, también en Argentina - Selvática - Arborícola - Más bien pasiva- Suele cazar insectos en vuelo - Silbo fuerte - Postura erecta - Nido en huecos - 3 a 4 huevos blancos - **Plumaje vistoso** - Recuerda fruteros - **Pico ancho, chato,** con leve gancho apical - Alas largas y agudas - ♂ y ♀ distintos
Pág. 256

Fam. THRAUPIDAE: **Fruteros,** tangaráes (Tanagers) - América - 222 especies, 26 en Argentina, 6 en Uruguay - Arborícolas - En general gregarios - Voces melodiosas - A menudo **frugívoros** - Nido en árboles - 2 a 4 huevos manchados - **Plumaje vistoso** - Recuerdan Emberizidae - **Pico más bien robusto y cónico** - Alas agudas - ♂ y ♀ distintos   Pág. 257

Fam. CATAMBLYRHYNCHIDAE: **Diadema** (Plush-capped Finch)- Sud América - 1 especie, también en Argentina - Poco conocida - Selvática - Frugívora e insectívora - Nido desconocido - Plumaje vistoso - Recuerda Thraupidae y Emberizidae - **Penacho frontal rígido - Pico corto, grueso y chato** - Cola escalonada - ♂ y ♀ semejantes   Pág. 263

Fam. EMBERIZIDAE: **Cardenales,** corbatitas, capuchinos, jilgueros, yales, chingolos, monteritas (Cardenals, seedeaters, finches) - Cosmopolita - 315 especies, 80 en Argentina, 24 en Uruguay - Más bien **granívoros y gregarios** - **Canto agradable** y variado - Huevos blancos o manchados - **Pico robusto, corto y cónico** - ♂ y ♀ generalmente distintos - ♂ plumaje vistoso   Pág. 264

Fam. FRINGILLIDAE: **Cabecitanegras** (Siskins) - Cosmopolita - 112 especies, 7 en Argentina, 3 en Uruguay (2 introducidas) - **Gregarios - Bullangueros - Canto fino y agradable** Nido en árboles o huecos - 2 a 4 huevos - Pequeños - Recuerdan Emberizidae - Pico algo más largo y agudo - Plumaje vistoso - ♂ y ♀ distintos   Pág. 284

Fam. ICTERIDAE: **Tordos,** boyeros, varilleros (Cowbirds, caciques, blackbirds) - América - 88 especies, 23 en Argentina, 15 en Uruguay - A menudo **gregarios** y bullangueros - Activos - Nido variable, a veces muy grande y colgante - Algunos crían en colonia y otros son parásitos - Varios huevos manchados - Plumaje vistoso, más bien negro - **Pico cónico, recto y agudo,** en general largo - Tarsos y dedos robustos - ♀ algo menor   Pág. 286

41

Símbolos y abreviaturas utilizados

♂	macho
♀	hembra
J	joven
♂♂	machos
♀♀	hembras
JJ	jóvenes
PI	plumaje de reposo (invernal)
PN	plumaje nupcial o de reproducción (estival)
PN unido a un lugar geográfico	indica Parque Nacional. Ej: PN Iguazú
R	raza(s) o subespecie(s)
F	fase
∈	endémico (de Argentina)
I, II, III, IV, V, VI	indica mayor o menor probabilidad de observación
Env.	envergadura
[ ]	un dato entre corchetes significa que el mismo puede faltar en el ave
( )	utilizado con el sentido usual
En negrita	Señálase así lo más resaltante o característico de una especie o una información a tener en cuenta
+	aves marinas que pueden hallarse en nuestras costas. Mayor número de ++ indica probabilidad más alta
N, S, E, O, etc.	puntos cardinales
C	centro del país
Islas del Atlántico Sur	Sandwich del Sur, Georgias del Sur, Orcadas del Sur y Shetland del Sur
C. América	América Central
N. América	América del Norte
S. América	América del Sur

1) PINGÜINO EMPERADOR

(Emperor Penguin) *Aptenodytes forsteri*

90 cm - Capuchón negro - Dorso gris celeste - **Gran zona auricular blanca y amarilla,** color éste que continúa **hasta el pecho** - Pico largo y curvo, con prolongada base de mandíbula rosácea - Pie parcialmente emplumado - J: Zona auricular blancuzca ··· Chile ··· Cría en invierno en Antártida   II

2) PINGÜINO REY

(King Penguin) *Aptenodytes patagonica*

75 cm - Parecido a 1) - Más colorido - Capuchón pardo negruzco - **Larga zona auricular oval y pecho anaranjados,** separados - Tarso sin emplumar - J: Zona auricular amarillenta ··· Chile ··· Cría en Malvinas y Georgias   III

PYGOSCELIS: Suelen nadar con la cola semierecta - A menudo simpátricos - Cola algo larga - Pico robusto - Difieren en distribución de blanco y negro en cabeza (3 especies)

3) PINGÜINO DE BARBIJO

(Bearded Penguin) *Pygoscelis antarctica*

48 cm - **Corona, y barbijo** de oreja a oreja, **negros,** rodeando la cara blanca - Pico negro - Patas rosáceas - J: Garganta y cara manchadas de negro ··· Cría en Antártida e Islas del Atlántico Sur   IV

4) PINGÜINO OJO BLANCO   (Adelie Penguin)   *Pygoscelis adeliae*

48 cm - **Capuchón negro** - Notables **iris y periocular blancos** - Pico (que se ve corto) rojizo con ápice negro - Patas rosáceas - J: Recuerda a 3) - Sin periocular- Garganta blanca - Pico sin rojo ··· Cría en Antártida e Islas del Atlántico Sur   IV

43

5) PINGÜINO DE VINCHA   (Gentoo
Penguin)   *Pygoscelis papua*
48 cm - Capuchón negro salpicado de
blanco - **Mancha supraocular blanca continuada en faja sobre la corona,** recordando auriculares de audio - Pico rojo
con culmen negro - Patas anaranjadas - J:
Menos blanco en corona ··· Cría en Antártida, Islas del Atlántico Sur, Malvinas
y de los Estados   IV

6) PINGÜINO FRENTE DORADA
(Macaroni Penguin)
              Eudyptes chrysolophus
45 cm - Cola algo larga - Capuchón negro
terminado en punta hacia abajo, en garganta - **Dorado en la frente, que continúa como penacho** - Grueso **pico** castaño
con cuña rosácea en la base - J: Penacho
menor y más pálido ··· Chile y Brasil -
[URUGUAY] ··· Cría en Antártida, [Mal-
vinas] e Islas del Atlántico Sur - + -   III

7) PINGÜINO PENACHO AMARILLO
(Rockhopper Penguin)
              Eudyptes chrysocome
40 cm - En tierra avanza a saltos - Semicopetón - Parecido a 6) - **Ceja amarilla
que continúa en penacho,** no unida en la
frente - Garganta negra no en punta - Pico más anaranjado - J: Casi sin penacho -
Garganta clara ··· Chile y Brasil - URU-
GUAY - Cría en Islas Malvinas y de los
Estados - +++   IV

8) PINGÜINO PATAGÓNICO
(Magellanic Penguin)
              Spheniscus magellanicus
44 cm - Cola corta - **Ceja blanca que sigue, formando línea gular que separa
barba y collar negros** - Línea negra en
flancos - Zonas loral y periocular rosáceas - J: Sin líneas blancas ni negras ···
Brasil y Chile - URUGUAY ··· **Cría en
Chubut,** (P. Tombo, Camarones), **S. Cruz**
T. del Fuego y Malvinas - +++   V

9) ÑANDÚ

(Greater Rhea)　　　　*Rhea americana*

1,50 m - A menudo en semilibertad en estancias - No vuela - Veloz carrera - Grupos - Pequeña cabeza y **dorso ceniciento uniforme** - Largos y fuertes **tarsos, no emplumados - Corona, base del largo cuello y pecho negros** - ♀ : 1,30 m - Con menos negro ··· Brasil, Paraguay y Bolivia - URUGUAY ··· Sabanas, bosques, estepas y áreas rurales　　　III

10) CHOIQUE

(Lesser Rhea)
Pterocnemia pennata-2R

1,10 m - Aspecto y comportamiento de 9) - Pico más corto - Cabeza, cuello y **dorso** gris pardusco a castaño, **punteado de blanco** - Ventral blancuzco, incluso **tarso superior emplumado** - Raza del S: Más ocre lo superior y más notable el punteado (Tarso con 16 a 18 escutelaciones) - Raza del NO: Cabeza y cuello más ocre - Largas escapulares y cubiertas más oscuras con ápice blanco (Tarso con 8 a 10 escutelaciones) ··· Perú, Bolivia y Chile ··· Estepas altoandinas (I) y patagónicas　　　III

Fam. Tinamidae, ver pág. 27

CRYPTURELLUS (Tataupás o perdices paloma): Caminan entre la vegetación densa - Mucho más oídos que vistos - Casi no vuelan - Recuerdan palomas - Pardos, **no aperdizados** *(4 especies)*

11) TATAUPÁ LISTADO (Undulated Tinamou) *Crypturellus undulatus*
27 cm - Melancólico silbo, casi humano *ju..jui..juiju* - Corona oscura - **Dorso, cuello y pecho rufos, con fino barrado** - Cubiertas más grisáceas - Resto ventral ocráceo - Piernas y abdomen, canela barrado de oscuro - **Patas verdosas** - Pico negruzco ··· Desde Venezuela, salvo Chile ··· Bosques en el Distrito Chaqueño Oriental   II

12) TATAUPÁ ROJIZO
(Brown Tinamou) *Crypturellus obsoletus*
26 cm - Serie de notas guturales ascendentes - Dorso uniforme y cabeza gris a diferencia de 11) - Parecido a 13) - **Pecho rufo** que pasa a **ocráceo barrado de oscuro en piernas y abdomen** - Iris anaranjado - **Pico y patas** oscuros, **no rojizos** ... Desde Venezuela, salvo Chile··· Selvas en **Misiones**   II

13) TATAUPÁ COMÚN (Tataupa Tinamou) *Crypturellus tataupa*
22 cm - A veces se lo vé cruzando senderos - Rápida y corta serie de ásperos trinos descendentes *prrr..prr..prrr..prrrr...* - **Dorso morado - Cabeza, cuello y pecho, plomizo,** que pasa a ocráceo en resto ventral - Garganta blanca - **Piernas y abdomen escamados** de ocráceo y pardo - Iris pardo - **Pico y patas rojizos** ··· Brasil, Paraguay, Bolivia y Perú ··· Bosques, selvas y quebradas húmedas   IV

14) TATAUPÁ CHICO (Small-billed Tinamou) *Crypturellus parvirostris*
19cm - Claras notas que comienzan muy separadas y ascienden acelerando hasta trinos que bajan - Parecido a 13) - **Pico y patas** más **rojos** y más cortos - Dorso rufo, menos morado - Garganta ocrácea - Pecho gris ocráceo (no plomizo) - Abdomen negruzco y ocráceo - Piernas ocráceas manchadas de canela - **Subcaudal canela manchado de negruzco** - Iris castaño ··· Brasil, Paraguay, Bolivia y Perú ··· Selvas y bosques en **Misiones** III

46

15) MACUCO

(Solitary Tinamou)   *Tinamus solitarius*

42 cm - Confiado - Pasivo - Tres silbos largos, claros y melancólicos - Duerme en arbustos - **Casi medio metro de alzada** - Cola algo larga - Cabeza y cuello dorsal castaños, manchados - **Línea ocre en fino cuello - Dorso gris oliváceo barrado de negruzco** ··· Brasil y Paraguay ··· Selvas en **Misiones**   II

16) COLORADA   (Red-winged Tinamou)   *Rhynchotus rufescens-3R*

38 cm - Fuerte silbo *fui,* seguido de un triste *fuirefeu* - Pico algo largo y curvo - Corona y línea ocular negruzcas - **Cabeza, cuello y pecho, canela** (o: gris acanelado) (maculados en el NO) - **Dorso barrado - Remeras rufas,** notables en vuelo - Patas gris blancuzcas ··· Brasil, Paraguay y Bolivia - URUGUAY ··· Pastizales altos en sabanas, serranías y áreas rurales (PN El Palmar)   III

17) INAMBÚ SERRANO

(Ornate Tinamou)   *Nothoprocta ornata*

30 cm - Parecido a 18) - Distinto hábitat - Pico más largo - **Punteado en** cabeza y **cuello** - Dorso más ocráceo - **Pecho** gris [apenas barrado] **sin pecas blancas** - **Flancos canela** ··· Perú, Bolivia y Chile Prepuna y **estepas altoandinas** en el NO
                    II

18) INAMBÚ MONTARAZ   (Brushland Tinamou)   *Nothoprocta cinerascens-2R*

28 cm - Canto de 7 u 8 notas silbadas - Màs confiado y mayor que 19) - **No silba al levantar vuelo** - Dorso más oscuro y contrastado que en 17) - **Eréctil semicopete negruzco,** más notable que en ambas - **Pecho con pecas blancas** - Resto ventral blancuzco - **Patas grisáceas** ... Bolivia y Paraguay ... Bosques, sabanas y estepas arbustivas   IV

47

19) INAMBÚ SILBÓN · (Andean Tinamou) *Nothoprocta pentlandii-3R*

24 cm - Parecido al Montaraz (18) - Menor - Más arisco - Canto similar de sólo 2 ó 3 notas - **Al levantar vuelo, silbo ansioso** *iiiop..iiiop* - **Cabeza, cuello y pecho plomizos,** punteados de blanco - Resto ventral acanelado - Flancos no barrados - **Patas amarillas** ··· Ecuador, Perú, Bolivia y Chile ··· Pastizales y bosques serranos

III

20) INAMBÚ COMÚN (Spotted Tinamou) *Nothura maculosa-7R(·)*

25 cm - Ruidoso y súbito vuelo, bajo, parabólico y no largo - La presa más común de cazadores - Se cruza en caminos, sin prisa - Silbos aflautados que aceleran al final - Aperdizada - Cabeza, cuello y pecho ocres, estriados - Garganta blanca - **Ventral acanelado** u ocre - Flancos barrados - **Primarias con maculado en ambos vexilos** (Ver ejemplares muertos en rutas) ··· Brasil, Paraguay y Bolivia - URUGUAY ··· Pastizales bajos, sabanas y áreas rurales

V

21) INAMBÚ PÁLIDO

(Darwin's Tinamou) *Nothura darwinii-2R*

22 cm - Silbos acelerados seguidos de otros aflautados, a la inversa de 20) -Muy parecido - Algo más **petiso, pálido y uniforme** - Estriado pectoral más notable - Ventral ocráceo - **Vexilo interno de las primarias externas sin maculado** (Ver ejemplares muertos en rutas) ··· Perú y Bolivia ··· Estepas arbustivas y sabanas

IV

(·) La forma *chacoensis* es considerada aquí dentro de *N. maculosa*

22) MARTINETA COMÚN (Elegant Crested-Tinamou) *Eudromia elegans-8R*

39 cm - Grupos - Poco voladora - Conspicua - Esbelta - **Bataraz - Largo** y fino **copete - Dos líneas blancas bajan por el cuello,** desde el ojo - Garganta blanca - Ventral ocráceo [estriado y barrado de negro] - Ambos vexilos de primarias maculados - **J:** Similar pero **menor que el adulto** ··· Chile ··· Sabanas, pastizales, estepas arbustivas y patagónicas y áreas rurales IV

23) MARTINETA CHAQUEÑA (Quebracho Crested-Tinamou)
Eudromia formosa

39 cm - Parecida a 22) - Más voladora - Copete no curvado hacia adelante - **Acanelada - Dorso,** no abigarrado, **con espaciadas manchitas ocres** - Ventral ocráceo manchado - Vexilo interno de primarias no maculado ··· Paraguay ··· Sabanas y **bosques** de tipo chaqueño (Reserva de Copo, S. del E) III

24) QUIULA PUNEÑA
(Puna Tinamou) *Tinamotis pentlandii*

41 cm - Recuerda a 22) - Sin copete - Similar comportamiento - Confiado - Menos esbelto - **Líneas blancas en cuello,** más largas - Blanco gular más notable - Voz **keú** - Estriado dorsal plomizo - Lomo oliváceo - Cubiertas acaneladas - **Piernas y abdomen rufos** - Alopátrico con 25) - Iris pardo ··· Perú, Bolivia y Chile ··· Estepas altoandinas en el NO (a más de 4000m) II

25) QUIULA PATAGÓNICA
(Patagonian Tinamou) *Tinamotis ingoufi*

35 cm - Recuerda a 24) - Sólo simpátrico con 22) - Notables **líneas blancas en cabeza y cuello - Dorso acanelado** - Garganta estriada - Pecho escamado - **Remeras rufas** notables en vuelo (como en 16) - Piernas y abdomen canelas (no rufos) - Iris amarillo ··· Chile ··· Estepas patagónicas (E de S. Cruz) III

'26) MACÁ GRIS

(Least Grebe) *Podiceps dominicus*
19 cm - Recuerda a 30), y a 27) en PI -
Ceniciento a plomizo - Corona más oscura - Sin penacho auricular - **Iris amarillo** -
PN: Garganta negra ··· Desde N. América, salvo Chile - [URUGUAY] ··· Ambientes acuáticos en el N   III

27) MACÁ COMÚN (White-tufted

Grebe) *Podiceps rolland-2R*
23 cm (En Malvinas 33 cm) - Dorso pardo oscuro - Cara blanca con líneas negruzcas - **Cuello y pecho pardos** - Ventral blanco - Iris rojo - **PN:** Semicopetón - Cabeza, cuello y dorso negros - **Penacho auricular blanco - Ventral rufo** - J: Cuello estriado ··· Países limítrofes y Perú - URUGUAY ··· Ambientes acuáticos   V

28) MACÁ PLATEADO

(Silvery Grebe) *Podiceps occipitalis-2R*
25 cm - A menudo grupos numerosos - Semicopetón - **Blanco - Cabeza y dorso plomizos** (grises en el NO) - **Nuca negra** - Iris rojo - **PN: Penacho auricular dorado** (blancuzco en el NO) ··· Desde Colombia por el O ··· Lagunas altoandinas y ambientes acuáticos pampeanos y patagónicos   IV

29) MACÁ TOBIANO

(Hooded Grebe) *Podiceps gallardoi*
28 cm - ∈ - **Blanco, incluso frente** - Recuerda a 28) - **Capuchón y línea en cuello dorsal negros** - Eréctil **semicopete rufo** - Dorso negruzco - Pico negro con ápice celeste - Iris rojo - Periocular amarillo - Lagunas de altura, con *Myriophyllum,* en la meseta de **S. Cruz**   II

30) MACÁ PICO GRUESO (Pied-billed Grebe) *Podilymbus podiceps*
28 cm - **Rechoncho** - Sin penacho auricular ni semicopete - **Pico grueso** - Pardusco - Ventral más claro - **PN:** Corona y dorso negruzcos - **Garganta negra - Pico claro con anillo negro** - Ventral gris plateado, moteado ··· Toda América - URUGUAY ··· Ambientes acuáticos   IV

31) MACÁ GRANDE
(Great Grebe) *Podiceps major -2R*
44 cm - El mayor - Esbelto - Melancólico y sonoro *uaaaa* - **Extenso cuello** que suele recostar sobre la espalda - Largo pico agudo - Cuello dorsal gris - Ventral blanco - **PN:** Semicopete y dorso negruzcos - **Cuello rufo** - J: Listado de blanco ··· Brasil, Paraguay, Perú y Chile - URUGUAY ··· Ambientes acuáticos, y costas de mar   IV

●*Fam. Diomedeidae, ver pág. 27*

32) ALBATROS ERRANTE (Wandering Albatross) *Diomedea exulans-2R*
Env. 3,20 m - **Enorme, blanco, incluso manto y ala ventral** - Primarias y ápice de remeras internas [y timoneras externas], negro - [Moteado en cubiertas] - **Pico** largo, **rosáceo** con ápice córneo - Párpado gris o rosado - J: Mucho más común (95%) que el adulto - Diversos estadios - Pardo con variada proporción de blanco ··· Chile y Brasil - [URUGUAY] ··· Cría en Georgias [y Malvinas]   IV

33) ALBATROS REAL
(Royal Albatross)*Diomedea epomophora*
Env. 3m - Muy **parecido a 32) adulto** - **Pico** más **amarillento - Línea negra entre maxilas** - Párpado negro - **J: Similar al adulto,** no como J 32) ··· Chile, Perú y Brasil - URUGUAY   IV

*ALBATROS CHICOS: Mucho menores que el Errante y el Real (32 y 33) - Semejantes entre sí - Parecen grandes gaviotas con largas alas ventralmente bordeadas de negro - Blancos - Ala dorsal, **manto y cola negros** - JJ: Menos blanco en ala ventral - Pico negruzco - (3 especies) (·)*

34) ALBATROS CABEZA GRIS
(Gray-headed Albatross)
Diomedea chrysostoma

Env. 2m - **Cabeza y cuello grises** [con amplia frente blanca] - **Semicírculo postocular blanco - Pico negro con bordes superior e inferior amarillos** ··· Perú y Chile ··· Cría en Georgias   III

35) ALBATROS PICO FINO
(Yellow-nosed Albatross)
Diomedea chlororhynchos

Env. 1,90m - Leve zona ocular negra - **Pico** delgado, **negro,** sólo **con borde superior amarillo** y ápice anaranjado - J: Gris en corona ··· Brasil - URUGUAY ··· + III

36) ALBATROS CEJA NEGRA
(Black-browed Albatross)
Diomedea melanophrys

Env. 2,20 m -Algo gregario - **Suele verse desde la costa** - Alargada zona ocular negra - **Pico amarillo** ··· Ecuador, Perú, Chile y Brasil - URUGUAY ··· Cría en Islas Malvinas, Georgias y de los Estados - ++ V

(·) *D. cauta* fue capturado en aguas argentinas

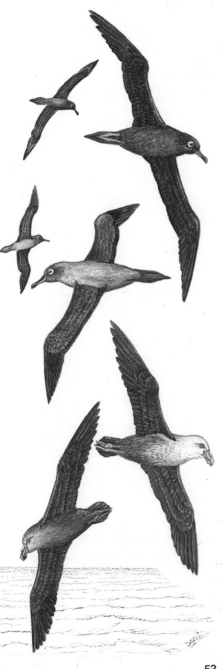

37) ALBATROS OSCURO
(Sooty Albatross)   *Phoebetria fusca*

Env. 2m - Muy esbelto - Alas delgadas - **Larga cola en cuña** - Se ve más **negruzco** que 38) - Pardo con cabeza más oscura - **Semicírculo postocular blanco - Pico negro** - Línea amarilla en mandíbula - J: Collar ocráceo - Nuca blancuzca ··· Chile- **[URUGUAY]**   I

38) ALBATROS MANTO CLARO
(Light-mantled Albatross)
                    Phoebetria palpebrata

Env. 2,10m - Parecido a 37) - **Dorso y ventral cenicientos, contrastados con resto negruzco - Pico negro** - Línea celeste en mandíbula - J: Manto y pecho barrados de ocráceo ··· Brasil y Chile ··· Cría en Georgias   III

Fam Procellariidae, ver pág. 27

39) PETREL GIGANTE COMÚN
(Southern Giant Petrel)
                    Macronectes giganteus

Env. 2,15 m - Recuerda *Phoebetria* - Menos esbelto - Cola menos aguda - Màs aleteo - Bastante nadador - Atrevido - A menudo en playas y puertos - **Gris pardusco oscuro** (Fase albina en la Antártida) - **Blancuzco en cabeza**, a menudo extendido - **Grueso pico amarillento con ápice oliva** - J: Más pardo - Menos blanco - Plumajes variables ··· Perú, Chile y Brasil - URUGUAY ··· Cría en Antártida, Malvinas e Islas del Atlántico Sur.   VI

40) PETREL GIGANTE OSCURO
(Northern Giant Petrel)
                    Macronectes halli (·)

Env. 2,10m - Casi indistinguible de 39), incluso en comportamiento - Más oscuro - **Sin fase albina ni cabeza del todo blancuzca** - Blanco restringido a cara y garganta (como subadulto de 39) - **Pico** amarillo oliváceo **con ápice rojizo** - J: Como J 39) - Pico con ápice rojizo ··· URUGUAY   II

(·) A veces considerado raza de *M. giganteus*

41) PETREL BARBA BLANCA

(White-chinned Petrel) *Procellaria aequinoctialis*

50 cm - Env. 1,35m - Vuelo bajo - Suele verse desde la costa - Las patas sobrepasan la cola - Mayor que 42) y 43) y mucho menor y más **oscuro** que el Gigante (39) - **Barba blanca** poco visible - Notable **pico marfil** ··· Perú, Chile y Brasil - URUGUAY ··· Cría en Malvinas y Georgias IV

42) PARDELA OSCURA

(Sooty Shearwater) *Puffinus griseus*

45 cm - Env. 95 cm - Vuelo ondulado con las alas rígidas - Zambulle - No sigue barcos - Gregaria - Parecida a 41) - Dorso negro o **pardo negruzco - Pico** más **fino** (carácter del género), **negro** - Ventral algo más claro - Barba pálida - **Tapadas blancas** - [Patas liláceas] ··· Migrador C hasta C. América - URUGUAY ··· Cría en Malvinas - ++ IV

43) PETREL PIZARRA

(Kerguelen Petrel) *Pterodroma brevirostris* (•)

32 cm - Env. 70 cm - Suele planear alto - **Plomizo** - [Brillo plateado, más aún en ala ventral] - Leve blanco en hombros y cañones de remeras - Grueso pico (carácter del género) y patas, negros ··· URUGUAY III

44) PETREL CABEZA PARDA

(Hooded Petrel) *Pterodroma incerta*

41 cm - Env. 1m - Dorso, ala ventral, subcaudal y pecho, **pardo, bien contrastado con** resto **ventral blanco** - [Garganta y nucas claras] - Grueso pico negro - Patas liláceas ··· Brasil - [URUGUAY] III

(·) *Pterodroma macroptera* y *Pterodroma externa* han sido citados para el Atlántico sur

45) PARDELA GRANDE (Cory's
Shearwater) *Calonectris diomedea*
50 cm - Env. 1,20m - Robusta - Más
grande que 46) - **Dorsal pardo negruzco,**
sin corona más oscura - Cara y flancos
grises - **Ventral,** incluso tapadas, **blanco -**
[Leve rabadilla blanca] - **Pico amarillento** - Patas liláceas - Migrador A ··· Brasil -
URUGUAY - + -   II

46) PARDELA CABEZA NEGRA
(Greater Shearwater) *Puffinus gravis*
44 cm - Env. 1,10m - Gregaria - Pico algo
fino - **Corona y cola negras** - Dorso y semicollar parduscos - **Faja nucal, rabadilla**
[banda alar] **y ventral blancos** - Ala ventral blanca bordeada de negro - Patas liláceas ··· Venezuela y Brasil - URU-
GUAY ··· [Cría en Malvinas] - ++ -   IV

47) PETREL DAMERO
(Cape Petrel) *Daption capense*
35 cm - Env. 90 cm. - Gregario - Robusto - **Llamativo diseño dorsal blanco y negro** - Capuchón negro - Mancha en remeras y todo lo ventral blancos - Cola blanca con faja apical negra ··· Irregular Migrador C hasta Ecuador por el O y N.
América por el E - URUGUAY ··· Cría
en Antártida e Islas del Atlántico Sur -
+ -   IV

55

48) PETREL CABEZA BLANCA (White-headed Petrel)   *Pterodroma lessonii*
45 cm - Env. 1m - En vuelo alas arqueadas - **Blanco,** dorsalmente agrisado - Zona ocular negra - **Alas y lomo plomizos - Ala ventral oscura** - Grueso pico negro - Patas liláceas ⋯ Chile y Brasil - [URUGUAY]   II

49) PETREL COLLAR GRIS
(Soft-plumaged Petrel)*Pterodroma mollis*
35 cm - Env. 85 cm - Tímido y solitario - Recuerda a 48) - Frente estriada - **Dorsal y collar** [incompleto] **grises** - Zona ocular negra - Cara, garganta y resto **ventral blanco** (o grisáceo) - **Ala ventral negruzca** - Pico negro - Patas liláceas - Hay ejemplares melánicos ⋯ Brasil - [URUGUAY]   III

50) PARDELA BOREAL
(Manx Shearwater)   *Puffinus puffinus*
35 cm - Env. 85 cm - Gregaria - No sigue barcos - **Dorso, incluida mejilla, negro - Ventral blanco** - Ala ventral bordeada de negro - Fino pico negro - Patas liláceas ⋯ Migrador A ⋯ Brasil - URUGUAY ⋯ +
                                        III

51) PARDELA CHICA
(Little Shearwater)   *Puffinus assimilis*
27 cm - Env. 55 cm - Gregaria - Bucea - Vuelo bajo con rápido aleteo como un yunco - Parecida a 50) - Dorsal plomizo - **Mejilla y ventral blancos** - Pico y patas celestes ⋯ [Chile - URUGUAY]   I

52) PETREL CENICIENTO
(Gray Petrel) *Procellaria cinerea*

48 cm - Env. 1,20 m - Rápido aleteo - Se eleva para zambullir - Sigue barcos y ballenas - Gregario - Robusto - Ceniciento (o pardo) incluso **ala ventral, cola y subcaudal, contrastado con resto ventral blanco** - Por diseño recuerda un cormorán - Pico verdoso - Patas verdoso liláceas ... Perú, Chile y Brasil - URUGUAY
III

53) PETREL PLATEADO
(Southern Fulmar) *Fulmarus glacialoides*

45 cm - Env. 1,10m - Gregario - Recuerda una gaviota - **Blanco, dorso gris - Primarias negras con** notable **zona basal blanca** - Apice de remeras internas negruzco - **Pico rosado con ápice y narinas negras** - Patas liláceas ... Ecuador, Perú, Chile y Brasil - URUGUAY ... Cría en Antártida e Islas del Atlántico Sur - ++ -
III

54) PETREL ANTÁRTICO
(Antarctic Petrel) *Thalassoica antarctica*

40 cm - Env. 1m - Gregario - Se asienta sobre hielos flotantes - Recuerda algo al Damero (47) - Llamativo diseño - Dos zonas contrastadas: **Capuchón, dorso, ápice caudal y mitad frontal del ala, pardo** - **Mitad posterior del ala, cola y ventral, blanco** ... Cría en Antártida
II

55) PETREL BLANCO
(Snow Petrel) *Pagodroma nívea*

34 cm - Env. 80 cm - Gregario - Vuelo errático y alto - Rápido aleteo - Se asienta sobre hielos flotantes - Recuerda una paloma - **Blanco - Iris y pico negros** - Patas plomizas ... Cría en Antártida e Islas del Atlántico Sur
III

56) PETREL AZULADO
(Blue Petrel)   *Halobaena caerulea*

30 cm - Parecido a priones, con quienes se asocia - Vuelo mènos ágil con mucho planeo - Frente moteada - **Corona** y semicollar, **negruzco** - Dorso y alas celeste grisáceos con abierta M negruzca, visible en vuelo - **Cola** cuadrada **con ápice blanco** - Ventral blanco - Pico negro - Patas celestes ··· URUGUAY ··· Cría en Georgias - + -   II

PACHYPTILA (Priones o petreles ballena): Gregarios - Vuelo ágil y errático - No siguen barcos - Muy parecidos entre sí - Recuerdan a 56) en coloración y diseño alar - Cola en cuña con ápice negro - Pico y patas celeste - (3 especies) (·)

57) PRION PICO GRANDE
(Dove Prion)   *Pachyptila desolata*

28 cm - Apenas mayor y más oscuro - Ceja blanca menos notable que en 58) - Faja ocular negra - Loral oscuro - Semicollar azulado y garganta blanca, más evidentes - **Pico** (2,8 cm) **robusto,** ancho en la base: 1,4 cm ··· Perú, Chile y Brasil - URUGUAY ··· Cría en Islas del Atlántico Sur   II

58) PRIÓN PICO FINO
(Slender-billed Prion) *Pachyptila belcheri*

26 cm - Algo más pálido - **Loral y larga y ancha ceja blancas** - Faja ocular negra - **Pico** como 57), más **angosto en la base:** 1 cm - En vuelo M dorsal algo menos notable y timoneras externas más blancuzcas que en 57) y 59) ··· Perú, Chile y Brasil - URUGUAY ··· Cría en Malvinas - +++   IV

59) PRIÓN PICO CORTO
(Fairy Prion)   *Pachyptila turtur*

25 cm - Menor - Más celeste - M dorsal más notable - Ceja y faja ocular menos conspicuas - **Muy ancho ápice caudal negro** - **Pico** (2,3 cm) **corto** ... Chile ··· Cría en Beauchene, cerca de Malvinas - II

58

(·) *P. forsteri (= P. vittata),* de pico muy ancho, ha sido citado para Malvinas

60) PAÍÑO GRIS   (Gray-backed
Storm-Petrel)   *Garrodia nereis*

17 cm - Env. 35 cm - Menor y más pálido que 64) - **Capuchón,** espalda, cubiertas **y pecho, negruzcos - Remeras y ápice caudal negros** - [Filete alar claro] - **Rabadilla y cola cenicientas,** no blancas - Resto ventral, incluso tapadas, blanco ⋯ Chile ⋯ Cría en Malvinas y Georgias III

61) PAÍÑO COMÚN   (Wilson's
Storm-Petrel)   *Oceanites oceanicus-2R*

18 cm - Env. 40 cm - Gregario - Bailotea sobre la estela de los barcos - **Negruzco, incluso ala ventral** - Notable **rabadilla blanca [continuada en abdomen]** - [Filete alar claro] - Inconspicuos pies amarillos ⋯ Costas de América - URUGUAY ⋯ Cría en Islas del Atlántico Sur y [Malvinas] - +   V

62) PAÍÑO VIENTRE NEGRO
(Black-bellied Storm-Petrel)
               Fregetta tropica

20 cm - Env. 48 cm - Sigue barcos - [Garganta blancuzca] - Dorsal, **pecho** y subcaudal, **negruzco** - [Filete alar claro] - **Rabadilla y tapadas blancas** - Resto **ventral blanco con faja longitudinal negra** (si falta, indiferenciable de 63; podrían ser formas de una misma especie) ⋯ Perú, y Chile - URUGUAY ⋯ Cría en Islas del Atlántico Sur   II

63) PAÍÑO VIENTRE BLANCO
(White-bellied Storm-Petrel)
              Fregetta grallaria

Como 62) sin faja ventral negra - Hay intermedios ⋯ Chile ⋯   I

64) PAÍÑO CARA BLANCA (White-faced Storm-Petrel) *Pelagodroma marina*

20 cm - Env. 45 cm - Baileteo pendular sobre las olas - No sigue barcos - Su vuelo recuerda al del Playero Manchado (264) - Mayor que 60) - **Corona y faja ocular negras - Frente y ceja blancas-Cola** (no ápice caudal) **negra - Rabadilla gris - Ventral desde la barba,** incluso casi toda el ala, **blanco** - Pies como el Común (61) ··· URUGUAY I

 Fam. Pelecanoididae, ver pág. 28
PELECANOIDES (·) (Yuncos, potoyuncos o petreles zambullidores): Los 3 son casi indiferenciables en el mar - Aleteo continuo y poco planeo sobre las olas - **Zambullen abruptamente** *desde cierta altura para emerger volando - Pequeños - Robustos - Alas cortas - Dorso negro - Ventral blanco - De plataforma y costas - (3 especies)*

65)YUNCO CEJA BLANCA
(Magellanic Diving-Petrel)
Pelecanoides magellani

20 cm - **Escapulares marginadas de blanco formando al volar una V dorsal - [Remeras internas,** cubiertas y rabadilla, también **marginadas de blanco**] - Unico con **línea postocular blanca** que baja uniéndose a lo ventral - Semicollar oscuro - J: Casi sin márgenes blancos ··· Chile ··· Cría en Isla de los Estados y T. del Fuego II

66) YUNCO COMÚN (Common Diving-Petrel) *Pelecanoides urinator-3R*

19 cm - **Ancho collar gris - Ala ventral** más **gris** que blanca - **Sin ceja ni márgenes blancos** ··· Chile - URUGUAY ··· Cría en Malvinas y Georgias - En invierno más al N - Raro en lagos patagónicos (Puelo) +- II

67) YUNCO GEÓRGICO
(South Georgian Diving-Petrel)
Pelecanoides georgicus

19 cm - ∈ - Simpátrico con 66) - **Escapulares** como 65) **grisáceas - Apice blanco en remeras internas** - Ala ventral blanca - Gris en cara y cuello sin formar collar ··· Cría en Georgias III

(·) *P. exsul*, de Georgias, es considerado raza de *P. urinator*

Fam. Sulidae, ver pág. 28

68) PIQUERO PARDO
(Brown Booby)   *Sula leucogaster*

60 cm - Env. 1,40 m - Grupos volando en fila - Planeo ondulado sobre las olas - Zambulle desde el aire - Nadador - Capuchón, dorso, **aguda cola y pecho pardo negruzcos** - Resto ventral blanco - **Ala ventral blanca** bordeada de negruzco - **Robusto y cónico pico amarillento** - J: Más uniforme - Ventral claro sin separación neta con el pecho ··· Desde Méjico hasta Colombia y por el Atlántico hasta Brasil - Costas del mar - **URUGUAY** ··· Accidental en B. Aires   I

Fam. Anhingidae, ver pág. 28

69) ANINGA
(Anhinga)   *Anhinga anhinga*

66 cm - A menudo en arbustos o postes - Descansa con las alas extendidas - Más esbelto que un cormorán - Al nadar, sólo emerge su **largo cuello serpentiforme** - **Agudo pico recto** - **Negro** con brillo - **Zona plateada en cubiertas** - Cola larga, redondeada, con ápice ocre - ♀: **Cabeza, cuello y pecho canelas,** en neto contraste con resto negro - J: Más pardo ···Desde C. América, salvo Chile - URUGUAY ··· Ríos, lagunas y esteros   III

Fam. Fregatidae, ver pág. 28

70) AVE FRAGATA
(Magnificent Frigatebird)
          Fregata magnificens

65 cm - Env. 2,30 m (peso 1,5 kg) - Mucho **planeo** - Grupos - Picadas sin zambullir - Audaz - Piratea - Inconfundible silueta en vuelo: **Angostas alas anguladas y larga cola ahorquillada** - Negro con brillo - Bolsa gular roja - ♀: Collar y pecho blancos - J: Se ve comúnmente - Cabeza y ventral blancos - Desde C. América hasta Colombia y por el Atlántico hasta URUGUAY y **B. Aires** - Costas de mar -   II

PHALACROCORAX: Largo cuello, que llevan estirado en vuelo - Gregarios - Bucean - Al nadar elevan el pico recto y ganchudo - En tierra extienden las alas al secarse - Recuerdan pingüinos por su postura erecta - Larga cola rígida - (6 especies)

71) BIGUÁ (Neotropic Cormorant) *Phalacrocorax olivaceus-2R*

63 cm - **Negruzco,** con brillo - Iris verde claro - PN: Plumas blancas en la base del pico - J: Pardo - Ventral claro ··· Desde C. América - URUGUAY ··· Costas de mar y ambientes acuáticos, incluso en áreas pobladas   V

72) CORMORÁN GRIS (Red-legged Cormorant) *Phalacrocorax gaimardi*

50 cm - Inconfundible - **Gris** oscuro - Cubiertas muy maculadas de plateado - **Zona blanca en cuello** - **Pico amarillo** con base roja - Notables **patas rojas** ··· Desde Perú, por el Pacífico ··· Costas de mar en **S. Cruz** (Pto. Deseado)   III

73) CORMORÁN CUELLO NEGRO
(Rock Cormorant)

Phalacrocorax magellanicus

57 cm - Como 74), 75) y 76), dorso negro y ventral blanco - **Cuello y pecho superior, negro** - **Zona auricular blanca** - A menudo, mancha gular blanca [extendida por cuello ventral] - **Periocular e iris rojos** - J: Pardo - Blanco gular [y abdominal] ··· Chile ··· Costas de mar, y del lago Fagnano   IV

74) GUANAY (Guanay Cormorant) *Phalacrocorax bougainvillii*

62 cm - Parece un intermedio entre 73) y 75) ó 76) - Sólo **periocular rojo - Iris verde** - Sin auricular blanco - Alargada zona gular blanca no unida al **blanco ventral** que avanza **en cuña hasta la mitad del cuello** - Pico amarillento ··· Chile, Perú [y más al N] ··· Costas de mar en **Chubut** (P. Tombo)   II

75) CORMORÁN REAL (King Cormorant) *Phalacrocorax albiventer*

60 cm - Recuerda a 73) y 74) - Tal vez conespecífico con 76) - Sin blanco dorsal - Corona y **mejillas** (cabeza) **negras** - Semicopete, y carúncula amarilla, ausentes en PI - **Hombros blancos,** reducidos o ausentes en PI - **Todo lo ventral blanco** - Párpado azul - J: Dorsal pardo ··· Chile - URUGUAY ··· Costas de mar   V

76) CORMORÁN IMPERIAL (Blue-eyed Cormorant) *Phalacrocorax atriceps-3R*

60 cm - Muy parecido a 75) - El blanco ventral avanza sobre la cara en forma de arco - **Mejillas blancas** - Hombros y notable **zona dorsal blanca,** reducidos o ausentes en PI - Párpado también azul - J: Como J 75) ··· Chile ··· Costas de mar, más bien australes y lago Nahuel Huapi (Isla Victoria)   IV

Fam. Ardeidae, ver pág. 29

77) GARZA MORA

(White-necked Heron)   *Ardea cocoi*

75 cm - Arisca - Solitaria - La mayor de las garzas - Dorso **gris** - Corona, largas plumas nucales, dos líneas discontinuas en el cuello y **flancos pectorales negros** - Resto ventral blanco - J: Sin flancos negros ··· Desde Panamá - URUGUAY ··· Ambientes acuáticos   IV

78) HOCÓ COLORADO   (Rufescent

Tiger-Heron)   *Tigrisoma lineatum*

62 cm - A menudo en árboles - Pasivo - **Rufo** - El dorso se ve pardo por leve vermiculado - Notables **líneas blancas de la barba al pecho** - Ventral acanelado - J: Se vé comúnmente - Como J 79) - Recuerda a 85) y J 89) - Barrado de negruzco y acanelado (bataraz) ··· Desde Honduras - URUGUAY ··· Ambientes acuáticos en bordes de selvas y sabanas   III

79) HOCÓ OSCURO   (Fasciated

Tiger-Heron)   *Tigrisoma fasciatum-2R*

56 cm - Parecido a 78) - Maxila curva - Oscuro - **Sin rufo** - Corona y faja en cuello dorsal negros - Dorso con fino barrado ocráceo - J: Muy parecido a J 78) (Observar maxila) ··· Desde C. Rica por el O ··· Ríos y arroyos en selvas   II

80) CHIFLÓN

(Whistling Heron)   *Syrigma sibilatrix*

48 cm - En vuelo las alas no superan la horizontal - Silbo aflautado - **Llamativo colorido** - Corona y largas plumas nucales, negro azuladas - Dorso gris celeste - **Cuello y pecho amarillentos** - Cubiertas canela estriadas - Pico rosado con ápice negro - J: Más pálido ··· Colombia, Venezuela, Brasil, Paraguay y Bolivia - URUGUAY ··· Ambientes acuáticos, cercanías y arboledas - En expansión   IV

64

81) GARZA BLANCA
(Great Egret) *Egretta alba*

65 cm - Grupos - A veces en árboles -
Blanca - Pico amarillo - Patas negruzcas -
PN: Largas egretes en dorso y pecho ···
Desde N. América - URUGUAY ··· Ambientes acuáticos y cercanías, y en el S
también costas de mar V

82) GARCITA BLANCA
(Snowy Egret) *Egretta thula*

40 cm - Grupos - A menudo con 81) -
Parecida - **Pico negro - Patas negras con
pies amarillos** - PN: Egretes en nuca, pecho y dorso - J: Patas amarillo verdosas -
··· Desde N. América - URUGUAY ···
Ambientes acuáticos y cercanías V

83) GARCITA BUEYERA
(Cattle Egret) *Bubulcus ibis*

**35 cm - Bandadas - En derredor o sobre
el ganado** - Tras el arado - Menor que 81)
Pico más **grueso** que 82), **amarillo** - Cuello más corto - Patas negro verdosas -
**PN: Canela en corona, dorso y pecho -
Patas amarillas** o anaranjadas ··· Desde
N. América - URUGUAY ··· Areas rurales y ambientes acuáticos - Colonizadora
reciente - Expandiéndose VI

84) GARZA AZUL
(Little Blue-Heron) *Egretta caerulea(·)*

40 cm - Oscura - **Cabeza y cuello rufo liláceos - Dorsal y ventral plomizos** - Pico
azulado con ápice negro y patas verdosas
(o ambos negruzcos) - PN: Egretes en corona, dorso y pecho - **J:** Se ve comúnmente - Parecido a 82) - **Blanco - Pico
como adulto** - Patas verdosas - Plumajes
intermedios ··· Desde N. América, salvo
Bolivia, Paraguay, Chile y la Argentina ···
Ambientes acuáticos y cercanías - Raro
en **URUGUAY**

(·) Citada alguna vez para la Argentina

MIRASOLES: Ocultos - Vuelo corto y desgarbado con las patas colgando - Asustados, **apuntan con el pico al cielo semejando juncos secos -** *(3 especies)*

85) MIRASOL GRANDE
(Pinnated Bittern) *Botaurus pinnatus*

55 cm - Voz grave, como mugido - Recuerda a J 78), J 79) y J 89) - Ocráceo - Corona negruzca - **Dorso abigarrado (más estriado que barrado) de negro** - Ventral blanco estriado de acanelado en cuello, pecho y flancos - **Gruesos tarsos y largos dedos, verdosos** ··· Desde Méjico, salvo Perú, Bolivia y Chile - URUGUAY ··· Juncales   II

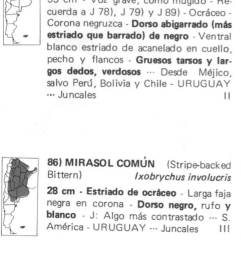

86) MIRASOL COMÚN (Stripe-backed Bittern) *Ixobrychus involucris*

28 cm - **Estriado de ocráceo** - Larga faja negra en corona - **Dorso negro,** rufo **y blanco** - J: Algo más contrastado ··· S. América - URUGUAY ··· Juncales   III

87) MIRASOL CHICO
(Least Bittern) *Ixobrychus exilis*

25 cm - Parecido a 86) - Más oscuro - Corona y **dorso, negro sin estrías** - Cara y **cuello dorsal, rufo - Larga estría gular negra - ♀: Dorso castaño** - J: Poco estriado ··· Desde N. América, salvo Chile ··· Pantanos y esteros en el NE   II

♀

88) GARCITA AZULADA
(Striated Heron)   *Butorides striatus*

34 cm - No tan oculta como los mirasoles - Suele andar agachada - Menea rápidamente la cola - Súbito y fuerte *kióu*- **Azulada** - Corona y largas plumas nucales negras - Cubiertas reticuladas de blanco - **Cuello ventral con gruesas estrías canelas** - Patas amarillas (anaranjadas en PN) - J: Gris pardusco estriado en lo ventral - ··· Desde C. Rica - URUGUAY ··· Ambientes acuáticos con vegetación   IV

89) GARZA BRUJA   (Black-crowned Night-Heron) *Nycticorax nycticorax-3R*

47 cm - Gregaria - Arborícola - Crepuscular - Fuerte *kuák* - Parece encogida - Pico robusto - **Gris - Corona y dorso negros** - Largas plumas nucales y frente blancas - Ventral blancuzco (plomizo en raza del Sur, donde aparecen ejemplares melánicos) - Patas amarillentas - J: Se ve comúnmente - Pardo salpicado y estriado de blanco ··· Desde N. América - URUGUAY ··· Ambientes acuáticos y costas de mar   IV

90) GARZA CUCHARONA (Boat-billed Heron)   *Cochlearius cochlearius (·)*

43 cm - Parecida a 89) en hábitos, aspecto y voz - Extraño **pico muy amplio y chato** - Frente y cara blancas - Corona, largo copete y espalda negros - Resto **dorsal y pecho, gris claro - Resto ventral rufo** y negro - J: Pardo - Corona negra - Ventral claro ··· Desde Méjico, salvo Chile ··· Pantanos y esteros en el NE   I

(·) *A veces citada en Fam. Cochlearidae*

91) TUYUYÚ

(Wood-Stork)   *Mycteria americana*

65 cm - Grupos - A menudo en árboles - **Blanca - Cabeza y cuello negruzcos - Remeras y cola negras,** notables en vuelo - **Pico** córneo **con ápice curvo** - J: Manchado de pardo ··· Desde N. América - URUGUAY ··· Sabanas inundadas, esteros, lagunas y bañados   IV

92) CIGÜEÑA AMERICANA

(Maguari Stork)   *Ciconia maguari*

85 cm - Asentada, **tercio posterior del cuerpo, negro.** En vuelo la **cola** se ve **blanca con laterales negros** - Periocular y patas rojos - **Pico recto,** córneo violáceo - Iris amarillo - J: Negro con brillo ··· S. América, salvo Ecuador y Perú - URUGUAY ··· Ambientes acuáticos y áreas rurales   IV

93) YABIRÚ

(Jabiru)   *Jabiru mycteria*

1,10 m - Postura erecta - **Blanca, incluso alas y cola** - Cabeza y cuello negros - Ancho **collar rojo** - Robusto **pico negro algo curvo hacia arriba** - J: Manchado de pardo - Collar rosáceo ··· Desde Méjico, salvo Chile - URUGUAY ··· Sabanas inundadas, esteros y bañados   II

BANDURRIAS Y TAPICURÚ: *Grupos - Arborícolas y terrícolas - Fuertes voces -* **Pico curvo** - *(3 especies)*

94) BANDURRIA MORA
(Plumbeous Ibis) *Harpiprion caerulescens*
62 cm - Trompeteo al caminar - **Cenicienta** - Brillo oliváceo - **Frente blanca** - Notable y despeinado **copete nucal** y cuello, estriados de blancuzco - Iris y patas rojizos - J:Más opaco ··· Brasil, Bolivia y Paraguay - URUGUAY ··· Esteros y sabanas inundadas en el N   II

95) BANDURRIA BAYA   (Buff-necked
Ibis)   *Theristicus caudatus-2R(•)*
57 cm - Nasal y repetido *clamp,* como bocina - En vuelo parece un gran tero - Corona y cuello dorsal acanelados - **Cuello amarillo ocráceo - Dorso ceniciento - Cubiertas blancas** - Periocular, gular, remeras, cola y **tapadas, negras** - Resto ventral negro (ceniciento en el N) - Patas rojizas ··· Desde Panamá - URUGUAY ··· Lagos, cursos de agua, esteros, sabanas inundadas y pastizales de altura - La población del S es Migrador C en áreas rurales   IV

96) TAPICURÚ
(Green Ibis) *Mesembrinibis cayennensis*
47 cm - Oculto en árboles - Más oído que visto - A veces en aguas someras - Fuerte y melódico *kro..kro..,* vespertino - **Oliváceo** - Largas plumas **verde metálico en cuello dorsal** - Alas y cola con brillo bronceado - Pico y cortas patas, verdosas ··· Desde C. Rica, salvo Chile ··· Ríos, arroyos y pantanos en **selvas** de **Misiones**   II

(•) En caso de considerarse especies distintas, *T. caudatus* y *T. melanopis,* se denominarían respectivamente BANDURRIA BOREAL y BANDURRIA AUSTRAL.

Relea con cada especie los caracteres del grupo

CUERVILLOS: *Palustres - Recuerdan bandurrias - Más terrícolas -* **Pico** *también* **curvo** *- Menores y negruzcos - Silenciosos - (3 especies)*

97) CUERVILLO CARA PELADA

(Bare-faced Ibis) *Phimosus infuscatus*

40 cm - Grupos o bandadas no muy grandes - En aguas someras - A veces con 99)- Parecido - Más retacón - Se ve más **negro** y opaco - Brillo verde - **En vuelo las patas rosáceas, más cortas, apenas sobrepasan la cola** - Cara desnuda rosácea - **Pico marfil** (o rosáceo en PN) ··· S. América salvo Perú y Chile - URUGUAY ··· Esteros, sabanas inundadas y lagunas IV

98) CUERVILLO PUNEÑO

(Puna Ibis) *Plegadis ridgwayi*

50 cm - Alopátrico con 97) y 99) a quienes se parece - Mayor - Patas más cortas que 99) - Cola algo más larga - Negruzco - Cabeza y cuello castaños - Dorsal con reflejos verdes - **Pico rojizo** - Patas negras - J: Más pálido - Cabeza y cuello con finas estrías blancas ··· Perú, Bolivia y Chile ··· **Lagunas altoandinas** en el NO
II

99) CUERVILLO DE CAÑADA

(White-faced Ibis) *Plegadis chihi*

40 cm - **Grandes bandadas** volando en V- En vuelo las patas sobrepasan bastante la cola - Suele seguir el arado - Parecido a 97) y 98) - Recuerda al Carau (212) - Menor - Pico más oscuro - Se ve negruzco - Leves brillos verdes y violáceos - Estriado blanco en cuello - **PN: Castaño** - Corona, alas y cola con brillo verde - [Línea blanca bordeando la cara desnuda] ··· Países limítrofes y Perú - URUGUAY ··· Ambientes acuáticos y **áreas rurales** V

Fam. Threskiornithidae, ver pág. 29

100) ESPÁTULA ROSADA
(Roseate Spoonbill)   *Platalea ajaja*

55 cm - Grupos - Mueve su **pico largo y chato** de un lado a otro, mientras vadea aguas someras - También arborícola - **Rosada** - Por color recuerda flamencos - **Cubiertas,** rabadilla, mancha pectoral y subcaudal, **carmín** - Cola ocrácea - J: Blancuzco ··· Desde C. América - URU-GUAY ··· Ambientes acuáticos y cercanías   III

 *Fam. Phoenicopteridae, ver pág. 29*

FLAMENCOS Y PARINAS: Palustres - Bandadas (mixtas en el NO) - Rosáceos - Variación estacional de tonos - En vuelo, indiferenciables entre sí - Pico grueso, como quebrado - JJ: [Aislados de los adultos] - Más nadadores - Blancuzcos manchados de pardo -(3 especies)

101) FLAMENCO AUSTRAL   (Chilean
Flamingo)   *Phoenicopterus chilensis*

70 cm - Tono salmón - **Cubiertas rojas** que tapan las remeras negras - **Pico blanco rosado** con mitad apical negra - Patas celeste grisáceas - **Rodillas** y pies **carmín** ··· Desde Ecuador y Brasil - URU-GUAY ··· Lagunas dulces y salobres y estuarios   IV

102) PARINA GRANDE   (Andean
Flamingo)   *Phoenicoparrus andinus*

75 cm - Más blancuzco - Cubiertas rosado fuerte - **Zona violácea en pecho** superior (que falta en J) - Asentada, **tercio posterior del cuerpo, negro** (inconspicuo en PN) - Pico negro con tercio basal amarillento y marca roja - **Patas amarillas** ··· Perú, Bolivia y Chile ··· Lagunas altoandinas en el NO   III

103) PARINA CHICA
(Puna Flamingo)   *Phoenicoparrus jamesi*

62 cm - Pico, cuello y patas más cortos (difícil de identificar por tamaño) - **Inconspicuo rosado en cubiertas** - Tercio posterior del cuerpo, negro menos notable que en 102) - Pecho con leves estrías rosadas - **Pico amarillo anaranjado** con agudo ápice negro - **Loral,** periocular **y patas rojas** ··· Perú, Bolivia y Chile ··· Lagunas altoandinas en el NO   II

● *Fam. Anhimidae, ver pág. 29*

104) CHAJÁ
(Southern Screamer) *Chauna torquata*

85 cm - Terrícola - A veces bandadas - Cuando planean alto recuerdan águilas - Suelen posar en sitios elevados - **Fuertes gritos** *chajá* y *chajío* - Rechoncho - **Ceniciento** - Visible **copete nucal - Collares blanco y negro** en cuello - Periocular y gruesas patas rojizos - **Tapadas blancas y remeras negras,** notables en vuelo ··· Brasil, Paraguay y Bolivia - URUGUAY ··· Esteros, sabanas inundadas, lagunas y bañados   IV

● *Fam. Anatidae, ver pág. 29*

105) PATO REAL
(Muscovy Duck) *Cairina moschata*

65 cm - Arisco y en disminución debido a la caza - Posa en árboles - Sordo bufido - Recuerda a su descendiente doméstico - Semicopetón - **Negro** - Brillo dorsal verde - **Mancha alar blanca** notable en vuelo y asentado - Carúncula y periocular rojos - ♀: 53 cm - Sin carúncula - J: Con leve o sin blanco alar ··· Desde C. América, salvo Chile - URUGUAY ··· Esteros, ríos y pantanos, a menudo en selvas y bosques   II

106) PATO CRESTUDO
(Comb Duck) *Sarkidiornis melanotos*

60 cm - Arisco y en disminución - Posa en árboles - Grupos - Vuelan en fila - Inconfundible - **Cabeza y cuello blancos salpicados de negro - Dorsal negro** con fuerte brillo - **Ventral blanco - Carúncula negra** muy notable en PN - ♀: 48 cm - Sin carúncula ··· Desde Panamá, salvo Chile - [URUGUAY] ··· Esteros, sabanas inundadas, ríos y bañados   II

72

107) GANSO DE MONTE

(Orinoco Goose)   *Neochen jubatus*

58 cm - Confiado - Vuela poco - **Postura erecta** - **Recuerda un cauquén** - **Ocráceo** - Lomo pardo y castaño - Alas y cola negras con brillo verde - Espejo alar y subcaudal blancos - **Vientre castaño** - Patas rojizas ··· S. América, salvo Chile ··· Ríos, arroyos e isletas boscosas en el N (Alto Río Bermejo)   II

*DENDROCYGNA: Gregarios - **Silban**, aún en sus vuelos nocturnos - **Postura erecta** - Cuello largo - Patas largas que en vuelo sobrepasan la cola - (3 especies)*

108) SIRIRÍ COLORADO (Fulvous Tree-Duck)   *Dendrocygna bicolor*

38 cm - Rápido y nasal *tiglí* - **Canela** - Línea negra en cuello dorsal - Dorso negruzco ondeado de canela - **Rabadilla blanca** - **Barras crema en flancos** - Patas plomizas ··· Desde Honduras - URUGUAY - Ambientes acuáticos y cercanías   IV

109) SIRIRÍ VIENTRE NEGRO

(Back-bellied Tree-Duck)
Dendrocygna autumnalis

38 cm - Silbo de 4 ó 5 sílabas - **Cara y garganta cenicientas** - Cuello como 108)- Dorsal castaño - **Faja alar blanca**, más visible en vuelo - Rabadilla, **vientre y abdomen, negros** - Periocular blanco - Pico rojizo - Patas rosáceas - J: Sin faja alar blanca ni ventral negro ··· Desde N. América, salvo Chile ··· Esteros, pantanos y áreas inundadas   II

110) SIRIRÍ PAMPA (White-faced Tree-Duck)   *Dendrocygna viduata*

38 cm - Rápido y agudo *sirirí* - **Garganta y mitad de cabeza, blancos, y mitad posterior negra** - Cuello rufo - Alas, rabadilla y centro del vientre, negros - **Flancos con fino barrado blanco y negro** - J: **Canela** (en vez de blanco) **en cabeza** ··· Desde C. Rica, salvo Chile - URUGUAY ··· Ambientes acuáticos y cercanías y áreas rurales   IV

111) COSCOROBA

(Coscoroba Swan) *Coscoroba coscoroba*

65 cm - Gregario - Esbelto - Aspecto de cisne - Tompeteos *pipkoró* y *kokkoró* - **Blanco** - Negro en primarias visible en vuelo - **Pico rojo** - Patas rosáceas - J: Manchado de pardo ··· Brasil, Paraguay y Chile - URUGUAY ··· Ambientes acuáticos   IV

112) CISNE CUELLO NEGRO

(Black-necked Swan)

Cygnus melancoryphus

80 cm - Comportamiento y aspecto de 111) - Inconfundible - **Cabeza y largo cuello negros** - Resto blanco - Carúncula roja - J: Cabeza y cuello gris parduscos - Resto manchado de pardusco ··· Paraguay y Brasil - URUGUAY ··· Ambientes acuáticos y costas de mar - En invierno más al N   V

CHLOEPHAGA (Cauquenes, caiquenes o avutardas): Al migrar 114, 116 [y 117] se mezclan en grandes bandadas - Erguidos - Parecen gansos - Pico corto - Notable diseño alar en vuelo: blanco, con primarias, terciarias y faja central oscuras (salvo ♂ 113) - Cola negra (salvo 113) - (5 especies)

113) CARANCA

(Kelp Goose)   *Chloephaga hybrida-2R*

52 cm - Silbo como 114) - Poco gregaria- Gran dimorfismo sexual - **Blanco** - Pico negro - Patas amarillas - ♀: Ronco *au.. au..* - Recuerda ♀ 114) - Más contrastada - **Periocular y cola blancos** - Grueso barrado ventral blanco y negro - **Pico rosado** ··· Chile ··· **Costas de mar** australes - En invierno más al N   IV

114) CAUQUÉN COMÚN

(Upland Goose)   *Chloephaga picta-[3R]*

54 cm - Silbo *juiu* - **Blanco, barrado de negro** en dorso, flancos, [cuello y ventral] - Pico y patas negros - ♀: Castaña - [Cabeza ocrácea] - Espalda y pecho barrados de negro - Vientre barrado de blanco y negro - Subcaudal gris pardusco - Patas amarillas ··· Chile - [URUGUAY] ··· Migrador C - Cursos de agua en bosques, vegas y esteros patagónicos   V

Caracteres del género Chloephaga en página anterior

115) GUAYATA
(Andean Goose) *Chloephaga melanoptera*

60 cm - Arisca - Alopátrica con otras *Chloephaga* - Cuello grueso - **Blanca** - Faja alar morada - Pico y patas, rojizos ··· Perú, Bolivia y Chile ··· **Lagunas altoandinas** - En invierno en áreas más bajas   III

116) CAUQUÉN REAL (Ashy-headed Goose) *Chloephaga poliocephala*

53 cm - Recuerda a la ♀ de 114) - Voz como ladrido corto - A veces posado en ramas - **Cabeza y cuello cenicientos** - Espalda y **pecho, castaño** algo barrado - Rabadilla negra (no blanca como en 114) - Flancos muy barrados de blanco y negro - Resto ventral blanco - Subcaudal acanelado - Periocular blanco - Pico negro - Patas anaranjadas ··· Chile ··· Migrador C - Ambientes acuáticos y cercanías del Bosque araucano   IV

117) CAUQUÉN COLORADO
(Ruddy-headed Goose) *Chloephaga rubidiceps*

50 cm - Parecido a la ♀ de 114) - **Menor** - **Castaño** más neto **en cabeza y cuello** - Barrado dorsal y ventral más fino - Periocular blancuzco - Subcaudal castaño, no blanco barrado - Patas más anaranjadas [con algo de negro] ... Chile ··· Migrador C - Vegas y campos abiertos en general cerca del agua - III - En grave disminución en territorio continental   I

118) PATO CRESTÓN (Crested Duck) *Lophonetta specularioides-2R*

42 cm - Arisco - Aspera voz como ladrido - Cola aguda - Pardo ocráceo manchado - Rabadilla y ventral más claros - **Amplia corona** (salvo frente) **y leve copete nucal, oscuros** - Tonos modestos, salvo en vuelo: **espejo** morado y **blanco** - Iris rojo - ♀: Cola menos aguda ··· Perú, Bolivia y Chile ··· Lagunas, lagos, ríos y costas de mar andinos y patagónicos   III

119) PATO DE ANTEOJOS

(Spectacled Duck)   *Anas specularis*

40 cm - Vuela siguiendo cursos de agua en el bosque - Característico ladrido - Dorso negruzco - Espalda escamada - Notables **óvalo frente al ojo** y gran medialuna gular, **blanco** - Espejo morado brillante, negro y blanco - Ventral pardusco - Flancos manchados - J: Sin marcas blancas ··· Chile ··· Lagos, ríos y arroyos del Bosque araucano y en ocasiones de la meseta patagónica   III

120) PATO OVERO

(Southern Wigeon)   *Anas sibilatrix*

37 cm - Vuelo errático - A menudo grupos - Silbo largo y trinado - Amplios **frente y malar blancos** - Resto de **cabeza y cuello, negros con brillo verde** - Dorso negro marginado de blanco - **Mancha alar y rabadilla, blancas, notables en vuelo** - Flancos canelas - Ventral blanco - ♀ y J: Más pálidos ··· Brasil, Paraguay y Chile ··· La población austral es Migrador C - URUGUAY ··· Ambientes acuáticos   IV

121) PATO MAICERO

(Brown Pintail)   *Anas georgica-2R*

39 cm - Muy gregario - Parecido a 122) - Nidifica en el campo - Cuello más largo - Menos frente - **Cola aguda** - Pardo ocráceo - **Corona acanelada** - Dorso, pecho y **flancos manchados** - Garganta, cuello y resto ventral casi blancuzcos - Espejo: negro entre fajas ocre - Pico amarillo con culmen negro - ♀: Cola menos aguda - ··· S. América, salvo Venezuela y Guayanas - URUGUAY ··· Ambientes acuáticos y cercanías, y áreas rurales   V

122) PATO BARCINO

(Speckled Teal)   *Anas flavirostris-2R*

33 cm - Nido en árboles - Pico como 121) - Cuello y cola más cortos - Frente más alta y leve semicopete (menos conspicuos en ♀) - **Cabeza y cuello oscuros** - Espejo negro entre fajas canelas - **Flancos uniformes** - **Raza del NO:** 37 cm - Neto contraste entre dorsal oscuro y **ventral blancuzco** ··· S. América, salvo Guayanas - URUGUAY ··· Ambientes acuáticos   IV

123) PATO CUCHARA

(Red Shoveler) *Anas platalea*

36 cm - **Castaño acanelado - Cabeza y cuello claros** y pecas negras en dorso, pecho y flancos - **Cubiertas celestes con faja blanca,** notables en vuelo (como en 124 y 125) - Subcaudal negro con mancha blanca - **Pico (6 cm) largo, alto y ensanchado** que lleva casi rozando el agua - **Iris blanco** ‾ ♀: Sin castaño - Iris oscuro - Pico como el ♂ ··· Países limítrofes y Perú - URUGUAY ··· Ambientes acuáticos   IV

124) PATO MEDIA LUNA

(Blue-winged Teal) *Anas discors*

30 cm - Pardo, manchado y punteado de negro - Diseño alar como 123) - **Cabeza y cuello ceniciento oscuro** - Notable **media luna en cara y mancha en flancos, blancas - ♀**: Sin marcas notables - Leve ceja y **loral claro** ··· URUGUAY ··· Irregular Migrador A - Ambientes acuáticos   II

125) PATO COLORADO

(Cinnamon Teal) *Anas cyanoptera-2R*

36 cm - Recuerda a 123), incluso en diseño alar - Pico menor - Mucho más **rufo - Iris rojo** ‾ ♀: Similar a ♀♀ 123) y 124) - Algo más canela ··· Desde EEUU, más bien por el Ó ··· URUGUAY ··· Ambientes acuáticos   III

126) PATO GARGANTILLA

(White-cheeked Pintail) *Anas bahamensis*

35 cm - Recuerda por aspecto al Maicero (121) - Acanelado - **Cara y garganta blancas** bien contrastadas - Dorso con manchas y ventral con pecas, negras - Espejo verde y acanelado - **Aguda cola crema - Base roja en pico** plomizo ··· Caribe y S. América, más bien por el O - URUGUAY ··· Ambientes acuáticos, a menudo salobres   IV

127) PATO PUNEÑO

(Puna Teal)   *Anas puna*

38 cm - Muy parecido a 128), incluso en diseño alar (Podría ser conespecífico) - Más pálido - Amplia corona negra, no parda - Punteado y barrado en pecho y flancos, menos notable - **Pico azulado,** sin amarillo ··· Perú, Bolivia y Chile ··· **Lagunas altoandinas** en el NO   II

128) PATO CAPUCHINO

(Silver Teal)   *Anas versicolor-2R*

31 cm - Amplia corona y nuca pardo oscuras - Cara y garganta ocráceas - Dorso manchado de negruzco - Espejo verde y blanco - **Tercio posterior gris plateado** con fino barrado negro - Ventral con pecas negras - Flancos barrados - **Pico azulado de base amarilla** ... Países limítrofes-URUGUAY ··· Ambientes acuáticos [con vegetación flotante]   IV

129) PATO DE TORRENTE

(Torrent Duck)   *Merganetta armata-2R*

30 cm - Nada y zambulle aún contra **rápidos** - Se asienta en piedras emergentes - Vuela bajo, siguiendo cursos de ríos- Llamativo - Esbelto - Cola ancha, larga y rígida - **Cabeza y cuello blancos** con líneas negras - **Dorso negruzco con largas estrías blancas - Pico rojo - ♀**: Corona plomiza - Dorso negruzco con estrías cenicientas - Notable **ventral rufo** acanelado - J: Cabeza gris - Ventral blanco - Flancos listados ··· Desde Venezuela por el O ··· Ríos y arroyos correntosos andinos   III

130) PATO SERRUCHO   (Brazilian

Merganser)   *Mergus octosetaceus*

42 cm - Desconfiado - Zambulle - Se asienta en piedras o ramas sobre el agua - Esbelto - Recuerda un biguá - **Largo copete nucal** - Cabeza y fino cuello negruzcos - Dorso pardo oscuro - **Amplio espejo blanco,** más notable en vuelo - Ventral barrado de pardo ocráceo - **Largo y fino pico** negro - Patas rojizas ··· Brasil y Paraguay ··· Arroyos en selvas de **Misiones** - (Arroyo Uruguaí) - En peligro de extinción   I

Relea con cada especie los caracteres del género

TACHYERES: *No vuelan (salvo 133)* *aunque suelen intentarlo* - *Nadan y zambullen* - **Corren sobre el agua pataleando y agitando las alas** - *Indistinguibles entre sí* - *Poseen diferencias osteológicas y métricas* - **Distribución alopátrica,** *salvo 133)* - **Robustos** - **Cabezones** - **Pico alto** *y* **ancho** - **Escamados** - **Cenicientos** - **Espejo y ventral blancos** - *Patas anaranjadas* - *Plumaje variable por sexo, mudas (3 anuales) y edad* - *Cabeza y cuello blancuzcos, cenicientos o pardos [con periocular y línea postocular blancos]* - *(4 especies)*

131) QUETRO AUSTRAL
(Flightless Steamer-Duck)

Tachyeres pteneres

80 cm - PN: ♂ y ♀ pico amarillo anaranjado, a diferencia del simpátrico 133) ⋯ Chile ⋯ **Costas de mar en el S de T. del Fuego**   III

132) QUETRO MALVINERO
(Falkland Steamer-Duck)

Tachyeres brachypterus

80 cm - ∈ - Muy confiado - PN: Pico anaranjado - ♀: Pico amarillento a diferencia del simpátrico 133) - **Costas de mar en Malvinas**   V

133) QUETRO VOLADOR   (Flying
Steamer-Duck)   *Tachyeres patachonicus*

65 cm - Alas largas - **Vuela** a desgano pero puede hacerlo bien y por **largas distancias** - PN: Pico amarillo anaranjado - ♀: Pico grisáceo a diferencia de ♀ 131) y ♀ 132) - ♀ en PI: Cabeza parda con delgada e interrumpida línea postocular, a diferencia de ♀ en PI de 134) ⋯ Chile ⋯ Unico en **lagos y lagunas patagónicas**, alejadas del océano - Simpátrico con 131) y 132) y raramente con 134) en costas de mar   III

134) QUETRO CABEZA BLANCA
(Chubut Steamer-Duck)

Tachyeres leucocephalus

80 cm - ∈ - PN: Pico amarillo - ♀: Pico grisáceo - ♀ en PI: Cabeza parda con faja postocular blanca completa - Prácticamente único en **costas de mar en Chubut**   III

79

135) PATO PICAZO
(Rosy-billed Pochard)   *Netta peposaca*

43 cm - Grandes bandadas - Robusto - **Negro** con brillo - Notable **banda alar, subcaudal y ala ventral blancos - Flancos cenicientos** - Pico rosado - Carúncula e iris rojizos - ♀: Parda - Dorso más oscuro - Periocular y garganta blancuzcos - Pico negruzco ··· Brasil, Paraguay y Chile - URUGUAY ··· Ambientes acuáticos   V

136) PATO CASTAÑO   (Southern
Pochard)   *Netta erythrophthalma*

35 cm - Parecido a 135) sin carúncula - **Pardo oscuro,** morado - **Banda alar blanca** menos conspicua - Ala ventral oscura - **Flancos castaños** (no cenicientos) - Pico azulado - Iris rojo - ♀: Parda - Más oscura en cabeza - **Zonas loral, postocular y en flancos gulares, blancas** ··· Desde Venezuela y Brasil por el O [hasta Chile] - **Lagunas altoandinas** en el NO   II

137) PATO CUTIRÍ
(Brazilian Duck) *Amazonetta brasiliensis*

35 cm - Confiado - Silbo *pi..uí* - Pardo - Faja en corona y cuello dorsal, rabadilla, alas y cola, negro brillante - Cara y cuello lateral claros - Espejo azul - **Zona triangular blanca** en ápice de remeras internas, **visible en vuelo - Pico y patas rojas** - ♀: Vuela delante del ♂ **Manchas loral y supraocular** y garganta **blancas** - Pico plomizo ··· S. América, salvo Ecuador, Perú y Chile - URUGUAY ··· Esteros, sabanas inundadas y lagunas   IV

138) PATO DE COLLAR
(Ringed Teal)   *Callonetta leucophrys*

28 cm - Posa en árboles - Vistoso - **Cabeza y cuello blancuzcos** - Faja negra en corona y cuello dorsal - Escapulares rufas - **Mancha circular blanca en alas, notable en vuelo - Pecho rosáceo con pecas negras** - Fino barrado en flancos - ♀: Más parda - Ceja y manchas en cabeza y cuello, blancas - Flancos con leve barrado pardo ··· Brasil, Paraguay y Bolivia - URUGUAY ··· Esteros, sabanas inundadas y lagunas   III

Fam. Anatidae, ver pág. 29

139) PATO CABEZA NEGRA (Black-headed Duck) *Heteronetta atricapilla*

34 cm - Desconfiado - A menudo oculto- Muy acuático - Recuerda a 141) - Cuello más fino - Pico más largo - Cola no visible - Pardo, no castaño - **Capuchón negro** - Leve **ápice blanco en remeras internas,** visible en vuelo - **Pico** plomizo **con mancha basal roja** - ♀: Sin capuchón - Ceja y garganta blancuzcas - Pico pálido ··· [Países limítrofes] - URUGUAY ··· Ambientes acuáticos   III

OXYURA: **Zambullen a menudo** - *Vuelan poco - No suelen caminar* - **Timoneras rígidas** - *Rechonchos - Cuello corto y grueso* - **Castaños** - **Capuchón negro** - **Pico celeste** - ♀: *Parda - Pico oscuro - (3 especies)*

140) PATO ZAMBULLIDOR GRANDE
(Andean Ruddy Duck) *Oxyura ferruginea*

37 cm - Suele elevar la cola - Parecido a 141) - Pico ancho en el ápice - **[Barba blanca]** - ♀: **Cara uniforme** [con muy leve faja subocular] - Vientre acanelado algo barrado de negro ··· Desde Colombia por el O hasta Chile ··· Lagunas de la cordillera y del O de la meseta patagónica   II

141) PATO ZAMBULLIDOR CHICO
(Lake Duck) *Oxyura vittata*

31 cm - Eleva la cola como 140) - Pico más angosto en el ápice - ♀: Notable **faja subocular y garganta, blancuzcas** ··· Brasil, Paraguay y Chile - URUGUAY ··· Esteros, lagunas y bañados   III

142) PATO FIERRO
(Masked Duck) *Oxyura dominica*

30 cm - Parecido a 141) - Más confiado pero oculto - Flota semihundido entre la vegetación - **No suele elevar la cola** - Vuela más, mostrando una **mancha central blanca en el ala** - **Corona, cara y barba negras,** no capuchón - **Dorso manchado de negro** - ♀: **Dos notables fajas ocráceas en cara negruzca** ··· Desde N. América, salvo Chile - URUGUAY ··· Esteros, sabanas inundadas y lagunas (Bajos submeridionales)   III

81

Fam. Cathartidae, ver pág. 30

143) CÓNDOR ANDINO

(Andean Condor) *Vultur gryphus*
95 cm - **Env. 3 m** - Vuela a gran altura
con alas horizontales y **remeras separadas,** como dedos - Eximio planeador -
Negro - Cabeza rojiza con cresta - **Collar
y amplia zona en ala dorsal, blancos** - ♀:
Menor - Sin cresta - J: Pardo - Sin blanco
··· Desde Venezuela por el O ··· Andino y
altoserrano (Pampa de Achala, Cba) III

JOTES: Mucho planeo - **Negros** *- Patas
blancas (3 especies de pág.* 82)

144) JOTE CABEZA COLORADA

(Turkey Vulture) *Cathartes aura-3R*
55 cm - **Env. 1,75 m** - Poco gregario -
En vuelo alas en V abierta y patas que
no sobrepasan la cola - Silueta más estili-
zada que 146) - **Cabeza y cuello rojizos -
(Nuca blanca** en el N) - Notables **remeras
ventrales blancuzcas** - J: Cabeza y patas
negruzcas ··· Desde N. América - URU-
GUAY ··· Diversos ambientes IV

145) JOTE CABEZA AMARILLA

(Lesser Yellow-headed Vulture)
Cathartes burrovianus
51 cm - Env. 1,60 m - Muy parecido a
144) - **Cabeza amarilla,** rosada y verdosa-
Remeras ventrales también **blancuzcas** -
Leve **zona clara en primarias dorsales,** visible en vuelo ··· Desde Méjico, salvo Bolivia y Chile - URUGUAY ··· Bosques y
sabanas III

146) JOTE CABEZA NEGRA

(Black Vulture) *Coragyps atratus*
53 cm - **Env. 1,40 m** - Más confiado y
gregario - **Grupos** volando o asentados en
árboles - Aletea a menudo y con fuerza -
En vuelo, alas horizontales y patas que
no sobrepasan la **corta cola - Cabeza negruzca** - Notable **mancha blanca en primarias** ··· Desde N. América - URU-
GUAY ··· Casi todos los ambientes V

82

147) JOTE REAL
(King Vulture) *Sarcoramphus papa*

76 cm - Env: 1,90 m - Coloración llamativa - Silueta en vuelo como 146) ó 148) - **Blanco** - Alas anchas con cubiertas cremosas - **Remeras y corta cola negras** - Colorida cabeza - Cuello y carúncula anaranjados - Collar plomizo - Iris blanco - **J: Negruzco** - Iris pardo ··· Desde Méjico, salvo Chile - Selvas, bosques y sabanas en el N (PN El Rey)   III

● *Fam. Accipitridae, ver pág. 30*

148) ÁGUILA MORA
(Black-chested Buzzard-Eagle)
Geranoaetus melanoleucus-2R

♂: 60 cm - ♀: 70 - Planeo alto en **áreas abiertas** - Posa en postes - **Silueta en vuelo: triangular,** por alas largas y anchas, y cola corta - **Remeras, cola y pecho plomizos, contrastando con tapadas y vientre** [finamente barrado], **blanco** - Cubiertas gris plateadas - J: Se ve comúnmente - Cola más larga, muy barrada - Ceja, y ventral estriado y barrado de pardo, acanelados ··· S. América, más bien por el O - URUGUAY ··· Diversos ambientes   IV

149) ÁGUILA VIUDA
(Black-and-White Hawk-Eagle)
Spizastur melanoleucus

54 cm - Planea y posa alto - **Blanca, incluso largos tarsos emplumados** - Periocular, **copete nucal y dorso, negros - Cola barrada de negro** - Ala ventral blanca con remeras barradas - Pico negro con cera anaranjada - J:Más pardusco ··· Desde Méjico, más bien por el E, salvo Chile ··· Selvas y cercanías en el NE (II) y NO III

150) AGUILUCHO BLANCO
(Mantled Hawk) *Leucopternis polionota*

50 cm - Finos silbos *bibibi* - Robusto - Alas romas - **Blanco,** incluso ala ventral - Parece 149) sin copete - **Cola negra con mitad apical blanca** - Dorso negruzco - Apice de remeras y **base de primarias blanco,** notable en vuelo ··· Brasil y Paraguay ··· Selvas en **Misiones**   II

MILANOS: *No se ocultan - Parecen halcones - Alas angostas y puntiagudas - Cola larga - (4 especies de pág. 84)*

151) MILANO TIJERETA
(Swallow-tailed Kite)

Elanoides forficatus - [2R]

50 cm - Planeo lento sobre copas, a menudo grupal - Parece una enorme tijereta- **Blanco,** incluso tapadas - Espalda, **alas y larga cola ahorquillada, negras** - J: Cabeza y pecho estriados ··· Desde N. América, salvo Chile - [URUGUAY] ··· Migrador B - [Una raza Migrador A] - Selvas y bosques en el N   III

152) MILANO BLANCO
(White-tailed Kite)   *Elanus leucurus*

35 cm - **Halconea** - Agudo *uiii..raj* - Recuerda una gaviota - **Blanco** - Dorsal gris - Zona ocular, **cubiertas,** primarias y mancha en tapadas, **negros** - J: Balancea la cola - Manchado de pardo acanelado ··· Desde N. América - URUGUAY ··· Bosques, sabanas, estepas y áreas rurales - En lenta expansión   V

153) MILANO BOREAL
(Mississippi Kite)   *Ictinia mississippiensis*

35 cm - Parecido a 154) - Bandadas - **Primarias negras sin rufo - Apice de remeras internas blancuzco,** visible en vuelo - **Cola negra sin barras**-[J]: Ventral estriado de castaño - Cola barrada - Migrador A - Bosques y sabanas   II

154) MILANO PLOMIZO
(Plumbeous Kite)   *Ictinia plumbea*

35 cm · Posa en árboles secos sobresalientes - **Gris - Cabeza pálida - Primarias rufas - Cola** ventral negra **con 2 barras blancas** - Iris rojo - Patas amarillo oro - **J:** Parecido a J 153) - **Estriado ventral plomizo** - Alas (sin rufo) y cola, bordeadas de blancuzco - Migrador B en bandadas ··· Desde C. América, salvo Chile ··· Selvas y bosques en el N   IV

155) ÁGUILA NEGRA (Great Black Hawk) *Buteogallus urubitinga*
♂: **58 cm** - ♀: **64** - Voz como flauta de afilador - Alas anchas y romas - **Negro - Cola blanca con ancha banda negra** - Largas patas amarillas - **J:** Dorso marginado de canela - **Larga ceja** y cuello dorsal, **ocráceo - Semicollar oscuro** - Ventral estriado y barrado - Cola barrada de negro y acanelado ··· Desde C. América, salvo Chile - URUGUAY ··· Ambientes acuáticos y boscosos **III**

156) GAVILÁN MIXTO
(Bay-winged Hawk) *Parabuteo unicinctus*
♂: 46 cm - ♀: 54 - Planeo alto - A menudo terrícola - Recuerda a 157) - Más estilizado - Distinta silueta en vuelo - **Negruzco - Cubiertas,** tapadas **y piernas rufas - Larga cola** con base (como **rabadilla**) y ápice, **blanco** - Subcaudal ocráceo - **J:** Ocre, estriado - Ancha ceja - Dorso marginado de canela - **[Castaño en cubiertas]** - Cola ventral barrada ··· Desde N América - URUGUAY ··· Bosques y sabanas **III**

157) CARACOLERO
(Everglade Kite) *Rostrhamus sociabilis*
38 cm - Palustre - Gregario - Vuelo lento mirando el agua o planeo alto - En sitios visibles y bajos - Nasal *kekeke..* - Pico fino y ganchudo - Se ve **negruzco - Rabadilla y subcaudal blancos** - Patas anaranjadas - ♀: Pardo oscura - Ventral, incluso de alas, manchado - Cara ocrácea - **J:** Como ♀ - **Ceja blanca** - Dorso marginado ... Desde C. América, salvo Chile - URUGUAY ··· Ambientes acuáticos

158) MILANO PICO GARFIO (Hook-billed Kite) *Chondrohierax uncinatus*
♂: 39 cm - Confiado - Silbo musical - Voz *he..tetetete* - Pico muy ganchudo - **Plomizo** - Cola negra con dos bandas claras - **Fino barrado ventral** blanco - Iris blanco - **Remeras ventrales barradas de blanco y negro - (O negro** - Faja caudal y puntos en primarias, blanco) - ♀: 43 cm - Dorso pardo - **Nuca y barrado ventral canelas - J:** Cola barrada - **Ventral blancuzco** ··· Desde C. América salvo Chile - Selvas y bosques del N **II**

159) MILANO CABEZA GRIS
(Gray-headed Kite) *Leptodon cayanensis*

♂ 50 cm - ♀: 55 - Planeo lento - Alas anchas y romas - Patas cortas - **Cabeza gris** - Dorso negro - **Larga cola barrada** - **Ventral blanco** - Tapadas negras y remeras reticuladas y barradas - J: Como 149) sin copete (O cabeza negra, leve estriado ventral, y collar rufo) ··· Desde Méjico, salvo Chile ··· Selvas y bosques en el NE
II

160) GAVILÁN PLANEADOR
(Long-winged Harrier)   *Circus buffoni*

♂: 50 cm - A menudo palustre - **Planeo bajo con las largas alas algo elevadas** primarias separadas - Larguirucho Collarín como en lechuzas - Dorsal y **ápice de remeras, negro** - Ceja y **ventral, blanco** (O ventral negro - Abdomen y piernas rufos) - **Rabadilla blanca** y finas patas amarillas como en 161) - ♀: 55 cm- Parda - Nuca blanca - Leve estriado ventral ··· S. América - URUGUAY ··· Ambientes acuáticos y áreas rurales   IV

161) GAVILÁN CENICIENTO
(Cinereous Harrier)   *Circus cinereus*-[2R]

♂: 40 cm - Parecido a 160) en aspecto y comportamiento - Más terrícola - También **rabadilla blanca - Gris** - Ala ventral blanca - **Apice de remeras, y de cola, negros** - **Inconspicuo barrado ventral canela** - ♀: 48 cm - Recuerda a ♀ 160) - Cola gris barrada de negruzco - Ventral barrado de castaño - J: Ventral estriado de canela ··· S. América salvo el N - URUGUAY ··· Mismos ambientes que 160) - Más común en la Patagonia   II

162) AGUILUCHO GRIS
(Gray Hawk)   *Buteo nitidus*

36 cm - Planeo alto - Balancea la corta cola al asentarse - Voz aún más larga que la de 169) - Alas anchas, de base angosta- **Gris - Ventral con fino barrado blanco** - Apice negro en primarias - Ancho barrado caudal negro y blanco - **J:** Negruzco [manchado de canela] - Ceja ocrácea - **Estría gular,** y malar, negruzcos - Ventral ocráceo goteado - Leve barrado caudal ··· Desde N. América, salvo Chile ··· Bosques en el N   II

ACCIPITER (Azores o esparveros): Desconfiados - Rápido vuelo entre árboles - A veces planeo alto - **Alas cortas y redondeadas,** *ventralmente reticuladas -* **Larga cola** *barrada - Patas largas - Piernas más emplumadas que en Micrastur - Dorso pardo a negruzco - ♀♀ mucho mayores que ♂♂ - (4 especies)*

163) ESPARVERO GRANDE (Gray-bellied Hawk)   *Accipiter poliogaster*

♂: **40 cm** - ♀: **48** - Recuerda a 164) sin rufo en piernas y a 195) sin faja nucal - **Corona negra - Ventral blanco** o grisáceo - J: Parece un pequeño 185) sin copete - (Se lo consideró especie distinta: *A. pectoralis)* ··· S. América, salvo Chile ··· Selvas en **Misiones**   II

164) ESPARVERO VARIADO (Bicolored Hawk)   *Accipiter bicolor-3R*

♂: 32 cm - ♀: 40 - Menos oculto - Variedad de plumajes - Simpátrico con 168) en el N - **Piernas rufas - Ventral gris barrado de pardo y blanco** en el S **o vientre barrado de rufo y blanco** en el N - Tapadas rufas, canelas o blancas - J: Más pardo - Nuca blanca - Ventral estriado o manchado - Piernas ocre manchadas de rufo ··· Desde Méjico - URUGUAY ··· Bosques araucano y chaqueño, selvas y yungas   III

165) ESPARVERO COMÚN

(Sharp-shinned Hawk)   *Accipiter striatus*

♂: 23 cm - ♀: 28 - Recuerda a 164) - Esbelto - **Ventral blanco finamente barrado - Piernas canelas** - Iris dorado - J: Nuca blanca - Garganta y tapadas ocráceas - Ventral estriado y barrado de canela ··· Desde N. América, salvo Chile - URUGUAY ··· Bosques, sabanas y arboledas (Cerro Colorado, Cba)   IV

166) ESPARVERO CHICO

(Tiny Hawk)   . *Accipiter superciliosus*

♂: **20 cm** - ♀: **26** - Tamaño de zorzal - Cola corta - Parecido a 165) - Corona negra - Piernas barradas (no canela uniforme) - **Iris rojo** - Fase rufa: Cola y alas rufas barradas de negro - J: Barrado ventral canela ··· Desde Nicaragua, salvo Bolivia y Chile ··· Selvas en **Misiones**   I

167) MILANO CHICO

(Pearl Kite) *Gampsonyx swainsonii*

22 cm - Parece un **pequeño** halcón - Planeo alto - Posado, balancea la cola - **Amplia frente, mejillas y piernas, acaneladas - Dorsal y semicollar negruzcos** - Fajas nucales blanca y castaña - **Ventral blanco** - J: Flancos canelas ··· Nicaragua y S. América, salvo Chile ··· Bosques, sabanas y palmares en el N   II

168) MILANO DE CORBATA

(Rufous-thighed Kite) *Harpagus diodon*

29 cm - Muy parecido a la raza de Misiones (ventral gris) de 164) - **Pico** algo romo **con 2 muescas** - Leve y semioculta mancha dorsal blanca - **Garganta blanca con estría central negra - J:** También como J 164) - **Piernas rufas - Estría gular** como adulto ··· Guayanas, Brasil, Bolivia y Paraguay ··· Arboles sobresalientes en selvas del NO y NE   II

169) TAGUATÓ COMÚN (Roadside

Hawk) *Buteo magnirostris-3R*

34 cm - Confiado - Vuelo muy batido - Alas romas - Erecto, a media altura, cerca de caminos - Gritón - Fuerte y áspero *ieee* - **Capuchón pardo oscuro - Zona alar** dorsal **rufa, notable en vuelo** - Ventral estriado y finamente barrado, poco visible - Cola barrada de negruzco - **J: Frente, ancha ceja y garganta, ocráceas** - Dorso marginado de ocre - Estriado ventral más notable ··· Desde Méjico, salvo Chile - URUGUAY ··· Bosques, bordes de selva, sabanas y arboledas   V

170) TAGUATÓ NEGRO

(White-rumped Hawk) *Buteo leucorrhous*

33 cm - Vuela sobre la selva - Posado, menea la cola - Recuerda un Caracolero (157) - **Negro - Rabadilla y sucaudal blancos- Piernas rufas - Cola con 2 ó 3 barras blancas** - Ala ventral crema con primarias negras - J: Negruzco manchado de rufo ··· S. América, salvo Chile ··· Selvas y bosques en el N   II

AGUILUCHOS: *De áreas abiertas - Mucho planeo - Vuelo en picada - Halconean - Robustos - Alas y cola anchas - Distintas fases de color - (El texto no discrimina ♂♂ de ♀♀) - (7 especies)*

171) AGUILUCHO ALAS LARGAS
(White-tailed Hawk)   *Buteo albicaudatus*

♂: 48 cm - ♀: 58 - Parecido a 173) - **Posado, las alas sobrepasan la cola blanca con faja negra - Capuchón,** dorso **y lados del pecho, negruzcos - Hombros rufos** - Garganta y ventral blancos - (O todo negro con cola normal) - J:Ceja y piernas ocráceas - Vientre manchado de negruzco ⋯ Desde N. América - URUGUAY ⋯ Bosques, sabanas, serranías y áreas rurales III

172) AGUILUCHO LANGOSTERO
(Swainson's Hawk)   *Buteo swainsoni*

♂: 44 cm - ♀: 52 - **Bandada** con muchos JJ - A menudo **terrícola** - Dorsal y **pecho, pardo negruzco** - Garganta y ventral blancos - Cola gris, más barrada que en 171), con faja menos conspicua - **Tapadas blancas y remeras negruzcas** - (O negruzco con alas oscuras y cola normal) - J: Más pardo - Semicollar - Grueso estriado ventral - Migrador A ⋯ URUGUAY ⋯ Sabanas, arboledas y áreas rurales - (Villa María y S. Francisco. Cba)   III

173) AGUILUCHO COMÚN
(Red-backed Hawk)   *Buteo polyosoma*

♂: 44 cm - ♀: 52 - **Cola como 171)** que las alas no sobrepasan - **Dorso gris - Ventral blanco,** salvo ala barrada - (O todo plomizo o dorso rufo con flancos y abdomen barrados o con pecho gris y abdomen rufo u otras variantes) - **J:** Más canela que J 172) - Sin semicollar ni faja caudal - **Malar oscuro** - (O negruzco - Auricular canela) ⋯ De Colombia a Chile - URUGUAY ⋯ Andino, patagónico y serrano   IV

174) AGUILUCHO PUNEÑO
(Puna Hawk)   *Buteo poecilochrous*

♂: 48 cm - ♀: 58: Muy parecido a 173) - (3a. primaria más corta que la 5a) - También varios plumajes - Diseño común: Dorso rufo - **Ventral barrado de rufo y gris** [con rufo pectoral] ⋯ Desde Colombia por el O hasta Chile ⋯ Puna en el NO   I

175) AGUILUCHO COLA ROJIZA
(Rufous-tailed Hawk)   *Buteo ventralis*

♂: 45 cm - ♀: 53 - Parecido a J 173) - Más rufo - Dorso negruzco marginado - **Cola dorsal rufa, barrada** - Garganta blanca - Ventral ocráceo estriado y manchado de negro - **Piernas rufas** y ala ventral blanca, barradas - Cola ventral grisácea - (O todo negro, con alas y cola ventrales punteadas de gris) - **J:** Cola gris muy barrada - Malar negro - **Garganta y centro pectoral blancos** - Resto ventral estriado ··· Chile ··· Bosque araucano   II

176) AGUILUCHO ANDINO
(White-throated Hawk)   *Buteo albigula*

♂: 38 cm - ♀: 41 - Parecido a 177) - Cola más larga con barrado inconspicuo - **Ventral blanco,** salvo ala barrada - **Estriado castaño en flancos** - J: Ventral estriado de negruzco ··· Desde Venezuela por el O hasta Chile ··· Bosque araucano [y el NO]   II

177) AGUILUCHO COLA CORTA
(Short-tailed Hawk)   *Buteo brachyurus*

♂: 36 cm - ♀: 39 - Menor aún que 176) - **Dorsal negruzco - Cola corta** algo barrada - **Frente y ventral (salvo remeras) blancos** - Flancos sin estrías - Piernas sin rufo - (O negruzco, incluso tapadas - Frente y nuca blancas - Alas y cola normales) - J: Dorso marginado de claro - Cola más barrada- [Ventral estriado] - Piernas ocráceas ··· Desde N. América, salvo Chile ··· No lejos del agua en selvas del N   II

178) GAVILÁN PATAS LARGAS
(Crane Hawk)   *Geranospiza caerulescens*

46 cm - Confiado - Salta entre ramas - Vuelos cortos - Larguirucho - Bonita coloración **gris celeste - Cola larga y angosta,** negruzca barrada de canela y blanco - Ventral con fino barrado - **Largas patas anaranjadas** - En vuelo, notable **media luna blanca, en base de primarias** negras ··· Desde Méjico, salvo Chile - URUGUAY ··· Selvas, bosques y sabanas   III

179) HARPÍA
(Harpy Eagle)   *Harpia harpyja*

♂: **70 cm** - ♀: **90** - El águila más **podero-**
sa - Patas muy gruesas (Uña 7 cm) - Alas
anchas y romas - Notable y eréctil **copete**
negro **dividido** - Gola nucal - **Capuchón**
ceniciento - Dorso y pecho negruzcos -
Resto ventral blanco - Ancha cola barra -
da de blancuzco y negro - Piernas y ala
ventral barradas - **J: Cabeza, cuello y**
pecho blancos - Dorso moteado ··· Desde
Méjico, salvo Chile ··· Selvas y bosques
en el N   I

180) ÁGUILA MONERA
(Crested Eagle)   *Morphnus guianensis*

♂: 65 cm - ♂: 78 - Parecida a 179) -
Menor y más esbelta - Patas más largas
y delgadas - **Pecho gris,** no negruzco -
Eréctil copete con blanco, no dividido -
Dorso negruzco algo moteado de pardo y
blanco - Más **larga cola** barrada - Ventral
blanco [con leve barrado canela o negro]
Tapadas blancas - J: Cabeza y pecho
blancos - Cubiertas claras ··· Desde Honduras, salvo Chile ··· Selvas en **Misiones**
                                                          I

181) ÁGUILA POMA
(Black-and-Chestnut Eagle)
                            Oroaetus isidori

♂: **65 cm** - ♀: **78** - Mayor que 185) - Largo copete ralo y eréctil - Patas emplumadas - Notable colorido - **Cola** más corta
sólo **con banda apical negra** - **Capuchón,**
dorso **y piernas, negros** - **Ventral castaño,**
algo estriado de negro - Tapadas castañas, y **base de primarias** y de timoneras,
blancuzco, notables en vuelo - **J:** Más
blancuzco - Copete punteado de negro -
Dorso manchado de pardo - Cola barrada ··· Desde Venezuela por el O, salvo
Chile ··· Bosques montanos en el NO   I

182) ÁGUILA CORONADA
(Crowned Eagle)

Harpyhaliaetus coronatus

♂: 62 cm - ♀: 72 - Piído agudo - **No sel-vática** - Confiada - **Copete nucal - Gris pardusca** - Dorso más oscuro - **Cola negra con faja blanca** - J: Cabeza más ocrácea - Pecho manchado de pardo - Resto ventral ocráceo estriado ··· Brasil, Paraguay y Bolivia - [URUGUAY] ··· Bosques, sabanas y estepas arbustivas   III

183) ÁGUILA SOLITARIA
(Solitary Eagle) *Harpyhaliaetus solitarius*

♂: 65 cm - ♀: 70 - Planea alto - Halconea-Semicopete - Patas cortas y gruesas - **Negra - Cola** más corta que en 155) **con faja central blanca** - ♀: Más parda - J: como J 182) - Corona, faja ocular y pecho pardo oscuros - Resto ventral manchado ··· Desde Méjico por el O, salvo Chile ... Yungas en **Salta**   II

184) ÁGUILA CRESTUDA NEGRA
(Black Hawk-Eagle)   *Spizaetus tyrannus*

♂: 60 cm - ♀: 66 - **Negra** - Largas alas anguladas que en planeo recuerdan las de 160) - **Remeras ventralmente reticu-ladas - Larga cola barrada** de grisáceo - Parece un 185) melánico - Copete nucal con blanco - Abdomen, piernas y tarsos emplumados, barrados y punteados de blanco - J: Más parecido a 185) - Sin rufo - Ceja blanca - Cara negra - Ventral estriado y manchado, no barrado ··· Desde Méjico, salvo Chile ··· Estrato alto en selvas del NE   II

185) ÁGUILA CRESTUDA REAL
(Ornate Hawk-Eagle)   *Spizaetus ornatus*

♂: 58 cm - ♀: 63 - Esbelta - Llamativa - Como un gran J 163) - Corona, malar y **eréctil copete, negro** - Aspecto de 184) - **Cabeza, cuello y flancos pectorales rufos**-Garganta blanca - **Ventral barrado de blanco y negro - J: Copete, capuchón,** tarsos emplumados **y ventral blancos** - Piernas barradas ··· Desde Méjico, salvo Chile ··· Selvas y bosques en el N   II

186) AGUILUCHO PAMPA
(Black-collared Hawk)
Busarellus nigricollis

♂: 46 cm - ♀: 50 - Posa cerca del agua - Lastimero y largo silbo de 2 ó 3 notas distintas - Recuerda a 187) - Alas largas y anchas - **Rufo - Capuchón blancuzco** - Conspicuo **collar negro** - Remeras negras notables en vuelo - Corta cola barrada, con ancho ápice negro - Patas blancuzcas - J: Más pálido - Estriado - Pecho ocráceo ··· Desde Méjico, salvo Chile - [URUGUAY] ··· Esteros, bosques y sabanas en el N   III

187) AGUILUCHO COLORADO
(Savanna Hawk)
Heterospizias meridionalis

♂: 46 cm - ♀: 50 - En sitios visibles - Confiado - Vuelo bajo y a desgano - Algo terrícola - Largo silbo - **Canela** - Dorso pardusco - Cubiertas rufas - **Cola negra con faja central y ápice blancos** - Ventral con fino e inconspicuo barrado - **Alas** largas, anchas y romas **con ápice negro** en todas las remeras, como 186) - Largas patas amarillas - **J:** Recuerda a J 186) - Notable **ceja** blanca - Dorso pardo oscuro con hombros manchados de rufo - Ventral ocráceo estriado y barrado - **Piernas barradas** ··· Desde Panamá, salvo Chile - URUGUAY ··· Sabanas, esteros y cercanías, y áreas rurales   IV

Fam. Pandionidae (·), ver pág. 32

188) ÁGUILA PESCADORA
(Osprey)   *Pandion haliaetus*

50 cm - Parece un gavilán - **Lento aleteo a media altura sobre el agua** - Posa en árboles - Halconea - **Se lanza en picada, para pescar** con sus garras - Largas alas anguladas - Semicopete - **Blanco** - Dorso pardo negruzco - **Faja ocular negra** - Cola barrada - Pecho algo estriado - Ala ventral: **tapadas blancas, remeras reticuladas y mancha negra en base de primarias** - J: Marginado de blancuzco - Pecho más estriado - Migrador A ··· Toda América - URUGUAY ··· Lagos, diques, ríos y arroyos   II

POLYBORUS: *Comen carroña - Bastante terrícolas - Suelen correr - Semicope-
tones - Alas largas y romas - Cola larga -
Patas amarillas - JJ: Parecen grandes chi-
mangos (193) - (4 especies)*

189) MATAMICO ANDINO (Mountain
Caracara) *Polyborus megalopterus*

47 cm - Desconfiado - **Negro, incluso pecho - Rabadilla, ápice caudal** y de remeras internas, **tapadas y resto ventral blancos - Cara anaranjada** - J: Pardo - Filetes
alares, base de primarias, amplia rabadilla, ápice caudal y cola ventral acanelados, notables en vuelo ··· Perú, Bolivia y
Chile ··· Prepuna y estepas altoandinas IV

190) MATAMICO BLANCO (White-throated
Caracara) *Polyborus albogularis*

47 cm - Parecido a 189) - Probablemente alopátricos - **Todo lo ventral blanco**
(incluso pecho) - **Cara amarilla - J:** Parecido a J 189) - Frente y auriculares negruzcos - **Corona, cuello y pecho estriados de ocre-** Resto ventral punteado ···
Chile ··· Bosque araucano y cercanías
(Lago Belgrano, S. Cruz) III

191) MATAMICO GRANDE
(Striated Caracara) *Polyborus australis*

55 cm - Muy confiado - Curiosea - Ronco
kaa - **Negro - Fino estriado blanco en
cuello y pecho** - Abdomen, **tapadas y
piernas,** castaño - Cara anaranjada -
Apice caudal (pero no rabadilla) blanco -
Mancha blanca en base de primarias, visible en vuelo - **J:** Parecido a J 190) -
Cuello y pecho manchados de canela, no
de ocre - **Cola castaña** ... Chile ··· Praderas, bosques y costas marinas en el extremo S II

192) CARANCHO
(Crested Caracara) *Polyborus plancus-2R*

55 cm - Gutural *krrok..* con la cabeza
volcada hacia atrás - Notables abdomen y
corona, negruzco - Dorso y pecho barrados - Garganta ocrácea - **Cola blancuzca
con ápice negro - Gran zona blanca en
base de primarias** - En vuelo se nota cuello más largo que 193) - Cara rojiza - J:
Más pardo y estriado, no barrado - Patas
grises ··· Desde N. América - URUGUAY
··· Diversos ambientes V

193) CHIMANGO (Chimango Caracara) *Milvago chimango* - [3R]

37 cm - **A menudo en rutas comiendo carroña** - Grito áspero, fuerte y agudo - Menor que el Carancho (192), más pálido, sin copete y silueta de vuelo con cuello más corto - **Pardo** - Ventral ocráceo (barrado en el S) - Cola blancuzca con leve barrado y faja apical negruzca - **Zona alar ocrácea** - Patas blancuzcas -J: Filetes alares blancuzcos - Patas celestes - ··· Brasil, Paraguay y Chile - URUGUAY ··· Diversos ambientes   IV

194) CHIMACHIMA (Yellow-headed Caracara) *Milvago chimachima*

37 cm - Parecido a 193) - Más arborícola - A veces sobre ganado (garrapatero) - Voz más ronca - Tonos más contrastados - **Blanco** ocráceo **y negro** - Recuerda a 197) - Línea postocular (no antifaz) negruzca - Notable **zona alar blanca** - **Cola barrada - J:** Más parecido aún a 193) - Dorso pardo - **Cuello dorsal ocráceo - Ventral** ocráceo **con neto estriado -** Ala ventral y cola más barrados ··· Desde Panamá, salvo Chile - URUGUAY ··· Bordes de selvas, bosques y sabanas en el NE   III

195) HALCÓN MONTÉS GRANDE (Collared Forest-Falcon) *Micrastur semitorquatus*

53 cm - Comportamiento y aspecto de *Accipiter* (163) - Oculto - Más oído que visto - Pasivo - Alas cortas y romas - Pico corto y grueso - Patas largas - **Corona, patilla y dorso negruzcos - Faja nucal y todo lo ventral, blanco** (o negruzco o rufo) - **Larga cola negra con 3 ó 4 líneas blancas espaciadas - J:** Dorso pardo algo barrado de canela - **Ventral y cola muy barradas** ··· Desde Méjico, salvo Chile ··· Selvas y bosques en el N   II

196) HALCÓN MONTÉS CHICO (Barred Forest-Falcon) *Micrastur ruficollis-2R*

35 cm - Comportamiento y aspecto de 195) - Pico, patas y cola, iguales - Dorso y cuello ventral pardos, grises o rufos - Resto **ventral muy barrado** de negro -J: Pardo - Ventral ocráceo con barrado irregular - [Garganta y cuello blancos] ··· Desde Méjico, salvo Chile ··· Estrato medio en selvas y bosques del N   II

Fam. Falconidae, ver pág. 30

197) GUAICURÚ (Laughing Falcon) *Herpetotheres cachinnans*

40 cm - Desconfiado - Posa en altos árboles secos - Pasivo - Erguido - Repetido grito como risa *gua..cú,* a menudo a dúo- Recuerda una lechuza - Cabeza grande - Alas cortas y romas - **Blanco ocráceo** - Notable **antifaz negro** - Dorsal pardo - **Zona ocrácea en base de primarias,** conspicua en vuelo - Cola negra, barrada - J: Alas marginadas de rufo ··· Desde Méjico, salvo Chile ··· Bosques y sabanas en el Distrito Chaqueño Oriental   II

198) HALCONCITO GRIS (Spot-winged Falconet)   *Spiziapteryx circumcinctus*

♂: 25 cm - ♀: 28 - ∈ - Confiado - En sitios visibles - Vuelo a desgano con mucho aleteo - Cloqueo nasal mientras balancea la cola negra barrada de blanco - Robusto - **Alas romas,** no agudas como en 203) - Dorso **gris pardusco,** estriado - **Larga ceja, malar, abdomen y rabadilla, blancos** - Alas con pecas blancas - Ventral con fino pero neto estriado- [Paraguay] ˉ Sabanas y bosques xerófilos   III

FALCO: Vuelo rápido, poderoso y hasta acrobático - Erguidos - Alas largas y agudas - Cola más bien larga - Patas cortas - Bigote negro - (5 especies)

199) HALCÓN PEREGRINO
(Peregrine Falcon)   *Falco peregrinus-2R*

♂: 37 cm - ♀: 42 - Caza en vuelo con rápidas picadas - **Posa** alto **en** árboles, rocas o **edificios** - Robusto - **Cabeza negra** (o sólo **corona y patilla, con auriculares blancas)** - Dorso plomizo - Cola barrada de gris y negro - Ventral blanco con pecho apenas estriado y resto barrado - Fase clara (en el S): Capuchón ocráceo estriado y dorsal gris barrado (·) - J: Dorsal pardo, estriado en corona - Ventral ocráceo o canela, con grueso estriado - Una raza es Migrador A, y otra B hasta Colombia - URUGUAY ··· Areas abiertas y poblados   III

96   (·) Fue considerada especie y denominada *F. kreyenborgi*

200) HALCÓN PLOMIZO

(Aplomado Falcon) *Falco femoralis-2R*

♂: 33 cm - ♀: 38 - En sitios visibles - Caza en vuelo - Esbelto - Las alas plegadas llegan a la mitad de la **cola, larga,** negra, barrada de blanco - Dorso plomizo - **Vincha ocráceo blancuzca** - Bigote y faja auricular negros - Garganta y mejillas blancuzcas - Pecho algo estriado - **Chaleco negruzco** - Vientre y piernas canelas - J: Dorso pardo marginado de ocráceo - **Pecho estriado** - Resto ventral ocráceo ··· Desde N. América - URUGUAY ··· Areas abiertas y rurales y arboledas   IV

201) HALCÓN NEGRO GRANDE

(Orange-breasted Falcon) *Falco deiroleucus*

♂: 28 cm - ♀: 34 - En sitios visibles - Caza en vuelo - Confiado - Bisilábico *aksik* como 199) - Parecido a 200) - Más oscuro y robusto - **Sin vincha** - **Las alas plegadas llegan al extremo de la cola** mediana, negra con finas barras blancas - Dorso negro - Amplio ocráceo en garganta que se hace **canela en pecho** - **Chaleco negro barrado de ocre** - Vientre y piernas rufas - J: Vientre y piernas barradas ··· Desde Méjico, salvo Chile ··· Selvas, bosques y sabanas en el N   II

202) HALCÓN NEGRO CHICO

(Bat Falcon) *Falco rufigularis*

♂: 23 cm - ♀:26 - Asentado en árboles sobresalientes - Caza en vuelo - Crepuscular - Repetidos *ki* - Robusto - **Muy parecido a 201)** - Menos canela en pecho - **Chaleco negro con fino barrado blanco,** que incluye pecho ··· Desde Méjico, salvo Chile ··· Selvas, bosques y sabanas en el N   III

203) HALCONCITO COLORADO

(American Kestrel) *Falco sparverius*

25 cm - En sitios visibles como postes y cables - Confiado - Halconea - Grito *tli...tli* - **Dorso y cola dorsal rufos** - Bigote, patilla y mancha nucal negros - Sin chaleco - **Cubiertas plomizas** con pecas negras - Ventral goteado - ♀: 28 cm - Todo lo **dorsal rufo barrado de negro** - Ventral estriado de pardo ··· Desde N. América - URUGUAY ··· Areas abiertas y rurales, bosques arboledas y poblados

97

204) MUITÚ

(Bare-faced Curassow)   *Crax fasciolata*

85 cm - Repetido *mui..tú* - Inconfundible - **Negro** - Vientre y ápice caudal blancos - Base del pico, amarilla - Notable **cresta enrulada - ♀: Cresta blanca y negra - Dorso, cola y pecho barrados** - Resto ventral canela ··· Brasil, Paraguay y Bolivia ··· Bosques y selvas en el NE ... (Arroyo Guaycolec, Fsa) - En disminución   II

205) YACUTINGA

(Black-fronted Piping-Guan)   *Aburria jacutinga(·)*

62 cm - Negruzca - Estriado pectoral, **copete y cubiertas blancos** - Brillo azulado en alas y cola - Zona ocular celeste - Gular rojo ··· Brasil y Paraguay ··· Estratos medio y alto cerca del agua en selvas en el NE - En disminución   II

206) CHARATA

(Chaco Chachalaca)   *Ortalis canicollis*

52 cm - Grito grupal ´*cha..cha..la..có*, fuerte y ronco - **Pardusca** - Cabeza, cuello y pecho cenicientos - Dorso algo oliváceo - Ventral ocráceo - **Subcaudal y timoneras externas, rufas** - Zonas ocular y gular rojizas ··· Brasil, Paraguay y Bolivia ··· Bosques y sabanas de tipo **chaqueño** (no selvas)   IV

(·) *A. cumanensis*, del NO, ha sido citada antiguamente y es probable que aún exista en la yunga salteña

Relea con cada especie los caracteres del género

PENELOPE (·): *(Pavas de monte, pavas o yacúes): Bullangueras más bien en el crepúsculo - Semicopetonas - Pardo negruzcas -* **Bolsa gular roja** *- Cola larga negruzca - (3 especies)*

207) PAVA DE MONTE COMÚN

(Dusky-legged Guan) *Penelope obscura-2R*

68 cm - Dorso más pardo y menos brillo oliva que en 209) - Notable **estriado blanco en cubiertas** (más aún en el NO donde son simpátricas) - Leves estrías en corona, cuello, dorso y pecho - Ventral pardo - Zona ocular oscura ··· Brasil, Paraguay y Bolivia - URUGUAY ··· Selvas y bosques (PN El Rey)   III

208) YACUPOÍ   (Rusty-margined
Guan)   *Penelope superciliaris*

55 cm - Más clara, uniforme, verdosa y arborícola que 207) - Sin estrías dorsales - **Ceja y escamado pectoral blancuzcos - Filetes en secundarias** y escapulares, **rufo** - Rabadilla y vientre castaños - Zona ocular azul ···. Brasil, Paraguay y Bolivia ··· Estrato medio y alto en selvas del NE (PN Iguazú)   III

209) PAVA DE MONTE ALISERA

(Red-faced Guan)   *Penelope dabbenei*

64 cm - Muy parecida a 207) - Más brillo oliva - **Corona estriada de blanco - Vientre castaño - Zona ocular rojiza** ··· Bolivia ··· Bosques montanos en el NO (PN Calilegua, Jujuy)   II

(.) La cita de *P. montagnii* para el NO parece errónea

Fam. Phasianidae, ver pág. 30

210) URÚ (Spot-winged Wood-Quail) *Odontophorus capueira*

25 cm - Grupos - Terrícola - Más oído que visto - **Aflautado, fuerte y repetido** *urú*, vespertino - Robusto - Pico grueso y corto - Recuerda una codorniz - Corona y semicopete castaños - Notable **ceja canela** - Zona periocular rojiza - Dorso pardusco manchado de negro y rufo - Pecas blancas en alas - Ventral gris uniforme - J: Ventral manchado de blanco - Pico rojizo ··· Brasil y Paraguay ··· Selvas .en.el NE   II

211) CODORNIZ DE CALIFORNIA (Californian Quail) *Lophortyx californica*

23 cm - Ruidosos grupos homogéneos - Caminan entre la vegetación - Vuelo bajo - Alopátrica con 210) - Plomiza - **Fino y notable copete negro** - Cuello escamado y flancos estriados de blanco - **Babero negro** bordeado de blanco - ♀: Parda - Copete menor - Babero estriado- Introducida de Norteamérica ··· Chile ··· Bosques y estepas arbustivas   III

Fam. Aramidae, ver pág. 31

212) CARAU (Limpkin) *Aramus guarauna*

54 cm - Tras la reproducción bandadas dispersas - Palustre - Terrícola y algo arborícola - Fuertes gritos *krau* y otros - **Vuelo** bajo, **con súbitos aletazos de la horizontal hacia arriba** - Recuerda cuervillos - Más robusto - Cuello más recto - Pardo negruzco - **Pico amarillento,** apenas curvo - **Cuello** dorsal **chorreado de blanco** ··· Desde N. América, salvo Chile - URUGUAY ··· Ambientes acuáticos   IV

100

ARAMIDES: No tan ligados al agua - Te-
rrícolas y en arbustos. Prefieren correr a
volar - Fuertes voces a dúo o en coro -
Parecen pollos *de pico largo - Balancean*
con rapidez su cola corta, erecta, negra -
Dorso olivaceo - Remeras rufas - Iris y
patas rojizas - Picos amarillo verdosos -
(3 especies)

213) IPACAÁ
(Giant Wood-Rail)   *Aramides ypecaha*

42 cm - La más confiada - Sale al des-
campado - Estridente *uaikaá* - **Cuello**
dorsal castaño - Cuello ventral y pecho
grises - **Vientre canela rosáceo** ··· Brasil
y Paraguay - URUGUAY ··· Ambientes
acuáticos con vegetación y cercanías   IV

214) CHIRICOTE   (Gray-necked
Wood-Rail)   *Aramides cajanea*

36 cm - Estridente *chíri..cot* - Colores
más oscuros y definidos que 213)
Se oculta más - **Cabeza y cuello grises -**
Pecho rufo (no rosáceo, ni gris ni plomizo) - Resto ventral negro ··· Desde Méjico, salvo Chile - URUGUAY ··· Ambientes acuáticos en bosques y selvas
III

215)   SARACURA   (Slaty-breasted
Wood-Rail)   *Aramides saracura*

32 cm - Voz *uaik..uaik..* y otras, distintas a las de 213) y 214) - Corona plomiza - Dorsal pardo acanelado que pasa a
olivaceo - **Garganta blancuzca contras-**
tada con todo lo ventral plomizo ··· Brasil y Paraguay ··· Ambientes palustres
y selvas del NE   III

Relea con cada especie los caracteres del género.

RALLUS: Palustres - Raramente vuelan o nadan - Cola erecta - Menores que Aramides y mayores que Laterallus - Voces potentes y variadas - Más oídas que vistas - A veces salen caminando de la cubierta vegetal para volver rápidamente - Pico delgado, largo, algo curvo, verde *(salvo 218). Largas patas è iris rojizos - Sin escudete - (4 especies)*

216) GALLINETA COMÚN (Plumbeous Rail)   *Rallus sanguinolentus-4R*

27 cm - Parece una pequeña Saracura (215) - A veces sobre arbustos en matorrales acuáticos - Coros al atardecer - Plomiza - Dorso pardo oliváceo - **Pico** (6 cm) **con manchas roja y celeste** en la base - J: Pardo - Garganta blancuzca - Pico y patas negros ··· Países limítrofes y Perú URUGUAY ··· Juncales y cercanías   IV

217) GALLINETA NEGRUZCA (Blackish Rail)   *Rallus nigricans*

24 cm - Parecida a 216) - Distintivo grito como de 169) - **Garganta blancuzca** o gris - **Pico** (5 cm) más claro, **sin base roja** - Desde Colombia, salvo Chile - Pantanos y ríos en selvas de **Misiones**   III

218) GALLINETA CHICA (Austral Rail)   *Rallus antarcticus (·)*

20 cm - Poco conocida - **Dorso ocráceo manchado de negro** que recuerda a la alopátrica 224) - Distinguible de los burritos por largo **pico** (3 cm) **rojo** [córneo en PI] - Leve ceja ocrácea - Cubiertas castañas - Ventral plomizo con notables **flancos barrados de negro y blanco** ··· Chile ··· Juncales patagónicos   I

219) GALLINETA OVERA (Spotted Rail)   *Rallus maculatus*

24 cm - Llamativo diseño **bataraz** - Cabeza y **ventral negruzco estriado y barrado de blanco** - Dorso pardo estriado y manchado de blanco y negro - **Pico** (4,5 cm) claro **con mancha basal roja** ··· Desde Méjico, salvo Bolivia y Chile - URUGUAY ··· Juncales y esteros   III

(.) A veces considerada raza de *Rallus limicola*

BURRITOS O GALLINETITAS: Vuelan poco - No nadan - Caminan o corren entre la vegetación palustre - En vuelo semejan minúsculas gallaretas ¿ Más oídos que vistos - Cola erecta - Pico corto - (8 especies)

220) BURRITO CUYANO

(Black Crake)   *Laterallus jamaicensis*

13 cm - Parecido a 221) y a 227) - **Ne** gruzco - Cabeza y ventral plomizos - **Nuca y cuello dorsal canelas** - Dorso pardo salpicado - Flancos y subcaudal barrados de blanco y negro - J: Sin canela - ··· N y C. América, Perú y Chile ··· Pastizales salobres   II

221) BURRITO NEGRUZCO

(Dot-winged Crake) *Laterallus spilopterus*

14 cm - Poco conocido - Sin el cuello canela de 220) - **Negruzco** - Dorso estriado de pardusco - **Cubiertas con leve barrado blanco** - Flancos y subcaudal barrados de blanco y negro ··· URUGUAY.. Pastizales salobres y pajonales de inundación   II

222) BURRITO COMÚN

(Rufous-sided Crake)

   Laterallus melanophaius

16 cm - Dorsal pardo - Ventral blanco - **Lados de cuello y pecho, canelas** - Flancos barrados de negro y blanco - **Subcaudal canela** que lo distingue de 223) - Patas pardo oliváceas (no verdes) ··· S. América, salvo Chile - URUGUAY ··· Juncales y pantanos   III

223) BURRITO COLORADO

(Red-and-White Crake)

   Laterallus leucopyrrhus

16 cm - Parecido a 222) - A veces juntos - En general más rojizo - **Cabeza, y lados de cuello y pecho, rufos** - **Subcaudal blanco** (blanco y negro en ♀) - **Patas rojizas** ··· Brasil y Paraguay - URUGUAY ···· Juncales (Magdalena, B. Aires)   II

224) BURRITO GRANDE
(Ash-throated Crake) *Porzana albicollis*

21 cm - Voz *kráooo* a dúo - **Dorsal pardo manchado de negro** - Ventral gris - Flancos y subcaudal barrados de negruzco y blanco - **Pico verdoso,** sin rojo ··· Desde Venezuela por el E y Bolivia ··· Juncales y pantanos (Bañados en el P N Iguazú) II

225) BURRITO PICO ROJO
(Paint-billed Crake) *Porzana erythrops*

18 cm - Parecido a 224) - **Dorso pardo** oliváceo, sin manchas - Flancos y subcaudal con barrado muy leve - **Pico de base roja** y ápice amarillo - **Patas rojizas** - J: Pico sin rojo ··· Desde Panamá salvo Chile ··· Juncales y pantanos en el NO II

226) BURRITO AMARILLO
(Yellow-breasted Crake)

Porzana flaviventer

13 cm - Agudo *pip* - **Amarillento** - Ceja y ventral, **blanco** - Dorso negruzco manchado y estriado de blanco y canela - Cuello y pecho ocráceos - Flancos y subcaudal barrados de negro ··· Desde C. América por el E - URUGUAY ··· Juncales y pajonales de inundación II

227) BURRITO ENANO
(Speckled Crake) *Coturnicops notata*

11 cm - Menor aún que 220) - Poco conocido - **Negruzco** - Dorso punteado, **pecho estriado** y flancos y subcaudal barrados, **de blanco** - **Tapadas y espejo alar blancos,** notables en vuelo ··· Venezuela, Colombia, Guyana, Brasil y Paraguay - URUGUAY ··· Pajonales de inundación y juncales II

FULICA: Muy nadadores - A veces caminan pero sin alejarse del agua - Poco voladoras - Parlotean entre los juncos - Gregarias - Recuerdan patos - Pico corto - Parecidas entre sí - Distinto escudete - Negruzcas - Cabeza y cuello negros - Subcaudal blanco - J: Pardo - Ventral manchado de blanco - (6 especies)

228) GALLARETA GIGANTE
(Giant Coot)   *Fulica gigantea*

45 cm - Muy grande - Simpátrica con 229) pero inconfundible - **Fino** y largo **escudete** blanco rosáceo **que divide la corona en dos protuberancias** - Llamativo **pico rojo** con base de maxila y ápice blancos - **Patas rojas** ··· Perú, Bolivia y Chile ··· Lagunas altoandinas en el NO
II

229) GALLARETA CORNUDA
(Horned Coot)   *Fulica cornuta*

45 cm - Tan grande como 228) - Extraño **apéndice frontal, como cuerno** (que falta en J) - Robusto **pico** amarillento **con culmen negro** - Patas oliváceas ··· Bolivia y Chile ··· Lagunas altoandinas en el NO
III

230) GALLARETA ANDINA
(American Coot)   *Fulica americana*

33 cm - A veces con 228) y 229) - Vuela con cierta frecuencia - Escudete rojo lacre poco notable - **Pico marfil, alto** y más bien curvo ··· Desde N. América por el O ··· Lagunas altoandinas en el NO (Laguna Runtuyoc, Jujuy)
IV

231) GALLARETA LIGAS ROJAS
(Red-gartered Coot) *Fulica armillata*

35 cm - A menudo con 232) y 233) - **Mancha roja separando pico y escudete** amarillos - **Liga roja** en la pierna, no siempre visible ··· Brasil, Paraguay y Chile - URUGUAY ··· Ambientes acuáticos
V

232) GALLARETA CHICA
(White-winged Coot) *Fulica leucoptera*

30 cm - Camina bastante - **La más voladora,** notándose **ápice de secundarias blanco** - Redondeado **escudete amarillo** o anaranjado, sin rojo ··· Países limítrofes - URUGUAY ··· Ambientes acuáticos
V

233) GALLARETA ESCUDETE ROJO
(Red-fronted Coot) *Fulica rufifrons*

32 cm- Más desconfiada y oculta que 231) y 232) - **Cabeza aguda** - Lomo recto - Cola más larga y erecta con **notable blanco subcaudal** - **Afinado escudete rojo lacre** que cubre algo del pico amarillo ··· Brasil, Paraguay y Chile - URUGUAY ··· Ambientes acuáticos con juncales
IV

234) POLLONA NEGRA (Common Gallinule) *Gallinula chloropus-2R*

29 cm - Recuerda *Fulica* en aspecto y comportamiento - Parecida a 233) - Menos gregaria - Rítmico cabeceo al nadar, como 237) - Cloqueo - Lomo recto, más bajo adelante - **Discontinua línea blanca en flancos** - Notable **subcaudal blanco dividido** - Liga, **escudete y pico rojos,** éste con ápice amarillo -J: Pardo - Garganta blanca - [Pico rosáceo] ··· Desde N. América -URUGUAY ··· Ambientes acuáticos con vegetación III

235) POLLONA AZUL
(Purple Gallinule)   *Porphyrula martinica*
28 cm - Más **caminadora** y voladora que
234) - Nada poco - Llamativa coloración
brillante - **Azul violáceo** - Dorso verdoso-
Subcaudal blanco - Escudete celeste -
Pico rojo con ápice amarillo - Patas amarillas - J: Parecido a 236) - Pardusco -
Ventral más claro - Celeste en alas - Garganta y abdomen blancos ··· Desde N.
América - URUGUAY ··· Ambientes
acuáticos con vegetación - (Bajos submeridionales)   III

236) POLLONA CELESTE
(Azure Gallinule)   *Porphyrula flavirostris*
23 cm - Menos arisca que 235) - A veces
juntas - Difícil de distinguir del J - **Celeste verdosa,** incluso cara y flancos -
Corona y dorso pardo oliváceos - **Ventral blancuzco** - Pico y escudete, verde
claro - Patas amarillas - J: Dorso más
estriado que J 235) - Rabadilla más oscura ··· S. América, salvo Perú y Chile ···
Esteros y pantanos en el NE   II

237) POLLONA PINTADA (Spot-flanked
Gallinule)   *Porphyriops melanops-2R*
20 cm - Confiada - Nada entre la vegetación flotante con **rítmico cabeceo,** como
una pequeña 234) - **Plomiza** - Loral y
frente negros - Dorso pardo - **Pecas blancas en flancos** - Corto pico verde - J:Par-
do - Garganta blanca ··· Países limítrofes,
Colombia y Perú - URUGUAY ··· Ambientes acuáticos   IV

238) IPEQUÍ
(Sungrebe)   *Heliornis fulica*
23 cm - Tímido - Oculto entre ramas bajas sobre el agua - Nada, zambulle y
vuela bien - Repetido y aflautado silbo
fau - Recuerda un macá - Alargado -
**Corona y líneas lateral y dorsal del largo
del cuello, negras** - Dorso pardo - Ancha
cola negra con ápice blanco - Ceja, cuello
y abdomen blancos - Pico rojo ··· Desde
C. América, salvo Chile ··· Arroyos de
selvas en el NE   II

107

Fam. Cariamidae, ver pág. 31

239) CHUÑA PATAS NEGRAS

(Black-legged Seriema)*Chunga burmeisteri*

57 cm - Grupos - Prefiere correr a volar - También algo arborícola - Arisca - Fuertes gritos - Cola larga - Grisácea - **Pico** como de gallina **y largas patas, negros** - Ceja blanca - **Sin** el notable **penacho frontal** de 240) ··· Paraguay y Bolivia ··· Sabanas y bosques de tipo chaqueño   III

240) CHUÑA PATAS ROJAS

(Red-legged Seriema)   *Cariama cristata*

70 cm - Aspecto y comportamiento de 239) - Menos gregaria - **Largo y despeinado penacho frontal** - Más ocrácea - **Pico y largas patas, rojos** ··· Brasil, Paraguay y Bolivia - [URUGUAY] ··· Sabanas y bosques, incluso húmedos (PN El Rey)   III

Fam. Jacanidae, ver pág. 31

241) JACANA

(Wattled Jacana)   *Jacana jacana*

22 cm - Confiada - Camina sobre vegetación flotante - Centinela - Inconfundible - Patas y **dedos** (13 cm) **muy largos** - Negra - Dorsal rufo - **Remeras amarillas** visibles en vuelo o al mantener las alas elevadas - **J:** Dorsal pardo - **Ceja y ventral blancos** ... Desde Panamá, salvo Chile - URUGUAY ··· Ambientes acuáticos   V

Fam. Rostratulidae, ver pág. 31

242) AGUATERO   (South American

Painted Snipe) *Nycticryphes semicollaris*

17 cm - Crepuscular - Oculto - Sigiloso - Recuerda una Becasina (279) pero vuela recto, corto, bajo y silencioso - **Negruzco** - Vientre, ceja, faja en corona y **pecas en el ala, blanco** - **V ocrácea en la espalda** - Largo **pico** verde, **curvo en el ápice** - J: Sin pecas alares ··· Brasil, Paraguay y Chile - URUGUAY ··· Pantanos y sabanas inundadas   III

HAEMATOPUS: Costeros - Fuertes silbos - Por aspecto y comportamiento recuerdan algo a teru-terus 248) - **Pico muy largo, rojo** *- Patas rosáceo pálido - (3 especies)*

243) OSTRERO COMÚN   (American Oystercatcher)*Haematopus ostralegus-2R*

35 cm - Parecido a 244) - Por distinto diseño alar podría identificárselo en vuelo - Cabeza, cuello, pecho y cola negros - **Dorso pardo** - Notable **zona blanca entre pecho y ala plegada** - Resto ventral blanco - **Párpado rojizo** ··· Desde N. América URUGUAY ··· Costas de mar   V

244) OSTRERO AUSTRAL (Magellanic Oystercatcher) *Haematopus leucopodus*

35 cm - Apenas más robusto que 243) con quien suele formar grupos mixtos - **Dorso negro** (no pardo) - **Negro del pecho más redondeado y extendido [sin zona blanca** separándolo del ala plegada]- **Párpado amarillo** ··· Chile ··· Costas de mar australes y también lagunas en estepas de S. Cruz   III

245) OSTRERO NEGRO   (Blackish Oystercatcher)   *Haematopus ater*

36 cm - Negro, algo más pardo en el dorso - Párpado rojizo ··· Perú y Chile - [URUGUAY] - Costas de mar australes
          IV

Fam. Recurvirostridae, ver pág. 32

246) AVOCETA ANDINA

(Andean Avocet)   *Recurvirostra andina*

39 cm - Nasal *uít* - - Comportamiento de 247) - Patas más cortas, azuladas - **Blanco** incluso tapadas - Alas, espalda y cola negras - Notable **pico muy curvo hacia arriba** ··· Perú, Bolivia y Chile ··· **Lagunas altoandinas** en el NO   III

247) TERO-REAL   (South American

Stilt)   *Himantopus melanurus*

34 cm - Grupos - Pasivo - Insistente *yep..yep,* como perrito - Muy esbelto - **Dorsal negro** - Frente, corona y **ventral** (incluso tapadas) **blanco** - **Pico** (6 cm) **largo y recto** - **Larguísimas patas rojas** - J: Dorso pardo - Corona y cara negruzcas - Patas rosáceas ··· Países limítrofes y Perú - URUGUAY ··· En aguas someras de ambientes acuáticos   V

Fam. Charadriidae, ver pág. 32

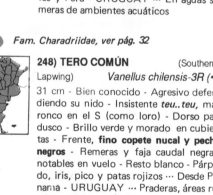

248) TERO COMÚN   (Southern

Lapwing)   *Vanellus chilensis-3R (•)*

31 cm - Bien conocido - Agresivo defendiendo su nido - Insistente *teu..teu,* más ronco en el S (como loro) - Dorso pardusco - Brillo verde y morado en cubiertas - Frente, **fino copete nucal y pecho negros** - Remeras y faja caudal negras, notables en vuelo - Resto blanco - Párpado, iris, pico y patas rojizos ··· Desde Panamá - URUGUAY ··· Praderas, áreas rurales, ambientes acuáticos y estepas   VI

249) TERO SERRANO

(Andean Lapwing)   *Vanellus resplendens*

27 cm - **Más claro** y menor **que 248)** - Grito más ronco - **Sin copete nucal** - **Cabeza, cuello y pecho gris ocráceos** - Brillo violeta en cubiertas - **Faja alar blanca** ... Desde Colombia por el O ··· Praderas, lagunas y pastizales altoandinos en los cerros del NO   IV

(·) *V. cayanus* ha sido citado para Misiones

250) CHORLO ÁRTICO (Black-bellied Plover) *Pluvialis squatarola*

25 cm - Pasivo - Desconfiado - Trisilábico y melancólico silbo *fi..u..i* - Más solitario que 251) - Pico mayor - Se ve **blanco** grisáceo - Ceja blanca poco notable - Banda alar y rabadilla blancas, cola barrada y **axilares negras, notables en vuelo** - Ventral blanco - **PN:** Raro de ver - **Dorso salpicado de negro y blanco** - Ceja, lados del cuello y **abdomen, blanco** - Cara y resto **ventral negro** - También plumajes intermedios - Migrador A ··· URUGUAY ··· Costas de mar (P. Rasa, B.Aires) **II**

251) CHORLO PAMPA (American Golden Plover) *Pluvialis dominica*

22 cm - En playas y **campos** - Más gregario, confiado y **pardusco** que 250) - **Ceja blanca** - Sin negro en axilares - Leves banda alar y estriado pectoral - Resto ventral blanco - **PN:** Raro de ver - **Dorso salpicado de** pardo y **dorado** - Blanco en ceja, que baja por flancos - Resto **ventral negro** - También plumajes intermedios - Migrador A ··· URUGUAY ··· Ambientes acuáticos, áreas rurales y costas de mar **IV**

252) CHORLO CABEZÓN (Tawny-throated Dotterel) *Oreopholus ruficollis*

25 cm - En invierno bandadas dispersas **en el campo** - Agradable trino *chrr* en vuelo - Pasivo - Erguido - Corona, cuello dorsal y pecho, cenicientos - Resto **dorsal acanelado con gruesas estrías negras** - Ceja, cara y banda alar blancas - **Cuello ventral canela** - **Mancha abdominal negra** - Patas rojizas ··· Desde Perú por el O - URUGUAY ··· Estepas andinas y patagónicas - La población austral es Migrador C **III**

CHARADRIUS: Gregarios, aunque menos que playeros - Confiados - Corren como bolitas y se detienen de golpe - No vadean el agua - Pequeños - **Pico corto** *- Dorso pardusco -* **Frente,** *leve banda alar,* **y ventral blancos** *- Cola negruzca con timoneras externas blancas - (4 especies)*

253) CHORLITO DOBLE COLLAR
(Two-banded Plover)

Charadrius falklandicus

16 cm - Más pasivo que 255) - Repetido *pit..,* en vuelo - **Dos collares** parduscos, el inferior más ancho [incompletos] - PN: Suprafrontal, collares, pico y patas, negros - Corona posterior canela ··· Chile y Brasil - URUGUAY ··· Costas de mar, lagunas y bañados   IV

254) CHORLITO PALMADO
(Semipalmated Plover)

Charadrius semipalmatus

14 cm - Comportamiento de 253) - Repetido *tuiit..* - **Pico muy corto** - Ceja y **collar completo, blanco** - Cara y un collar pectoral parduscos - **Patas salmón** - PN: Suprafrontal, cara y collar negros - Mancha postocular blanca - Base del pico anaranjada - Migrador A ··· [URUGUAY] Costas de mar y de lagunas - (Gral. Lavalle y P. Rasa, B.Aires)   II

255) CHORLITO DE COLLAR
(Collared Plover)   *Charadrius collaris*

13 cm - Veloz, activo y vocinglero - Parecido a 254) - Sin collar nucal - Suprafrontal, **línea ocular y un collar negros** (aún en PI) - Corona posterior y lados del cuello, canela - Pico negro - Patas rosáceas - J: Corona y collar parduscos ··· Desde Méjico - URUGUAY ··· Playas de lagunas y bañados, costas de ríos, arroyos y **bancos de arena**   III

256) CHORLITO PUÑEÑO
(Puna Plover)   *Charadrius alticola*

16 cm - Tal vez conespecífico con 253) - Misma voz - Alopátricos - En PI recuerda un Playerito Blanco (267) - **Sin collares** o uno o dos incompletos y difusos - Pico y patas negros - PN: Suprafrontal negro - Corona posterior canela ··· Perú, Bolivia y Chile ··· **Lagunas altoandinas**   III

257) CHORLITO PECHO CANELA
(Rufous-chested Dotterel)
Zonibyx modestus

18 cm - Confiado - Pasivo - Corto silbo melancólico *fío* - **Dorsal y pecho pardo uniformes** - Notables **ceja** y resto ventral, **blanco** - **PN: Pecho canela** que termina en **banda pectoral negra** - J:Dorso escamado de ocre - Sin ceja ··· Chile y Brasil - URUGUAY ··· Cría en Malvinas, T. del Fuego y S. de S. Cruz - Turbales y praderas - Migrador C - Costas de mar y ambientes acuáticos   III

PI

258) CHORLITO CENICIENTO
(Magellanic Plover)*Pluvianellus socialis(·)*

18 cm - **Escarba** - Gira sobre sí mismo - Recuerda una palomita - **Dorsal y pecho, cenicientos** - Banda alar y resto ventral blancos - **Iris y patas rojizos** - J: Dorso manchado de blancuzco o dorado - Pecho estriado - Iris y patas anaranjados ... Chile ··· Playas de lagunas (Escarchados, S. Cruz)   III

259) CHORLITO DE VINCHA
(Diademed Sandpiper-Plover)
Phegornis mitchellii

16 cm - Silbo bajo y melancólico - Diseño llamativo - Pico fino y largo - **Capuchón castaño negruzco** - **Vincha blanca** rodeando corona posterior y nuca - **Cuello dorsal rufo** - Collar blanco - Ventral con fino barrado pardo y blanco - Patas amarillas - J: Cuello dorsal y collar grisáceos ··· Perú, Bolivia y Chile ··· Vegas altoandinas   II

J

260) PLAYERO DE ROMPIENTE
(Surfbird)   *Aphriza virgata (··)*

22 cm - Confiado - En la línea de marea - Recuerda a 257) en PI - Pico corto - Dorsal pardusco - Pecho pardusco y resto ventral blanco, [algo manchados] - **Banda alar y amplia rabadilla blancas** - Ancho ápice caudal negro - Base de mandíbula y **patas, amarillas** - [PN: Escamado]- Migrador A por el Pacífico - **T. del Fuego** (Ushuaia)   I

(.) Ha sido considerado familia aparte (Pluvianellidae)
(..) A veces incluido en Fam. Charadriidae

Relea con cada especie los caracteres del género

TRINGA (Pitotois o chorlos de patas amarillas): Pasivos - Vadean aguas someras - Balancean cabeza y cuello, como saludando - Silban en vuelo - Esbeltos - Patas largas - Sin banda alar - Pecho algo estriado - Resto ventral blanco - Migradores A - (3 especies)

261) PITOTOY GRANDE (Greater Yellowlegs) *Tringa melanoleuca*

29 cm - Varios *tiú* seguidos - Más bien solitario - Poco menor que el Tero Real (247) - Dorso pardusco algo estriado - Frente, ceja y **rabadilla, blanco** - **Pico** (5,5 cm) más largo y **robusto** que en 262), **[apenas curvo hacia arriba]** - **Patas amarillas** ··· URUGUAY ··· Ambientes acuáticos [y costas de mar]   III

262) PITOTOY CHICO
(Lesser Yellowlegs) *Tringa flavipes*
23 cm - Indistinguible de 261), salvo por tamaño comparado (se suelen ver juntos) y **pico** (3,5 cm) más **fino y recto** - Uno o dos *tiú..* ··· URUGUAY ··· Ambientes acuáticos [y costas de mar]   V

263) PITOTOY SOLITARIO (Solitary Sandpiper) *Tringa solitaria-2R*
19 cm - No gregario - Suave y usual *pit.. uit* - **Dorso** más **pardo y uniforme** que en 262) - **Patas** más cortas amarillo **verdosas** - Rabadilla partida (no blanca) - **Cola barrada** - **Periocular blanco** (no frente y ceja) ··· URUGUAY ··· Ambientes acuáticos a menudo arbolados   III

264) PLAYERITO MANCHADO
(Spotted Sandpiper) *Actitis macularia*

15 cm - En PI parecido a 263) incluso voz - Típico **vuelo** bajo, corto y **vibrado, de la horizontal hacia abajo** - Planeo con alas combadas - Continuo **balanceo del tercio posterior del cuerpo** - **Banda alar blanca** - Patas amarillas - **PN:** Ceja blanca - **Ventral con pecas negras** - Pico rosáceo ··· URUGUAY ··· Migrador A - Mismos ambientes que 263) y bordes de selvas   II

PN

114

265) PLAYERITO CANELA
(Buff-breasted Sandpiper)
Tryngites subruficollis

17 cm - Confiado - Voz *crik* y series de *tik* - A menudo con el Chorlo Dorado (251) o con el Cabezón (252) - Pico algo corto - **Ocráceo acanelado** - Dorso manchado de negro - **Periocular blancuzco** - Sin banda alar ni rabadilla notables -Ala ventral blanca - **Patas amarillentas** - Migrador A ··· URUGUAY ··· **Praderas,** bañados **y áreas rurales** - (Estancia Medaland, Pinamar, B. Aires)   II

PN

266) VUELVEPIEDRAS
(Ruddy Turnstone)   *Arenaria interpres(·)*

21 cm - Desconfiado - Pasivo - Da vuelta piedras, etc. - Pico corto - En vuelo, **inconfundible diseño dorsal pardo, negro y blanco** - Pechera oscura con dos manchas redondeadas, blancas - Cortas **patas rojas-PN: Rufo** en vez de pardo **en dorso-**Migrador A ··· URUGUAY ··· Costas de mar   III

267) PLAYERITO BLANCO
(Sanderling)   *Calidris alba*

17 cm - Desconfiado - Corre con el vaivén de las olas - A menudo en una pata - Agudo *tuit* - Parecido a 268) con quien se lo ve - Menor - Más activo - **Blanco** - Dorso gris con manchas negras, ribeteadas de blanco - Notable **banda alar blanca** - Remeras, **timoneras centrales** y patas **negras** - Migrador A ··· URUGUAY ··· Playas de mar [y de lagunas]   III

268) PLAYERO ROJIZO
(Red Knot)   *Calidris canutus*

22 cm - Muy gregario - Pasivo - Vuela a desgano - Más rechoncho que 267) - Se ve **gris** - Dorso ceniciento - Banda alar blanca poco notable - **[Flancos] y rabadilla barrados** - Leve estriado pectoral - Ceja y ventral blancos - **Patas verdosas** - Pico negro algo grueso - **PN:** Dorso manchado de negro - **Ventral canela** - Abdomen blanco - Migrador A ··· URUGUAY ··· Costas de mar   III

(.) A veces incluido en Fam. Charadriidae   **115**

Relea con cada especie los caracteres del género

 PLAYERITOS 269) a 272): Gregarios - Distintas especies andan juntas, lo que permite comparar detalles - Confiados - Pequeños - Banda alar inconspicua - Garganta, vientre y abdomen blancuzcos - Migradores A - (4 especies)

269) PLAYERITO PECTORAL
(Pectoral Sandpiper) *Calidris melanotos*

18 cm - Pasivo - [Series de] *prrip..* - Oculto en **pastizales** - Cuello algo largo que a veces estira - **Dorso manchado de negro** - Rabadilla partida - Ceja blanca - **Contraste neto entre pecho estriado y resto ventral - Pico** negro **de base amarilla - Patas amarillentas** ··· URUGUAY ··· Ambientes acuáticos   IV

270) PLAYERITO UNICOLOR
(Baird's Sandpiper) *Calidris bairdii*

15 cm - Muy parecido a 271) - Confiado- Voz *krip* - Pico apenas más recto y agudo - Más **pardo ocráceo** - Dorso estriado, no manchado como en 269) - **Rabadilla partida - Ceja poco notable - Pecho acanelado con leve estriado** y poco contraste con resto ventral ··· URUGUAY ··· Ambientes acuáticos y costas de mar   III

271) PLAYERITO RABADILLA
BLANCA (White- rumped
Sandpiper) *Calidris fusciollis*

15 cm - Confiado - Activo - En vuelo *yit ..yit..* - Más grisáceo que 270) - **Rabadilla blanca** - Pecho estriado, no acanelado como en 270) y menos contrastado que en 269) - [Flancos estriados] ··· URUGUAY ··· Ambientes acuáticos y costas de mar   V

272) PLAYERITO ENANO
(Semipalmated Sandpiper)
  Calidris pusilla (·)

12 cm - El menor - Confiado - Activo - Aspero *chek* - Pico recto, algo corto - Dorso gris pardusco poco estriado, que se prolonga en **semicollar** - Rabadilla partida - Notables **frente y ceja blancas- Ventral blanco uniforme** - Patas negruzcas - Deja una huella semipalmeada - ··· URUGUAY ··· Costas de mar [y de las lagunas]   II

(.) *C.minutilla* ha sido recientemente observado en el Uruguay

273) PLAYERO TRINADOR
(Whimbrel) *Numenius phaeopus (·)*

36 cm - Desconfiado - Pasivo - Prefiere alejarse caminando - Ladea la cabeza al comer - A menudo cuello encogido - Serie de 6 ó 7 rápidos *tih* .. -Cabeza con fajas negruzcas y blancas - Estriado en dorso y pecho - Resto ventral blancuzco - Cola con leve barrado - **Pico** (9 cm) **muy largo y curvo** - Migrador A ··· [URUGUAY] ··· Costas de mar - (P. Rasa, B. Aires)   II

274) BECASA DE MAR
(Hudsonian Godwit) *Limosa haemastica*

33 cm - Pasiva - Grupos - Vadea aguas algo profundas - En vuelo: *tuituit..* - Gris pardusca - Ceja, ventral desde el pecho, **banda alar y rabadilla, blancos - Cola y tapadas negras - Largo pico** (8 cm) **curvo hacia arriba - PN:** Dorso negruzco estriado y manchado - **Ventral rufo** ondeado de negro ··· URUGUAY ··· Migrador A - Costas de mar y ambientes acuáticos - (P. Rasa, B. Aires)   IV

275) PLAYERO ALA BLANCA
(Willet) *Catoptrophorus semipalmatus*

33 cm - Pasivo - Chillón *kip...* - Se asienta en postes - Robusto - Parecido a 274) - **Pico** (6,5 cm) **recto y** más **grueso** - Loral, **rabadilla y cola ventral blancas - Remeras negras con banda blanca** muy notable en vuelo - Patas azuladas - [PN: Estriado] - Migrador A por el Pacífico hasta **T. del Fuego**   I

276) BATITÚ
(Upland Sandpiper) *Bartramia longicauda*

25 cm - Grupos dispersos en **pastizales** - Desconfiado - Melódico **silbo trisilábico**, aún de noche - Planeo con alas combadas - Se asienta en postes - Cuello largo - **Pico algo corto** - Acanelado - Estriado - **Larga cola y ala ventral, blanco barrado** - Patas amarillentas ··· URUGUAY ··· Migrador A - Praderas, bañados y áreas rurales (V. María, Cba.)   III

(.) *N. borealis*, menor y probablemente extinguido, también llegaba como Migrador A

277) BECASINA BOREAL
(Long-billed Dowitcher)

Limnodromus scolopaceus(•)

24 cm - Confiada - Introduce veloz y constantemente en el barro, su **pico** (6,5 cm) **largo y recto** - Débil· *pip* - Cuello y patas más largos que en 279) - Estriado de gris pardusco - Dorso manchado de negro - Larga ceja blanca - **Cola con fino barrado** - Leve banda alar, **lomo y rabadilla blancos** - Patas amarillo verdosas - Migrador A - Costas de mar en **B. Aires**   II

GALLINAGO: Pasivas - Miméticas - Vuelo nupcial sorpresivo, alto, bajando en picada con fuerte zumbido - Cuello y patas cortos - (Parecen agachadas) - Poca frente - Pico muy largo y recto - Ojos grandes y colocados alto - Cabeza con fajas negras y ocráceas - (3 especies) (··)

278) BECASINA GRANDE (Cordilleran Snipe)
Gallinago stricklandii

28 cm - Más castaña que 279) - Cola barrada de negro y castaño - **Ventral ocráceo** con notable **estriado** en pecho y **barrado** en flancos - Pico 8,5 cm··· Desde Venezuela por el O ··· Cordillerana - Estepas vegetadas   II

279) BECASINA COMÚN
(Common Snipe) *Gallinago gallinago 2R*

23 cm - A veces en postes - **V dorsal blancuzca** u ocrácea - Cola negra con banda canela - Pecho estriado - Flancos barrados - Resto ventral blanco - Pico 7 cm - **Patas** amarillo **olíváceas** - J: Pico más corto - Patas azuladas ··· Desde N. América - URUGUAY ··· Ambientes acuáticos   IV

280) BECASINA ANDINA
(Puna Snipe) *Gallinago andina*

20 cm - Muy parecida a 279) - Tal vez conespecíficas - Distinta llamada - Axilares con fino barrado negro - Pico 6 cm - **Patas amarillas** ··· Perú, Bolivia y Chile ··· Lagunas y vegas en los cerros del NO - Inverna a menos altura   II

(·) *L. griseus* muy parecido, podría también·aparecer en costas bonaerenses

(··) *G. undulata* ha sido citada muchas veces para la Argentina

Fam. Scolopacidae, ver pág. 32

281) PLAYERO ZANCUDO (Stilt Sandpiper) *Micropalama himantopus*

18 cm - Pasivo - Entra en aguas someras - Grave *kep* - Recuerda a 262) - No "saluda" - Cuello más corto - **Pico largo** pero **algo curvo** - **Dorso** más **ceniciento y uniforme** - Ventral, notable **ceja y rabadilla blancos** - Estriado pectoral - **Largas patas amarillentas** - PN: Rufo en cara - Ventral barrado - Migrador A ··· URUGUAY ··· Ambientes acuáticos   III

● Fam. Phalaropodidae, ver pág. 32

PHALAROPUS (Falaropos, chorlos nadadores o chorlos palmados): Gregarios - Suelen girar mientras nadan - Pico recto - Ceja y ventral blancos - ♀: Más colorida en PN - (3 especies)

282) FALAROPO COMÚN
(Wilson's Phalarope) *Phalaropus tricolor*

18 cm - Bandadas en vuelo sincronizado - Vadea aguas someras - Esbelto - **Pico largo y fino** - Se ve **blanco** - **Dorso gris claro** - Sin banda alar - Amplia rabadilla blanca - **Patas amarillas** - PN: **Rufo en cuello y en dorso** plomizo - **Negro en faja ocular que baja por el cuello** - Plumajes intermedios ... URUGUAY ··· Migrador A - Ambientes acuáticos   IV

283) FALAROPO PICO GRUESO
(Red Phalarope) *Phalaropus fulicarius*

16 cm - **Pelágico** - Recuerda a 282) - **Pico algo corto. y grueso** - Parecido a 284) - Dorso gris poco estriado - Zona ocular negra - **Banda alar blanca** - Rabadilla partida - **PN:** Inconfundible - Dorso sin rufo - **Cara blanca** - **Ventral rufo** - Migrador A - Capturado en B. Aires y Neuquén   I

284) FALAROPO PICO FINO
(Northern Phalarope) *Phalaropus lobatus*

14 cm - **Pelágico** - **Pico algo** más **fino y curvo** que en 283) - **Dorso plomizo con líneas** blancas - Más notable zona ocular - **PN: Cabeza plomiza** con manchita supraocular blanca - **Area rufa** de la nuca al pecho - **Garganta blanca** - Migrador A - Capturado en Chaco, Corrientes y Patagonia   I

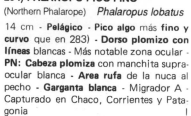

119

Fam. Thinocoridae, ver pág. 33

AGACHONAS o CHORLOS APERDI-
ZADOS: *Gregarias - Terrícolas - Parecen
achatarse contra el suelo - Miméticas -
Pasivas - Aspecto de palomas - En vuelo
parecen chorlos - Pico robusto - Cortas
patas amarillas - Dorso aperdizado - (4
especies)*

285) AGACHONA CHICA (Least Seedsnipe) *Thinocorus rumicivorus-2R*

18 cm - Tamaño de Torcacita 323) - **Garganta blanca rodeada por línea negra,**
continuada **(corbata)** por el centro del
pecho gris, hasta una **faja transversal** -
Resto blanco - **Banda alar blanca** contrastada con tapadas negras - ♀: Sin líneas
negras - Pecho aperdizado, no gris ···
Ecuador, Perú, Bolivia y Chile - URU-
GUAY ··· Estepas, vegas y lagunas en el
NO y la Patagonia (S de S. Cruz) - La
población austral es Migrador C   V

286) AGACHONA DE COLLAR
(Gray-breasted Seedsnipe)
Thinocorus orbignyianus-2R

20 cm - Graves y aflautados *pókoi..*, aun
de noche - Tamaño de Torcaza (322) -
**Garganta blanca rodeada por línea negra,
y pecho gris** separado de resto ventral
por **faja negra - Sin corbata** - Zona suba-
lar blanca menos conspicua - Pico amarillento con culmen negro - ♀: Como ♀
285) - Mayor ··· Perú, Bolivia y Chile ··
Estepas y vegas altoandinas y patagónicas - En invierno llega a serranías centrales   IV

287) AGACHONA PATAGÓNICA
(White-bellied Seedsnipe)
Attagis malouinus

25 cm - Parecida a ♀ 286) - Mayor - Garganta y pecho escamados - Resto **ventral
blanco - Banda alar blanca** como en
285) - Pico negruzco ··· Chile ··· Estepas
altoandinas y patagónicas   II

288) AGACHONA GRANDE
(Rufous-bellied Seedsnipe)
Attagis gayi-2R

28 cm - Dorso más gris acanelado y menos aperdizado que 287) - Pecho menos
contrastado con resto **ventral canela** -
Ala ventral blancuzca con tapadas canela
··· Ecuador, Perú, Bolivia y Chile ... Puna
y estepas altoandinas y patagónicas   II

289) PALOMA-ANTÁRTICA

(Snowy Sheathbill) *Chionis alba*

35 cm - Grupos - Muy confiada y aún audaz - **Costera** - Frecuenta colonias de mamíferos - Pasiva - Camina despacio - Trota en vez de correr - Vuela a desgano con mucho aleteo - **Parece una robusta paloma blanca** - **Grueso pico** rosáceo amarillento **con ápice negro** ··· Chile y Brasil - URUGUAY ··· Cría en Antártida e Islas del Atlántico Sur - En invierno migra al N   IV

Fam. Stercorariidae, ver pág. 33

STERCORARIUS (Salteadores, gaviotas pardas, gaviotas de rapiña o escúas): Oceánicos - **Persiguen aves, con vuelo acrobático -** *Posados suelen mantener elevadas las alas - Parecen gaviotas oscuras con pico más ganchudo -* **Mancha blanca en base de primarias, notable en vuelo -** *(292 y 293 poseen fase oscura) (5 especies)*

290) ESCÚA COMÚN

(Great Skua) *Stercorarius skua-4R*

55 cm - Audaz - Robusto - **Pardo oscuro** - [Ventral castaño] ··· Perú, Chile y Brasil - URUGUAY ··· En plataforma marina y costas - Cría en Antártida, Islas del Atlántico Sur y Patagonia - En invierno más al N   IV

291) ESCÚA POLAR

(South Polar Skua)
Stercorarius maccormicki (•)

52 cm - Parecido a 290) - Más **claro** - Capuchón y ventral pardo ocráceo a blancuzco - Cuello dorsal ocráceo - Costas de mar - Cría en la Antártida y Shetlands III

Caracteres del género *Stercorarius* en la página anterior

292) SALTEADOR GRANDE

(Pomarine Jaeger) *Stercorarius pomarinus*
48 cm - **Pelágico** - Mayor y más robusto que 293) y 294) - Alas más anchas - **Alargadas timoneras centrales** (7 cm) romas y **retorcidas** - Amplia corona negruzca - Faja nucal blanca - **Lados del cuello ocráceos** - Faja pectoral y flancos ondeados de pardo - Resto ventral blanco (o pardo) - Blanco en primarias menos notable que en 290) - J: Timoneras centrales cortas - Ventral barrado ··· Brasil - URUGUAY ··· Irregular Migrador A   I

293) SALTEADOR CHICO

(Parasitic Jaeger) *Stercorarius parasiticus*
38 cm - Recuerda un halcón - Parecido a 292) y 294) - Más **costero** - Suele perseguir gaviotines - Timoneras centrales puntiagudas alargadas (hasta 10 cm) - **Mancha alar blanca visible ventral y dorsalmente** - Garganta y lados del cuello ocráceos - Ancho **collar o semicollar pardos** y resto ventral blanco [o total o parcialmente pardo] - Patas negras - J: Timoneras poco o nada alargadas - Ventral más o menos barrado - Migrador A ··· URUGUAY ··· (P. Rasa, B. Aires)   III

294) SALTEADOR COLUDO

(Long-tailed Jaeger)
Stercorarius longicaudus
34 cm - Difícil de distinguir de 293) - Más pelágico, esbelto y grisáceo - Menos perseguidor de aves - **Prolongadas timoneras centrales** (hasta 25 cm) - **Blanco en ala dorsal inconspicuo - Sin fase oscura ni collar** - Patas plomizas - J: Blanco alar notable - Menos barrado que J 293) - [Con collar] - Migrador A ··· URUGUAY.   II

Fam. Laridae, ver pág. 33

295) GAVIOTA GRIS

(Dolphin Gull) *Leucophaeus scoresbii(·)*

38 cm - Costera - Confiada - Audaz - Agudo *kik,* en vuelo - **Gris** - Capuchón plomizo - Alas y manto negruzcos - Cola y ápice de remeras blancas - Grueso **pico y patas, rojos** - Iris marfil - PN: Sin capuchón oscuro - J: Cabeza y dorso pardos - Cola blanca con ancha faja subapical negra - Ventral blancuzco - Pico rosáceo con ápice oscuro - Patas parduscas ··· Chile ··· Costas de mar (colonias de aves marinas)   IV

(·) *Larus modestus* del Pacífico, ha sido citada para la Argentina

296) GAVIOTA COCINERA
(Kelp Gull)　　　*Larus dominicanus-2R*

55 cm - Audaz - Sigue barcos - A menudo en puertos y basurales - Blanca, incluso cola - **Alas y manto negros** - Apice blanco en remeras - **Pico amarillo con mancha roja** - Patas oliváceas - J: Se ve comúnmente - Diversos plumajes parduscos - Pico, patas y faja caudal negruzcas ··· Desde Ecuador y Brasil - URUGUAY ··· Costas de mar, lagos y lagunas - Además Antártida e Islas del Atlántico Sur　　　　　　　VI

297) GAVIOTA CANGREJERA
(Band-tailed Gull)　　　*Larus belcheri(·)*

48 cm - Confiada - Recuerda a 295) y a 296) - Leve capuchón gris parduzco - Collar dorsal blanco - Apice blanco sólo en remeras internas - Dorso plomizo - **Faja caudal negra - Pico** amarillo **con ápice negro y rojo** - Patas amarillas - PN: Más parecida a 296) por cabeza blanca - Pico y cola como en PI - **J:** Pardo ocráceo - Diseño más conspicuo que en J 296) - Collar dorsal claro - **Pico marfil con ápice negro** ··· Brasil - URUGUAY ··· Costas de mar　　II

298) GAVIOTA ANDINA
(Andean Gull)　　　*Larus serranus*

41 cm - Alopátrica con 299) y 300) - **Alas y manto,** gris más **claro** - Primarias negras con mancha subapical blanca - Leves manchas pardas en cabeza - Pico y patas rojo oscuro - **PN: Capuchón negruzco** ... Ecuador, Perú, Bolivia y Chile **Lagunas altoandinas**　　　　　　III

299) GAVIOTA CAPUCHO GRIS
(Gray-hooded Gull)　　　*Larus cirrocephalus*

38 cm - Sigue el arado - Mayor que la Capucho Café (300) - Alas y manto más oscuros - Diseño blanco y negro en primarias, más conspicuo - Zona nucal gris - **Iris marfil - PN: Capuchón gris** ... Desde Ecuador y Brasil, salvo Chile - [URUGUAY] ... Ambientes acuáticos　　IV

(·) La forma argentina *atlanticus* suele ser considerada especie aparte

300) GAVIOTA CAPUCHO CAFÉ

(Brown-hooded Gull) *Larus maculipennis*

35 cm - Parecida a la Capucho Gris
(299) - También tras el arado - Cabeza
blanca con **mancha auricular parda** -
Dorso gris más claro - Mayor y menos
contrastada zona blanca en primarias
negruzcas - Iris pardo - **PN: Capuchón
pardo oscuro** - Periocular blanco - J:
Dorsal manchado de pardo y canela -
Faja caudal negruzca ··· Brasil y Chile -
URUGUAY ··· Ambientes acuáticos y
costas de mar   V

301) GAVIOTA CHICA

(Franklin's Gull)   *Larus pipixcan*

33 cm - Menor que 300) - **Dorso** más
oscuro, **plomizo - Cabeza negruzca con
amplia frente y cuello dorsal blancos** -
Primarias negras de base blanca - Apice
blanco en todas las remeras - Pico y patas negros - PN: Capuchón negro -
Pico y patas rojizos - Migrador A hasta
Chile ··· Lagunas, ríos y costas de mar
                                          II

302) GAVIOTÍN PICO GRUESO

(Gull-billed Tern)   *Gelochelidon nilotica*

32 cm - Recuerda *Larus* - Parecido a
303) - No zambulle - Pesca en vuelo
rasante y caza en el aire - **Cola poco furcada** - Nuca gris, estriada - **Faja ocular
negra - Robusto y corto pico negro** - Patas rojo negruzcas - **PN: Corona negra** ···
Desde N. América salvo Paraguay, Bolivia y Chile - URUGUAY ··· Dunas y playas en costas de mar, y lagunas y ríos
                                          III

303) GAVIOTÍN LAGUNERO

(Snowy-crowned Tern)   *Sterna trudeaui*

30 cm - Muy zambullidor - Gritón - Más
esbelto que 302) - También caza en el
aire - **Cola ahorquillada - Cabeza blanca** -
Notable **faja ocular negra** - Fino y largo
pico negro con ápice amarillo - Patas rojizas - **PN: Ventral gris - Pico anaranjado
con banda negra** ··· Brasil y Chile - URU-
GUAY ··· Lagunas, ríos y costas de mar
                                          IV

(·) A veces incluida en Fam. Laridae.

Relea con cada especie las características del género

GAVIOTINES 304) a 307): Se agrupan en bandadas de especies distintas - Muy parecidos entre sí - Dorso gris - Ventral blanco - **PN: Corona negra** *y* **pico y patas rojos,** *que algunos individuos mantienen en PI sin variar a negro - (4 especies)*

304) GAVIOTÍN GOLONDRINA
(Common Tern) *Sterna hirundo*

30 cm - Poco zambullidor - Pico mediano - **Faja negruzca en hombros** - Más negro en primarias que 306) - **Cola** ahorquillada, grisácea **con vexilo externo negruzco,** que no sobrepasa las alas plegadas - [PN: Ventral gris - Pico rojo con ápice negro] - URUGUAY ··· Migrador A - Costas de mar [y lagunas] - (P. Rasa, B. Aires) III

305) GAVIOTÍN SUDAMERICANO
(South American Tern)
Sterna hirundinacea

38 cm - El de **pico** más **largo** - Dorso más pálido - **Sin hombros negruzcos** - Larga cola blanca, ahorquillada, que en los adultos sobrepasa las alas plegadas - **PN:** Zona blanca entre amplia corona negra y **ventral gris** ··· Brasil, Perú y Chile - URUGUAY ··· Costas de Patagonia y Malvinas En invierno más al N V

306) GAVIOTÍN ÁRTICO
(Arctic Tern) *Sterna paradisaea*

33 cm - Pelágico - En PI, mientras 305) y 307) están en PN - **Pico y patas más cortos que 304) y 305)** - Gris claro incluso lo ventral - Cola algo más larga que 307), que apenas sobrepasa las alas plegadas - Migrador A hasta la Antártida

307) GAVIOTÍN ANTÁRTICO
(Antarctic Tern) *Sterna vittata-2R*

34 cm - En PI indistinguible de 306) - **Gris** más **oscuro** - Pico también corto, salvo en Orcadas - Rabadilla y cola blancas - **PN: Plomizo** - Zona blanca entre corona y ventral, más notable que en 305) - URUGUAY ··· Cría en Antártida e Islas del Atlántico Sur - En invierno hasta Brasil ··· Costas de mar III

Relea con cada especie los caracteres del grupo.

*GAVIOTINES 308) a 310) - Poco grega-
rios - No marinos - Cola apenas furcada
(3 especies)*

308) ATÍ
(Large-billed Tern)   *Phaetusa simplex*

36 cm - Pesca zambullendo y caza insectos al vuelo - Corona negra con **loral
blanco** en PN o con frente blancuzca en
PI - Dorsal ceniciento - **Ala tricolor:** primarias negras, cubiertas superiores cenicientas y resto blanco - **Robusto pico
amarillo** - Patas amarillentas ··· Desde
Panamá, salvo Chile - URUGUAY ···
Ríos, lagunas y bañados   III

309) GAVIOTÍN CHICO COMÚN
(Yellow-billed Tern) *Sterna superciliaris* (•)

22 cm - Mucho **menor** que 308) - A veces
juntos - Corona moteada de blanco - **Pri-
marias,** zona periocular y nuca **negras** -
Largo pico amarillo - Patas amarillentas -
PN: Frente y media ceja blancas ··· S.
América, salvo Chile - URUGUAY ···
Ríos, lagunas y esteros   III

310) GAVIOTÍN NEGRO
(Black Tern)   *Chlidonias niger*

23 cm - Vuelo rasante sobre el agua recordando un chorlo - No zambulle - Pico
más corto, negro, y plumaje más **oscuro**
que 309) - Amplia frente, **cuello dorsal** y
todo lo ventral, **blanco** - Zonas nucal y
ocular, **dorso** y semicollar insinuado,
plomizo - [PN: Cabeza y ventral, **negro**] -
Migrador A ··· URUGUAY ··· Lagunas y
estuarios   II

(·) *S. albifrons*, de pico con ápice negro y poco negro en primarias, ha sido citado
para Buenos Aires.

311) GAVIOTÍN PICO AMARILLO (*)
(Cayenne Tern) *Sterna eurygnatha*

40 çm - Recuerda al Atí (308) - Distinto hábitat - Cola bien furcada - Alas gris uniforme - Frente y corona blancas - **Copete nucal**, primarias externas y patas, negros - **Fino, largo y algo curvo pico amarillo** - **PN: Frente, corona y copete negros** - J: Pico más corto, negro - Dorso manchado de pardo ··· Desde Venezuela, salvo Chile - URUGUAY ··· Costas patagónicas - En invierno más al N   III

312) GAVIOTÍN PICO NEGRO
(Sandwich Tern) *Sterna sandvicensis*

38 cm - Muy parecido a 311) - Tal vez conespecíficos - **Pico negro, sólo con ápice amarillo** ... [URUGUAY] ··· Migrador A Costas de mar   II

313) GAVIOTÍN REAL
(Royal Tern) *Sterna maxima*

44 cm - Gritón - Fuerte *írree* - Tamaño de gaviota - Bastante zambullidor - Vuelo algo lento a menudo con un pez cruzado en el **robusto y largo pico bermellón** - Parecido a 311) - Similar **copete nucal** - PN: Capuchón negro - A veces la frente blanca o manchada - J: Manchado - Pico más corto, amarillento ··· Brasil - URUGUAY ··· Cría en Chubut - Costas de mar   III

● *Fam. Rynchopidae, ver pág. 33 (••)*

314) RAYADOR
(Black Skimmer) *Rynchops nigra-3R*

40 cm - Enormes bandadas que levantan vuelo al unísono, asentándose poco después - Descansa con el pico oculto en el lomo - **Aleteos lentos y cortos sobre el agua, rayándola con la mandíbula** - Recuerda gaviotines - Dorsal negro - Ventral blanco - Largas alas con ápice de remeras internas blanco - Extraño y **largo pico rojo y negro - Cortas patas rojas** - J: Dorso marginado de blanco ··· Brasil y Paraguay - URUGUAY ··· Una raza Migrador A con tapadas oscuras - Ríos, lagunas y costas de mar - (P. Rasa, B. Aires)   III

(•) 311 y 312 suelen considerarse conespecíficas. En tal caso, ambas formas se denominarían GAVIOTÍN PICO AMARILLO.

(••) A veces incluida en Fam. Laridae

COLUMBA: Gregarias - Grandes - Alas largas y puntiagudas - (7 especies)

315) PALOMA ARAUCANA
(Chilean Pigeon)   *Columba araucana*

34 cm - Parecida a 316) - Alopátricas - **Castaño violácea** - **Faja nucal blanca** - Cuello dorsal bronceado, escamado - Cola con faja negra y ápice claro - Pico negro - Patas rojizas - J: Sin las marcas de cuello y nuca ··· Chile ··· **Bosque arauca-no** (Isla Victoria, PN Nahuel Huapi)   II

316) PALOMA NUCA BLANCA
(Band-tailed Pigeon)   *Columba fasciata*

34 cm - Posa alto en árboles - Repetido *kru..u* - Gris violácea - **Faja nucal blanca** - Cuello dorsal verde bronceado, escama-do - Cola como 315) - **Pico y patas ama-rillo oro** - Desde N. América por el O, salvo Chile ··· Bosques montanos en el NO   II

317) PALOMA COLORADA
(Pale-vented Pigeon)
   Columba cayennensis

30 cm - Arisca - Posa y vuela alto - Voz *ku..ku..ku..ú* más rápido que en Picazuró (319) - Plomiza - **Frente, cubiertas, espal-da y pecho castaño violáceos** - Garganta, ápice caudal y abdomen blancuzcos - ♀: Más opaca ··· Desde C. América, salvo Chile - URUGUAY ··· A menudo no lejos del agua en selvas y bosques del NO y NE   III

318) PALOMA TROCAL
(Scaled Pigeon)   *Columba speciosa*

29 cm - Vuelo alto - Voz de 5 frases *kau..kukú..kukú..kukú..kukuú* - Lla-mativa - Cabeza y dorso rufos - **Cuello completo escamado de negro violáceo,** blanco y canela - Resto ventral escama-do vinoso - Subcaudal blanco - Cola ne-gruzca - **Pico,** periocular y patas, **rojo** - ♀: Dorso pardo oscuro ··· Desde Méjico, salvo Chile ··· Sabanas y bosques   I

319) PALOMA PICAZURÓ
(Picazuro Pigeon) *Columba picazuro*

34 cm - Arisca - Voz *kuúu..ku..ku..kuúu*-
Silueta con cuello más largo que 320) -
Cabeza y pecho vinosos - **Apretados filetes celeste metálicos en cuello dorsal** -
Medialuna blanca en cubiertas más notable en vuelo - Resto plomizo - Iris castaño ··· Brasil, Paraguay y Bolivia - URU-
GUAY ··· Diversos ambientes, áreas
rurales y poblados - En expansión   V

320) PALOMA MANCHADA
(Spot-winged Pigeon)
  Columba maculosa-2R

32 cm - A veces con 319) - Más confiada
y plomiza - Similar voz más ronca - Cuello sin filetes - Notable **ala con muchas
pecas blancas** - Iris gris ··· Brasil, Paraguay, Bolivia y Perú ··· URUGUAY ···
Bosques, estepas arbustivas, áreas rurales
y poblados   V

321) PALOMA DOMÉSTICA
(Rock Dove) *Columba livia*

32 cm - Muy conocida - Domesticada -
En plazas de grandes ciudades - Gris
azulada - Brillos verde y violáceo en cuello - **Dos bandas negras en ala plegada** -
Además gran variedad de razas y colores
Introducida de Eurasia ··· Desde N. América - URUGUAY ···' Poblados y áreas
rurales - A veces asilvestrada en barrancas
      VI

322) TORCAZA
(Eared Dove) *Zenaida auriculata-2R*

22 cm - Bandadas, a veces enormes -
Voz *kuu..kuúkuú..kau* - Rosácea - Brillo
dorado en cuello lateral - **Manchas en
alas** y cara, **negras** - **Cola** plomiza **con** faja subapical negra y **ápice externo blanco**
··· Desde las Antillas - URUGUAY ··· Diversos ambientes, áreas rurales y poblados   VI

323) TORCACITA COMÚN (Picui Ground-Dove) *Columbina picui (•)*

15 cm - Confiada - Semiterrícola - Bastante peridoméstica - Repetido *kuú..* - Cabeza y cuello cenicientos - Cubiertas con líneas negras - **Faja alar longitudinal blanca,** contrastada con **remeras negras** - **Cola** algo larga, **blanca, con timoneras centrales negras** - Ventral blancuzco rosáceo - ♀: Más pardusca ··· Países limítrofes - URUGUAY ··· Bosques, áreas rurales y **poblados** V

324) TORCACITA COLORADA (Ruddy Ground-Dove) *Columbina talpacoti*

15 cm - Más oscura y arisca que 323) - No tan terrícola - Monótona serie de *ku..uhú* - **Castaña,** más rufa en lo dorsal - **Cabeza cenicienta** - **Manchitas negras en cubiertas** - Tapadas y **timoneras externas, negras** ‾ ♀: Bastante distinta - Parda, casi sin castaño ni ceniciento ··· Desde C. América - URUGUAY ··· Capueras, bosques y sabanas III

325) TORCACITA ESCAMADA (Scaled Dove) *Scardafella squammata*

18 cm - Confiada - Bastante terrícola - Contínuo y aflautado *kuu..kahou* - Inconfundible - **Toda escamada** de negro - **Larga cola negra con timoneras externas blancas** - Faja alar blanca - Zona rufa en remeras visible en vuelo ··· S. América, salvo Ecuador, Perú y Chile ... Capueras en **Misiones** II

(·) *C. minuta* ha sido citada para Misiones

Relea con cada especie los caracteres del género.

 *METRIOPELIA: Terrícolas - Miméticas - Grupos - Se dejan acercar - **Vuelo,** sorpresivo, bajo y **muy ruidoso** mostrando **remeras y cola negras** - Periocular anaranjado, salvo 327) - Cenicientas - **Andinas** - (4 especies)*

326) PALOMITA CORDILLERANA
(Blue-winged Ground-Dove)
Metriopelia melanoptera
21 cm - **Hombros blancos** notables en vuelo - Sin el dorado alar de 327) - Ventral rosáceo - Patas oscuras ··· Desde Colombia por el O ··· Puna y estepas altoandinas y patagónicas   IV

327) PALOMITA DORADA
(Golden-spotted Ground-Dove)
Metriopelia aymara
19 cm - Parecida a 326) - **Cola corta** - Supracaudales largas - **Hombro con manchas doradas,** no siempre visibles - Sin periocular - Ventral liláceo - Patas rosáceas ··· Desde Perú por el O ··· Puna y estepas andinas   IV

328) PALOMITA OJO DESNUDO
(Bare-eyed Ground-Dove)
Metriopelia morenoi
17 cm - ∈ - Sin el blanco alar de 326) ni el dorado de 327) - **Apice caudal externo blanco** - Ventral gris, no rosáceo - **Notable periocular** - Patas amarillentas - Puna y estepas altoandinas en el NO   III

329) PALOMITA MOTEADA
(Bare-faced Ground-Dove)
Metriopelia ceciliae
16 cm - Parecida a 328) - Notable **dorso pardo marginado de blancuzco** - Leve ápice caudal externo blanco - Pecho acanelado ··· Desde Perú por el O - Puna en el NO   I

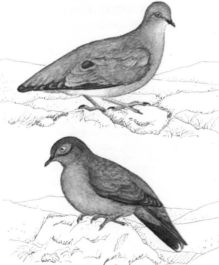

131

Fam. Columbidae, ver pág. 34

*LEPTOTILA: Más bien ocultas - Ariscas-
Terrícolas y de estrato bajo - Voz me-
lancólica y profunda - Algo mayores
que la Torcaza (322) - Sin manchas
alares - Muy parecidas entre sí (más
aún en vuelo) - Apice caudal blanco -
Ventral rosáceo que llega a blanco en
abdomen -* **Ala ventral rufa** *notable
en vuelo - (3 especies)*

330) YERUTÍ COMÚN   (White-tipped
Dove)   *Leptotila verreauxi-2R*

26 cm - Bisilábico *hu..uúu* - Amplia
frente rosácea - **Nuca y cuello dorsal
celeste [brillante]** - **Dorso pardo** -
Cola negruzca - Más blanco ventral
que en 331) y 332) ··· Desde Venezuela,
salvo Chile - URUGUAY ··· Selvas, bosques, arboledas, y cercanías   IV

331) YERUTÍ YUNGUEÑA
(Large-tailed Dove)   *Leptotila megalura*
27 cm - Más gregaria - Trisilábico *huuu..
hu..hu* - Alopátrica con 332) - Nuca y
cuello dorsal violáceo[brillante] - **Lomo
y cola castaños,** más notables en vuelo ···
Bolivia ··· Yungas   IV

332) YERUTÍ COLORADA
(Gray-fronted Dove)   *Leptotila rufaxilla*
25 cm - Monosilábico *uuUuu* - Amplia
frente blancuzca que sigue celeste - Nuca
y cuello como 331) - **Dorso castaño** - Cola negruzca ··· Desde Venezuela, salvo
Chile - URUGUAY ··· Selvas en el NE
(PN Iguazú)   III

*GEOTRYGON (Palomas perdiz o palo-
mas tontas): Confiadas - Ocultas - Terrícolas - Escarban - Selváticas - Recuerdan
Crypturellus - Rechonchas - Tornasoladas - Cola corta sin ápice blanco - Pico,
párpado y patas rojizos - (3 especies)*

333) PALOMA MONTERA CASTAÑA
(Ruddy Quail-Dove)   *Geotrygon montana*
22 cm - Voz más larga y grave que la de
332), como sirena de barco - **Castaña** -
Dorsal rufo - **Fajas malares blanca y rufa** -
Garganta y abdomen blancuzcos - ♀:
Dorsal y pecho pardo oliváceos - Sin fa-
jas malares ··· Desde C. América, salvo
Chile ··· Selvas en **Misiones**   II

Caracteres del género *Geotrygon* en la página anterior

334) PALOMA MONTERA GRANDE
(White-throated Quail-Dove)

Geotrygon frenata

28 cm - Voz *uú..uú* - Cabeza rosácea más oscura en corona - **Espalda violácea** - Resto dorsal castaño - **Líneas ocular y malar negras** unidas encerrando la mejilla - Garganta blanca - Imbricado **diseño blanco y negro en cuello ventral** - Resto ventral ceniciento - Patas violáceas ··· Colombia, Ecuador, Perú y Bolivia ··· **Yungas** (PN Calilegua, Jujuy)   II

335) PALOMA MONTERA VIOLÁCEA
(Violaceous Quail-Dove)

Geotrygon violacea

23 cm - Parece una yerutí chica - Sin diseño especial en cara - Cola no corta- **Amplia frente** (como 332), garganta **y abdomen blancuzcos - Corona y espalda violáceo brillante** - Resto dorsal castaño - Pecho rosáceo - ♀: Dorso pardo - Pecho pardusco - Resto blanco ··· Desde C. América, salvo Chile ··· Selvas en **Misiones**   II

336) PALOMITA AZULADA   (Blue Ground-Dove)
Claravis pretiosa

18 cm - Terrícola - Llamativa - Repetido *cau* - **Celeste** - Frente y ventral casi blancuzcos - **Manchitas negras en cubiertas** - Cola sin el blanco de 337) - Remeras y timoneras externas negras - ♀: Distinta - Recuerda a 324) - Tapadas blancas, no negras - **Cola y manchitas alares rufas** - Ventral ocráceo que sigue ceniciento ··· Desde Méjico, salvo Chile ··· Bordes de selvas, capueras y yungas, en el NO (II) y en el NE   III

337) PALOMITA MORADA
(Purple-winged Ground-Dove)

Claravis godefrida

21 cm - Oculta - Parecida a la simpátrica 336) - Voz: *u..ú* - **Tres** anchas **fajas alares** (no manchitas), una azul y dos púrpuras- **Timoneras externas blancas** - ♀: Parda Ventral, fajas alares y timoneras externas, ocráceas ··· Brasil y Paraguay ··· Vinculada a la floración de tacuaras - Selvas en **Misiones**   II

133

ARA (Aras, guacamayos o papagayos).
Gregarias - A menudo en árboles - Voz
potente - Algunas **muy grandes** *- Reme-*
ras azules - Larga cola graduada - **Cara**
desnuda *- Semiextinguidas por caza*
comercial - (4 especies)

338) GUACAMAYO ROJO

(Red-and-Green Macaw)   *Ara chloroptera*

85 cm - Muy llamativo **rojo escarlata** -
Mancha alar verde amarillenta - Rabadi-
lla, ápice caudal, y subcaudal, celestes -
Cara blanca con líneas rojas ··· Desde
Panamá, salvo Chile ··· Bosques en
Formosa   I

339) GUACAMAYO VERDE

(Military Macaw)   *Ara militaris*

65 cm - Verde - Notable **frente roja** -
Rabadilla y subcaudal, **celeste** - Cola
dorsal roja con ápice celeste - **Ventral**
de alas y de cola, **bronceado** - Cara rosada con líneas negras ··· Desde Méjico por el O, salvo Chile ··· Selvas
en el NO   I

340) MARACANÁ LOMO ROJO

(Blue-winged Macaw)   *Ara maracana*

40 cm - Alopátrico con 339) - Verde -
Rojo en la frente, **lomo y vientre** - Base
caudal castaño, resto azul - Ventral de
alas y cola bronceados - Cara amarillenta-
Patas rosáceas ··· Brasil y Paraguay ···
Selvas y bosques en el NE   I

341) MARACANÁ CUELLO DORADO

(Golden-collared Macaw)   *Ara auricollis*

35 cm - Por tamaño parece *Aratinga* -
Verde - Corona negruzca - **Faja nucal**
amarilla - Cola dorsal azul de base rufa -
Cola ventral bronceada - Cara blancuzca -
Patas rosáceas ··· Brasil, Paraguay y Boli-
via - Selvas en el NO   III

Relea con cada especie los caracteres del género.

ARATINGA: *Gregarios - Bullangueros -
A menudo alto en árboles - Menores que
Ara - Cara emplumada -* **Verdes** *- Ventral
más claro -* **Periocular blanco** *o claro -
Larga cola puntiaguda y graduada - Re-
meras y timoneras ventrales, bronceadas-
Pico claro - (4 especies - A. aurea en pág.
siguiente)*

342) CALANCATE CARA ROJA
(Mitred Parakeet)   *Aratinga mitrata*

35 cm - Arisco - [Cuello dorsal y plumas
en el cuerpo], **frente y zonas faciales, rojo** - Iris anaranjado - J: Pocas manchas
rojas - Iris pardo ··· Perú y Bolivia ··· Selvas y bosques en el NO   III

343) CALANCATE COMÚN
(Blue-crowned Parakeet)
                    Aratinga acuticaudata

35 cm - Más confiado que 342) - **Capuchón azulado - Base roja en cola ventral**
visible al abrirla y en vuelo - Iris anaranjado ··· Desde Venezuela, salvo Ecuador,
Perú y Chile - [URUGUAY] ··· Bosques,
sabanas y arboledas   IV

344) CALANCATE ALA ROJA
(White-eyed Parakeet)
                    Aratinga leucophthalma

33 cm - Voz *tschirrri* - Verde más claro
que 342) - Sin rojo ni azul en la frente -
Algunas plumas rojas en la cabeza -
Hombros, y **tapadas rojas,** luego amari-
llas, **notables en vuelo** - J:[Sin rojo] ···
Desde Nicaragua, salvo Perú y Chile -
URUGUAY ··· Selvas, bosques y sabanas
          IV

345) LORO BARRANQUERO
(Burrowing Parrot)
          Cyanoliseus patagonus-3R

42 cm - Bandadas bullangueras - Apiña-
dos alto en postes y cables - **Oliváceo -
Lomo y rabadilla amarillo o verdoso -**
Remeras azules - Larga cola oliva azulada - Pecho pardo oscuro y resto **ventral
amarillo** (o pardo) **con mancha roja** -
Periocular blanco···Chile - URUGUAY···
Sabanas, estepas arbustivas, barrancas y
áreas rurales, andinas y patagónicas   IV

NO

C   R

346) CALANCATE FRENTE DORADA
(Peach-fronted Parakeet)

Aratinga aurea-2R

24 cm - Mucho menor que otros *Aratinga* - **Amplia frente** y periocular, **amarillo anaranjado** - Corona azulada - Remeras internas azules - Pecho oliva que sigue amarillo verdoso en resto ventral - Pico negro ··· Brasil, Paraguay y Bolivia ··· Alto en árboles de bosques y sabanas en el NO y NE   I

347) ÑANDAY (Black-hooded Parakeet)
Nandayus nenday

30 cm - Aspecto de *Aratinga* - Fuérte *kra* - Verde - **Capuchón negro** - Periocular rosáceo - Remeras azules - Apice caudal y pecho azulados - **Piernas rojas** ··· Brasil, Paraguay y Bolivia ··· Bosques, sabanas y palmares en el Distrito Chaqueño Oriental (E de Fsa.)   III

348) CACHAÑA   (Austral Parakeet)   *Enicognathus ferrugineus-2R*

31 cm - Recuerda al menor y alopátrico Chiripepé (350) - Verde ondeado de negro, más evidente en corona - Ventral más claro y oliváceo - Leve frente, **mancha ventral y** larga **cola** escalonada, **rufas** ··· Chile ··· **Bosque araucano**   III

349) COTORRA
(Monk Parakeet) *Myiopsitta monacha-3R*

27 cm - Muy conocida - A menudo en jaula o suelta, como mascota - Bandadas bullangueras - Vive y cría en **grandes nidos** comunales **de palitos** - Verde - Amplia frente y garganta grises - **Pecho ceniciento ondeado** de blancuzco - Remeras azules - Pico anaranjado ··· Brasil, Paraguay y Bolivia - URUGUAY ··· Bosques, arboledas, sabanas, **áreas rurales** y poblados   VI

350) CHIRIPEPÉ CABEZA PARDA
(Green-cheeked Parakeet)

Pyrrhura molinae

24 cm - Muy parecido a 351) aun en voz y comportamiento - Alopátricos - **Cabeza parda - Mancha ventral y toda la cola, rojizas - Pecho pardo escamado** ··· Brasil y Bolivia ··· Yungas   IV

Dorsal

351) CHIRIPEPÉ CABEZA VERDE
(Reddish-bellied Parakeet)

Pyrrhura frontalis

24 cm - Gregario - Bullanguero - Agudo y complejo *chiripepé* grupal - Silencioso estando posado - Verde, incluso cabeza - Periocular blanco - Remeras azules - **Pecho oliváceo escamado - Mancha ventral rojiza** - Larga **cola bronceada sólo ventralmente rojiza** ··· Brasil y Paraguay - URUGUAY ··· Selvas y bosques en el NE
V

Dorsal

352) CATITA SERRANA GRANDE
(Gray-hooded Parakeet)

Bolborhynchus aymara

19 cm - Gregaria - Gorjea como pájaro - Esbelta - Cola larga - Verde - **Cabeza pardusca - Garganta blanca - Ventral ceniciento** con flancos, tapadas y abdomen amarillo verdosos ··· Bolivia ··· Quebradas, estepas altoandinas, prepuna y serranías   IV

353) CATITA SERRANA CHICA (Mountain Parakeet)   *Bolborhynchus aurifrons-2R*

17 cm - Parecida a 352) - Cola menos larga - **Azul en remeras** - Garganta y flancos amarillentos - Pico y patas anaranjados - ♀: Pico oscuro ··· Perú, Bolivia y Chile ··· Estepas altoandinas, prepuna y quebradas cordilleranas y altas serranías centrales   III

137

354) CATITA ENANA (Blue-winged Parrotlet) *Forpus xanthopterygius(·)*

11 cm - Grupos - Aleteo continuo al volar - Voz de pájaro *piuit..piuiuit* - **Diminuta** - **Corta cola** en cuña - Verde - Ventral más claro - **Zona alar y rabadilla azules,** visibles en vuelo - Pico rosáceo - ♀: Sin azul ··· Colombia, Brasil, Paraguay, Bolivia y Perú ··· Borde de selvas, capueras y bosques en el NE   III

355) CATITA CHIRIRÍ (Canary-winged Parakeet) *Brotogeris versicolurus-2R*

20 cm - Recuerda *Bolborhynchus* - Voz *chiri..chiri..ri* - Larga cola escalonada - Verde - Primarias algo azuladas - Notable **faja amarillo oro en cubiertas** ··· Desde Colombia, salvo Chile - Capueras, bosques, áreas rurales y poblados en el NO y NE   II

356) CATITA CABEZA ROJA (Red-capped Parrot) *Pionopsitta pileata*

20 cm - Muy confiado - En vuelo: rápido y agudo *ch..ch..chi,* más musical que el del Chiripepé (351) - **Cola corta** - Verde - Notable y **amplia corona roja** - Hombros, álula, primarias y timoneras externas azules - Grueso pico grisáceo - ♀: Sin rojo - **Mejillas rufas** ··· Brasil y Paraguay ··· Estrato medio en selvas, bosques y áreas rurales del NE   III

357) LORO MAITACA (Scaly-headed Parrot) *Pionus maximiliani-3R*

27 cm - Gregario - Gritón - Ronco *krak* y *maitak.. maitak* - **Cola corta** - Menor que *Amazona* - Aleteo profundo de la horizontal hacia abajo, casi juntando las alas - Verde opaco algo escamado - Corona negruzca - Timoneras externas azules - Pecho superior violáceo - **Subcaudal rojo** - Periocular grisáceo - Pico negro y amarillo ... Brasil, Paraguay y Bolivia ··· Selvas, bosques, áreas rurales y sabanas del N-IV

(·) A veces considerado raza de *F. passerinus*

Relea con cada especie los caracteres del género

AMAZONA: Gregarios - Aleteo corto de la horizontal hacia abajo - Robustos - Cola corta - Pico fuerte - Verdes [ondeados de negro] - Notable mancha alar roja - Azul en remeras - Apice caudal amarillo verdoso - Leve mancha roja en cola ventral, salvo 361 - (4 especies)

358) LORO VINOSO
(Vinaceous-breasted Parrot)
Amazona vinacea

30 cm - **Frente**, hombros, iris **y base del pico, rojos - Eréctil cuello dorsal celeste,** ondeado de negro - **Pecho rufo violáceo -** Remeras celeste y negro ··· Brasil y Paraguay ··· Mayormente en bosques de *Araucaria* en **Misiones**   I

359) LORO HABLADOR
(Turquoise-fronted Parrot)
Amazona aestiva

35 cm - A menudo en cautividad donde aprende a hablar - Cristalino *krreo* y otras voces- Amplia **frente celeste - Corona amarillenta** - Cara, **hombros** y garganta, **amarillo oro** - J: [Cabeza verde] ... Brasil, Paraguay y Bolivia ··· Bosques y sabanas de tipo chaqueño, y poblados IV

360) CHARAO   (Red-spectacled
Parrot)   *Amazona pretrei*

30 cm - **Amplia frente** que incluye zona ocular, **hombros, borde del ala y piernas rojos** - Base de maxila anaranjada ··· Brasil y Paraguay - Mayormente en bosques de *Araucaria* en **Misiones**   I

361) LORO ALISERO
(Alder Parrot)   *Amazona tucumana(·)*

30 cm - Parecido a 360) - Alopátricos - Más ondeado de negro - **Sólo frente roja-** Posee la mancha alar roja del género pero le falta la caudal ··· Bolivia ··· Bosques montanos en el NO   IV

(·) A veces considerada raza de 360)

COCCYZUS: *Sigilosos - Ocultos entre el follaje - Voz como cloqueo - Esbeltos - Pico curvo - Garganta abultada -* **Tamaños iguales,** *salvo 366) - Dorsal pardo -* **Cola larga, escalonada, con ápice blanco en cada timonera -** *(5 especies)*

362) CUCLILLO PICO AMARILLO
(Yellow-billed Cukoo)

Coccyzus americanus

26 cm - **Rufo en remeras,** notable en vuelo - **Ventral blanco** - Grandes manchas blancas en cola ventral negra - Pico algo largo con **mandíbula amarilla** - URUGUAY ··· Migrador A - Sabanas, bosques y arboledas   III

363) CUCLILLO OJO COLORADO
(Black-billed Cuckoo)

Coccyzus erythropthalmus

26 cm - Parecido a 362)- **Ventral blanco** - Alas sin o con poco rufo - Cola ventral gris con poco notable ápice negro y blanco - Pico negro - **Periocular rojo** - Migrador A - Selvas en el NO y NE   I

364) CUCLILLO CENICIENTO
(Pearly-breasted Cuckoo) *Coccyzus euleri*

26 cm - Parecido a 362) por **mandíbula amarilla** - Sin rufo en alas - Periocular amarillo - **Pecho gris** que sigue blanco ··· Colombia, Venezuela, Guayanas y Brasil ··· Selvas en **Misiones**   II

365) CUCLILLO CANELA
(Dark-billed Cuckoo)

Coccyzus melacoryphus

26 cm - Corona cenicienta - **Antifaz negro - Ventral ocre amarillento** que no poseen otros - Párpado claro - J:Ventral blancuzco ··· Desde Venezuela, salvo Chile - URUGUAY ··· Migrador B - Bosques, sabanas y arboledas   IV

366) CUCLILLO CHICO (Ash-colored Cuckoo) *Coccyzus cinereus*

21 cm - Más confiado que otros - **Cola con leve ápice blanco, no larga ni graduada** - Pico corto y curvo - Tonos modestos - Recuerda algo a *Myiarchus* - Pecho pardo rosáceo que llega a blancuzco en vientre - **Ojo rojo** - J: Ojo pardo ··· Brasil, Paraguay y Bolivia - URUGUAY ··· Migrador B en el S - Sabanas, bosques y arboledas **IV**

367) ANÓ CHICO
(Smooth-billed Ani) *Crotophaga ani(·)*

32 cm - Confiado - En sitios visibles - Grupos bullangueros con vuelo no simultáneo, alternando rápido batido y largo planeo - Arborícola y terrícola - Bisilábico, lastimero y melodioso *uuaií* - Otras voces - **Pico curvo, alto y comprimido** - Recuerda al Pirincho (369) - **Negro** - Brillo violáceo - Cola azulada, larga, ancha y péndula - Flechitas tornasoladas en cuello y pecho ··· Desde C. América, salvo Chile - URUGUAY··· Selvas, bosques, sabanas, áreas rurales y poblados **V**

368) ANÓ GRANDE
(Greater Ani) *Crotophaga major*

41 cm - Arisco - Oculto - Variadas voces a coro como parloteo - Vuelo como 367) - Simpátricos - Mayor - Más **azul** - Brillo verdoso en dorso y pecho - **Muy larga cola** violácea - **Iris blanco oliváceo** - J: Iris pardo ··· Desde Panamá, salvo Chile - URUGUAY ··· Migrador B - Selvas, bosques y sabanas cerca del agua en el N **II**

(·) *Crotophaga sulcirostris,* muy parecido, ha sido citado para terrenos áridos en el norte de Salta

369) PIRINCHO
(Guira Cuckoo)   *Guira guira*

36 cm - Grupos bullangueros - Vuelo como Anós (367) - A menudo de espaldas al sol - Aflautado *pío..pío..pío..pr.. prrr..prrrrr* - Copete despeinado - Dorso negruzco estriado - **Lomo y rabadilla blancuzcos** - **Cola tricolor,** péndula Ventral ocráceo estriado en pecho - Pico anaranjado ··· Brasil, Paraguay y Bolivia - URUGUAY ···· Diversos ambientes incluso poblados   V

370) YASIYATERÉ GRANDE
(Pheasant Cuckoo)
                    Dromococcyx phasianellus

35 cm - Se oye en el crepúsculo y noche- Difícil de ver - Voz que recuerda a 372) *se..si..rrru* - Excitado: serie ascendente - Semiterrícola - **Ancha y larga cola escalonada, negra,** con ápice blanco en cada timonera - Cabeza parda con **despeinado copete castaño,** sin estrías - Dorso pardo oscuro - Filetes en cubiertas - Garganta y pecho con máculas (que faltan en el J) - Resto ventral blanco ··· Desde Méjico salvo Chile ··· Selvas en **Misiones**
                                        I

371) YASIYATERÉ CHICO   (Pavonine Cuckoo)   *Dromococcyx pavoninus*

26 cm - Parecido a 370), incluso la voz *se..si..se..se-* Respuesta *se..si* ó *se..si..si* - **Pecho acanelado sin máculas** ··· S. América, salvo Bolivia y Chile ··· Estrato bajo de selvas en el NE   II

372) CRESPÍN
(Striped Cuckoo)   *Tapera naevia*

28 cm - (Recuerda a 369) - Oculto - Pasivo - Mucho más oído que visto - Silbo melancólico, difícil de localizar, *se..si,* aún de noche - Además *se..se..se..sise* - Ocráceo - Despeinado y eréctil **copete rufo, estriado como el dorso** - Larga cola parda - **Ceja blanca** - Faja malar negra - Pico amarillento, culmen negro ··· Desde Méjico, salvo Chile - URUGUAY ··· Migrador B en el S - Sabanas, bosques y selvas   IV

373) TINGAZÚ
(Squirrel Cuckoo)   *Piaya cayana-2R*

45 cm - Confiado - Sigiloso - Vuelo corto y planeado - Fuerte y melodioso silbo *ju..íi* - Larga y rápida serie de *tuip* - Maullido y otras voces - **Dorsal castaño** - **Larguísima cola** (30 cm) escalonada, ventralmente negra **con ápice blanco en cada timonera** - Pecho pardo rosáceo contrastado con vientre gris - Curvo pico verdoso ···· Desde Méjico - URUGUAY ··· Estrato medio en selvas, bosques y arboledas   IV

Fam. Tytonidae, ver pág. 34

374) LECHUZA-DE-CAMPANARIO
(Barn Owl)   *Tyto alba*

36 cm - Nocturna - Volando se la ve como una sombra blanca - **Fuerte chistido** y largo matraqueo - Sin orejas - Muy clara - **Acorazonado disco facial blanco bordeado por línea oscura** - Dorso gris salpicado de ocre y blanco - Ventral ocre con leve punteado - Largas patas emplumadas , blancas - América ··· URUGUAY ··· Distintos ambientes, áreas rurales y **poblados** - A menudo en construcciones abandonadas   IV

Fam. Strigidae, ver pág. 34

375) ÑACURUTÚ
(Great Horned Owl) *Bubo virginianus-2R*

50 cm - No muy oculto - Profundo *ñacurutú* - **La mayor lechuza** - Notables **orejas triangulares distanciadas,** negruzcas - Garganta y **collar,** blanco - Ventral blancuzco con fino barrado - Cola barrada de pardo ··· Desde N. América - URUGUAY ··· Bosques, sabanas, quebradas, pastizales de altura y estepas   III

376) LECHUZÓN OREJUDO
(Striped Owl)   *Asio clamator*

36 cm - Lastimero *jiii* - Serie de ladridos *auh..* - Recuerda al campestre (390) - **Orejas** más **largas, y** más **juntas** que en 375) - Disco facial blancuzco bordeado de negro - **Ventral con notable, grueso y regular estriado negro** ··· Desde C. América - URUGUAY ··· Sabanas y arboledas   III

377) LECHUZA NEGRA
(Black-banded Owl) *Ciccaba huhula-2R*

35 cm - Fuerte y aflautada estrofa *at..at. at..kua* - Cabeza redondeada, sin orejas - **Negruzca** - Aspecto **bataraz** - Leve barrado dorsal blanco - Cola con 3 bandas y ancho ápice blancos - **Ventral,** incluso tarsos, **con notable barrado blanco** - Pico y dedos amarillos - Iris pardo ··· S. América, salvo Chile ··· Estrato alto en selvas y capueras del NO y NE ll

378) LECHUZA ESTRIADA
(Mottled Owl) *Ciccaba virgata*

32 cm - Cabeza redondeada, sin orejas - **Dorsal pardo vermiculado de canela** - Disco facial rodeado de pardo - Cejas y semicírculo junto al pico, ocráceos - Blanco gular - **Ventral acanelado** notablemente **estriado** - Piernas canela - Dedos azulados - Iris pardo ··· Desde Méjico, salvo Chile ··· Estrato alto en selvas de **Misiones** ll

379) LECHUCITA CANELA
(Buff-fronted Owl) *Aegolius harrisii-2R*

20 cm - Serie de rápidos *ú* - Cabeza grande sin orejas - Bien característica - Dorso castaño - Corona, nuca, ceja y circunferencia facial negruzcas - **Alas y cola con espaciadas pecas blancas** - Notable **V dorsal,** otra incompleta, **disco facial y** todo lo **ventral, acanelados** ··· S. América, salvo Perú y Chile - [URUGUAY] - Selvas y bosques en el NO y NE ll

380) LECHUCITA VIZCACHERA
(Burrowing Owl) *Athene cunicularia-3R*

25 cm - **Terrícola** - Erguida - En postes, junto a su cueva o cerca de vizcacheras - **Diurna** - Al anochecer *cu..curú* - Saluda con la cabeza - Halconea - Bien distinta y menor que 390) quien comparte su hábitat - Sin orejas - Patas largas - **Blancuza** - Dorsal pardo con pecas blancas - Cola barrada - Ceja y garganta blancas - Ventral más o menos manchado ··· Desde N. América - URUGUAY ··· Praderas, estepas, sabanas y **áreas rurales** IV

Memorice la Topografía de un ave

381) ALILICUCU COMÚN

(Tropical Screech-Owl) *Otus choliba*

22 cm - Oculto - Pasivo - Aflautado *krrr..cu..cu* - **Pequeñas orejas** eréctiles - Dorso gris pardusco (o castaño), manchado de negro - Semicírculo blancuzco junto al pico - Pecas blancas en cubiertas - **Ventral con finas** estrías negras como **crucecitas** ··· Desde C. Rica, salvo Chile - URUGUAY ··· Bosques, sabanas, arboledas y aún poblados   IV

382) ALILICUCU GRANDE (Long-tufted

Screech-Owl) *Otus atricapillus*

25 cm - Como un 381) **castaño** - Distinta voz *rrrrru* - Orejas más largas - **Nuca** más **negra - Estriado pectoral** más **grueso** ··· Brasil y Paraguay - |URUGUAY| - Selvas en **Misiones**   I

*GLAUCIDIUM: Bastante diurnos - Sitios visibles - Los acosan los pájaros - Menean y balancean la cola - Pequeños - Sin orejas - **Cara simulada en la nuca** - Lunares blancos en cubiertas - Ceja blanca - Barba y garganta blancas separadas por **collar pardo - Grueso estriado ventral castaño** (2 especies)*

383) CABURÉ GRANDE

(Austral Pygmy-Owl) *Glaucidium nanum*

19 cm - Corona y nuca, más rufas que el dorso, estriadas de ocre - **Cola pardo negruzca muy barrada de canela** - Migrador C ··· Chile ··· **Bosque araucano**   II

384) CABURÉ CHICO (Ferruginous

Pygmy-Owl) *Glaucidium brasilianum*

16 cm - Larga serie de cloqueos - Además *uit* - Gris pardusco - Corona y nuca más uniformes que en 383) (o estriadas) - **Cola negra con pocas barras blancas** - (O todo rufo con cola uniforme o levemente barrada de pardo) ··· Desde N. América - URUGUAY ··· Selvas, bosques, sabanas, arboledas y aún poblados   IV

Fam. Strigidae, ver pág. 34

385) LECHUZÓN MOCHO GRANDE
(Spectacled Owl)   *Pulsatrix perspicillata*

45 cm - Crepuscular - Descendente y grave matraqueo *cuu..cuu..* - Robusta - Parecida a la alopátrica 386) - Dorsal y **pecho, pardo oscuro** uniforme - Notable ceja continuada en semicírculo junto al pico (**anteojos**), y garganta, **blancos** - Alas y cola barradas de gris - Resto **ventral acanelado** - Iris amarillo - **J: Blanco - Antifaz negro** ··· Desde C. América, salvo Chile ··· Yungas   II

386) LECHUZÓN MOCHO CHICO
(Tawny-browed Owl)

Pulsatrix koeniswaldiana

38 cm - Estrofa baja, timbrada como en la parecida 385) , *brr..bŕrr..brrr..brrr* o *ut ..ut..út..ut..ut* - Notables **anteojos canelas,** no blancos - Collar acanelado - **Ventral canela** - Iris castaño ··· Brasil y Paraguay ··· Selvas en el NE   II

387) LECHUZA LISTADA
(Rusty-barred Owl)   *Strix hylophila*

35 cm - Serie descendente *gu..gu..u..u..*, como croar de rana - A veces dúos - Parecida a 388) - Recuerda a 378) - Cola y **ventral, muy barrado de castaño** - Corta ceja continuada en semicírculo junto al pico, y zona gular blancuzcos - Barrado dorsal, **disco facial** y piernas, **canela** - Zona ocular oscura ··· Brasil y Paraguay·· Bordes de selvas, y bosques, en el NE   I

388) LECHUZA BATARAZ
(Rufous-legged Owl)   *Strix rufipes-2R*

38 cm - Fuerte gruñido *kru..kru* - Disco facial blancuzco o acanelado, con circunferencias concéntricas oscuras - Leve **barrado dorsal blancuzco** (o bien barrado de negro y blanco) - Notable **barrado ventral negruzco** - Piernas canelas como en 387) ··· Paraguay y Chile ··· Bosques y sabanas de tipo **chaqueño, y Bosque araucano**   III

146

389) LECHUZÓN NEGRUZCO
(Stygian Owl)   *Asio stygius*

43 cm - Grave *hu...* - Distinto hábitat y comportamiento que 390) - Nocturno - Persigue murciélagos - Notables **orejas negruzcas** - Parecido a 376) - Oscuro - **Dorso y disco facial negruzcos** - Cola barrada - Ventral con grueso estriado - Iris amarillo ··· Desde Méjico, salvo Guayanas y Chile ··· Bosques y sabanas del N   II

390) LECHUZÓN DE CAMPO
(Short-eared Owl)   *Asio flammeus-2R*

38 cm - Casi **diurno y terrícola** - Lento batir de sus alas largas y romas - Posa en postes y otros sitios visibles - **Planea bajo sobre campos** - Ladridos como el Tero Real (247) - Hallado a menudo muerto en rutas - **Pequeñas orejas algo juntas,** poco notables - Ocráceo - Dorso manchado y barrado - Menos estriado ventral que 376) - Zona ocular oscura en disco facial claro - Iris amarillo ··· América - URUGUAY ··· Praderas, sabanas, pastizales y áreas rurales   IV

Fam. Nyctibiidae, ver pág. 35

391) URUTAÚ COMÚN
(Common Potoo)   *Nyctibius griseus*

34 cm - Mucho más oído que visto - De día, **erguido e inmóvil,** a media altura, **en el extremo de un palo** seco al que parece continuar - **Aspecto de corteza** - Al anochecer, **grito largo como lamento humano,** seguido de 5 notas decrecientes - Pico corto y ancho - Larga cola barrada - De noche ojos rojos como los Atajacaminos ··· Desde Méjico, salvo Chile - URUGUAY ··· Bosques, sabanas, capueras y selvas   III

CAPRIMULGUS (Atajacaminos o dormi-
lones): Parecidos entre sí - Vuelo bajo,
sorpresivo e irregular - De noche, brillo
ocular rojo - Corona negruzca - Dorso
pardusco, estriado y manchado de negro
y ocráceo - **Collar blanco u ocráceo** *- Pe-*
cas en cubiertas - Timoneras centrales co-
mo el dorso y externas con ápice claro -
♀♀: Distintas manchas - (5 especies)

392) ATAJACAMINOS COLORADO

(Rufous Nightjar) *Caprimulgus rufus*

26 cm - Posa en ramas - Rápido y reso-
nante *chak..uiuiuiuiuiu* - No visita campos y caminos - Parecido a 398) - **Dor-**
sal oscuro sin remeras internas claras -
Ancho **semicollar ocráceo** - **Ventral**
acanelado con barrado más uniforme-
Timoneras externas con notables manchas, una blanca y otra canela, visibles en
vuelo - ♀: Sin blanco caudal ··· Desde
C. Rica, salvo Ecuador, Perú y Chile ···
Selvas y bosques   III

393) ATAJACAMINOS DE LA YUNGA

(Salta Nigthjar) *Caprimulgus saltarius(·)*

28 cm - Posado casi erecto recuerda al
Urutau (391) - Mayor que 394) por **cola**
más **larga** - Dorso negruzco sin faja nucal, con salpicaduras castañas - Ventral
menos negruzco - **Collar acanelado** - Amplio y notable ápice de timoneras externas, canela ··· Bolivia ··· Selvas y bosques
en **Salta** (Aguas Blancas)   III

394) ATAJACAMINOS OSCURO

(Silky-tailed Nightjar)
Caprimulgus sericocaudatus

25 cm - Salpicado dorsal y barrado
caudal castaños - **Faja nucal castaña,** que
no poseen 392) ni el alopátrico. 393) -
Timoneras externas con ápice blancuzco,
no acanelado - Garganta y pecho negruzcos con pecas claras - Resto ventral
barrado ··· Brasil y Paraguay ··· Selvas en
Misiones   II

(·) Ha sido considerada raza de 394)

395) ATAJACAMINOS ÑAÑARCA
(Band-winged Nightjar)
Caprimulgus longirostris-3R

22 cm - Parecido a 396) - Separados silbos *chuít*.. - Mancha blanca en primarias - **Gran ápice blanco en lo dorsal de timoneras externas - Fajas apical y central blancas, en cola ventral - Faja nucal canela continuada en collar blanco** - ♀: Mancha alar y collar canelas - Cola sin blanco apical ⋯ S. América - URUGUAY ⋯ Estepas, sabanas, serranías, áreas rurales y arboledas   III

396) ATAJACAMINOS CHICO
(Little Nightjar)   *Caprimulgus parvulus*

18 cm - Suele asentarse en ramas bajas, lo que no hace 395) - Voz *pcchrruí.. cuícuícuícuí* - **Faja nucal canela continuada en triángulo gular blanco** - Sólo leve ápice caudal blanco ♀: Sin blanco alar - **Primarias y cola barradas de canela-** Gular y faja nucal como ♂ ⋯ S. América, salvo Chile - URUGUAY ⋯ Bosques, sabanas, arboledas (a menudo eucaliptales) y áreas rurales   III

397) ATAJACAMINOS ALA NEGRA
(Sickle-winged Nightjar)
Eleothreptus anomalus

17 cm - Extraña conformación alar- Sin collar ni faja nucal -Remeras internas barradas de canela - **Primarias negras,** y cola dorsal, con ápice blanco - Filete dorsal blanco - Ventral negruzco manchado - Abdomen y cola ventral barrados - ♀: Ala normal, sin blanco ⋯ Paraguay y Brasil ⋯ [URUGUAY] ⋯ Sabanas, palmares y pastizales húmedos   II

149

398) AÑAPERO CASTAÑO
(Semicollared Nighthawk)

Lurocalis semitorquatus(·)

24 cm - Posa en ramas - Nido en árboles - Aflautado y sonoro silbo *tuit,* mientras vuela a regular altura - Alas largas que sobrepasan la **cola corta** - Dorsal negruzco con ocelos y puntos acanelados - Primarias sin blanco - Remeras internas blancuzcas - Notable **gular blanco** - Pecho negruzco - Resto **ventral y tapadas, rufo barrado de negro** - Migrador B ··· Brasil y Paraguay ··· Sabanas y pastizales en el N

II

399) CURIANGO
(Pauraque)   *Nyctidromus albicollis*

28 cm - Terrícola - Cortos vuelos verticales - Frecuente *juip* y audible *cuuiau* - Cola larga y redondeada con **timoneras externas negras y blancas** - **Filete dorsal negro** - Mejillas rufas - **Triángulo gular blanco** - **Banda blanca en primarias negras** - ♀: Mancha ocrácea en primarias - Cola y gular menos blancos ··· Desde N. América, salvo Chile ··· Selvas y sabanas en el NO y la Mesopotamia   III

400) ATAJACAMINOS OCELADO
(Ocellated Poorwill)

Nyctiphrynus ocellatus

20 cm - Posa en ramas altas -Ronco *brauRufo,* finamente barrado de negro - Ocelos negros en escapulares - **Pecas blancas en** cubiertas, **pecho y vientre** - **Triángulo gular blanco** - Cola barrada con ápice blanco ··· Desde Colombia y Brasil, salvo Chile ··· **Selvas** en **Misiones** I

401) AÑAPERO BOREAL   (Common
Nighthawk)   *Chordeiles minor-2R*

22 cm - **Bandadas** - Vuelo alto y sostenido - Suele verse al atardecer - Posa en ramas altas - **Silueta de halcón** - Oscuro - **Triángulo gular blanco** - **Mancha alar blanca** en primarias negras - **Cola furcada** con faja blanca - Ventral barrado - ♀: Gular ocráceo - Sin blanco en cola - Migrador A ·· URUGUAY ··· Sabanas, arboledas, áreas rurales y **poblados**   III

(·) La forma *L. s. nattereri* suele ser considerada especie separada

402) ÑACUNDÁ
(Nacunda Nigthhawk) *Podager nacunda*

28 cm - **Bandadas asentadas en el campo** o volando a regular altura - Rondan faroles - Suele verse al atardecer - Larga serie de *cuuurrr..cuu..,* como sapo - **Robusto - Cola** algo corta **con ancho ápice blanco** - Dorso y pecho abigarrados - Gran **mancha blanca en primarias** negruzcas **- Collar, tapadas, vientre y abdomen blancos** - ♀: Cola sin blanco - Leve barrado ventral ... S. América, salvo Chile - URUGUAY ... Bosques, sabanas, áreas húmedas y rurales, y poblados   III

403) ATAJACAMINOS TIJERA COMÚN
(Scissor-tailed Nightjar)

Hydropsalis brasiliana

50 cm - Posa en tierra o en ramas - Finísimo y grillado *tzig* en vuelo - Tonos claros - **Sin manchas blancas** - Faja nucal rufa - Filetes blancos en escapulares - **Ventral ocráceo** finamente barrado - **Cola** (40 cm) **muy larga, ahorquillada,** blancuzca y parda - ♀: 30 cm - Cola menos larga, furcada y sin blanco ... Brasil, Bolivia y Paraguay - URUGUAY ... Bosques, sabanas, arboledas y poblados   IV

404) ATAJACAMINOS COLUDO
(Long-trained Nigthjar)

Macropsalis creagra.

76 cm - Vuelo sostenido a baja altura - Posa en ramas - Faja nucal canela - **Timoneras** externas (60 cm) **enormemente largas** que en vuelo lleva caídas, como flameando - ♀: 30 cm - Cola furcada - Sin timoneras largas ... Brasil ... Claros en selvas de **Misiones** (Moconá)   II

405) ATAJACAMINOS LIRA
(Lyre-tailed Nightjar) *Uropsalis lyra*

85 cm - Se asienta en ramas bajas - Voz *tre..cue..* - Parecido al alopátrico 404) - **Faja nucal rufa - Cola en forma de lira - Timoneras externas** (75 cm) **enormemente largas,** con ápice gris - ♀: 25 cm - Cola negra furcada - Sin timoneras largas ... Desde Venezuela por el O, salvo Chile ... Bosques montanos en **Jujuy**   I

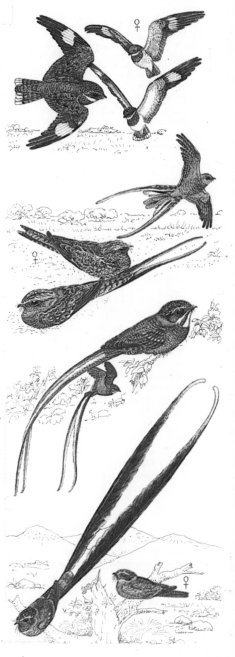

406) VENCEJO DE COLLAR
(White-collared Swift)

Streptoprocne zonaris (·)

20 cm - Gregarios - Descansan en grutas o detrás de cascadas - Fuerte *chirrío* grupal - **Negro - Collar completo blanco** - J: Más pardusco - Collar poco notable ··· Desde Méjico, salvo Chile · [URUGUAY] Cerros (Cueva de los pajaritos, Cba.) y cataratas (Iguazú) - En invierno llega a llanuras   III

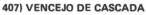

CYPSELOIDES: Gregarios - Muy parecidos entre sí - Medianos - Alas no tan angostas - Cola más larga que los pequeños Chaetura, a los que también se parecen - Oscuros - Sin rabadilla clara - (3 especies)

407) VENCEJO DE CASCADA
(Great Dusky Swift)   *Cypseloides senex*

18 cm - Bandadas que semejan enjambres - Aleteo constante como temblor - Voz *ti..ti..ti* - Pardo - Leve estriado en cabeza - **Cara** cenicienta que se ve **blancuzca** hacia la frente ··· Brasil y Paraguay ··· Selvas en Misiones (Infaltable en **Cataratas del Iguazú**)   IV

408) VENCEJO NEGRUZCO
(Sooty Swift)   *Cypseloides fumigatus*

15 cm - Menor y más oscuro que el simpátrico 407) - En grupos pequeños - Sin cara clara - Indistinguible del alopátrico 409) - Pardo **negruzco** - Leve filete claro en remeras - J: Vientre escamado de blanco ··· Brasil ··· Selvas en **Misiones**   II

(·) S. *biscutata,* muy similar, con collar interrumpido lateralmente, ha sido citado para Misiones.

409) VENCEJO PARDUSCO (Dark Brown Swift) *Cypseloides rothschildi*

15 cm - Planea con alas combadas - En su área, sólo parecido al pequeño 410) - **Pardo uniforme** ··· Bolivia ··· Yungas y bosques en el NO   III

410) VENCEJO DE TORMENTA (Ashy-tailed Swift)   *Chaetura andrei*

11 cm - *Voz tip..tip..* - Pardo oscuro - **Contrastadas rabadilla y cola gris parduscas** - Garganta pálida ··· S. América salvo Bolivia y Chile ··· Migrador B - Bosques, selvas , sabanas y quebradas en el N   III

411) VENCEJO CHICO (Gray-rumped Swift)

Chaetura cinereiventris
11 cm - Descansa en pozos - Suele volar en bandadas sobre ríos y arroyos selváticos - Parecido a 410) - Ronco *tchri* - **Dorsal negro azulado** - Notable **rabadilla gris clara** - Ventral ceniciento, más páiitlo en garganta ··· Desde C. América, salvo Chile ··· Migrador B - Selvas y quebradas en **Misiones**   IV

412) VENCEJO BLANCO (Andean Swift)   *Aeronautes andecolus*

13 cm - Inconfundible - Esbelto - Planea con las alas largas y curvas, combadas - **Cola** larga, bien **furcada** - Dorso pardo - **Rabadilla**, nuca **y ventral blancos** ... Perú, Bolivia y Chile ··· Quebradas, estepas, sabanas y pastizales altoserranos   IV

153

413) ERMITAÑO ESCAMADO
(Scale-throated Hermit)
Phaethornis eurynome

12 cm - **Corona y garganta escamadas de negro** - Dorso oliva bronceado, ondeado de pardo - **Dos largas timoneras centrales y ápice caudal blancos** - Faja ocular negra entre ceja y malar acanelados - Ventral gris ocráceo - **Pico largo** (3,8 cm) **curvo,** con mandíbula amarilla ··· Brasil y Paraguay ··· Estratos bajo y medio en selvas de **Misiones**   III

414) ERMITAÑO CANELA
(Planalto Hermit) *Phaethornis pretrei*

12 cm - Parecido a 413) - Pico (3,3 cm) y cola algo menores - Alopátricos - **Corona parda** - Dorso verde bronceado - **Rabadilla y ventral canelas** ··· Brasil y Bolivia - **Yungas**   III

415) PICAFLOR COMETA
(Red-tailed Comet) *Sappho sparganura*

15 cm - Llamativo colorido - Inconfundible- Brillante - Pico corto (1,5 cm) - Verde - **Lomo carmín - Larga cola** (9 cm) **roja** con pocas barras negras - [Garganta negra] - ♀: 10 cm - Cola más corta - Garganta punteada ··· Bolivia ··· Bosques, quebradas y poblados en la cordillera, y serranías   V

416) PICAFLOR VIENTRE NEGRO
(Black-throated Mango)
Anthracothorax nigricollis

9 cm - Tonos brillantes - Largo pico (3 cm) apenas curvo - Dorsal verde bronceado - **Cola granate - Ventral negro** flanqueado de azul - ♀: Distinta - **Ventral blanco con faja longitudinal negra** - Cola menos granate con leve ápice blanco ··· Desde Panamá, salvo Chile - [URUGUAY] ··· Selvas, bosques y poblados en el NE   III

Memorice la Topografía de un ave

417) PICAFLOR ANDINO (White-sided Hillstar) *Oreotrochilus leucopleurus*

10 cm - Simpátrico con 418) en el NO - Liba con la cola apoyada, al estilo carpintero - Pico (2 cm) algo curvo - Dorsal pardo oliváceo - Larga y ancha **cola blanca con timoneras centrales y externas, oscuras - Garganta verde brillante** separada por línea negra de **ventral blanco con faja longitudinal negro-azulada** - ♀: Garganta punteada - Cola con timoneras centrales y faja subapical, oscuras - Ventral ocráceo uniforme ··· Bolivia y Chile··· Prepuna, puna y estepas altoandinas, incluso en la Patagonia   III

418) PICAFLOR PUNEÑO (Andean Hillstar) *Oreotrochilus estella*

11 cm - Muy parecido a 417) - Verde en garganta más extendido - **Ventral blanco con faja longitudinal castaña** - ♀: Punteado gular más disperso - **Cola blanca** ··· Ecuador, Perú, Bolivia y Chile ··· Prepuna y puna en el NO   III

419) PICAFLOR DE BARBIJO (Blue-tufted Starthroat)
Heliomaster furcifer (·)

10 cm - **Cola furcada** - Corona celeste - **Garganta rubí** - Penachos gulares y **ventral, azul violáceo** - Manchita postocular blanca - **Pico** (3,3 cm) **largo, apenas curvo,** negro - ♀ y PI: Coloración modesta - Ventral blancuzco - Apice caudal externo, blanco ··· Colombia, Brasil, Bolivia y Paraguay - URUGUAY ···· Bosques, sabanas y poblados   IV

(·) Otro picaflor del género *Heliomaster,* seguramente *H. longirostris,* ha sido observado nidificando en la provincia de S. Fe

155

Relea con cada especie los caracteres del género.

COLIBRI: Parecidos entre sí - Difieren en tamaño - Cola celeste verdosa con banda subapical azul - Penachos auriculares - Pico (del largo de la cabeza) casi recto, negro - ♀: Algo menor y más pálida - (3 especies)

420) COLIBRÍ GRANDE
(Sparkling Violetear)   *Colibri coruscans*

12 cm - Insistente *tzip* ... mientras menea la cabeza - **Garganta, penacho y mancha ventral azules** - Pico 2,8 cm ··· Venezuela, Colombia, Ecuador, Perú y Bolivia ··· Quebradas, bosques y prepuna en el NO
IV

421) COLIBRÍ MEDIANO (White-vented
Violetear)   *Colibri serrirostris*

10,5 cm - **Penacho** azul violáceo que sigue **púrpura** - Sin garganta azul ni notable mancha ventral - **Subcaudal blanco** - Pico 2,5 cm ··· Brasil y Bolivia ··· Bosques, bordes de selvas y sabanas en el NO
II

422) COLIBRÍ CHICO
(Green Violetear)   *Colibri thalassinus*

9 cm - **Como un pequeño 420)** sin subcaudal blanco - Pico 1,8 cm ··· Desde Méjico por el O, salvo Chile ··· Selvas y bosques - Capturado en **Tucumán**   I

423) PICAFLOR NEGRO
(Black Jacobin)   *Melanotrochilus fuscus*

9 cm   Inconfundible - **Negro** - Lomo y rabadilla verdes - Flancos abdominales blancos - **Cola blanca** con ápice y timoneras centrales oscuras, que recuerda un semáforo cuando la abre y cierra con rapidez - Pico (2 cm) poco curvo y algo grueso - **J: Lados de garganta,** y margen de plumas dorsales, **canela** - Sólo timoneras externas blancas ··· Brasil - URUGUAY ··· Selvas, sabanas y poblados en el NE   II

J

424) PICAFLOR GARGANTA BLANCA (White-throated Hummingbird) *Leucochloris albicollis*

8 cm - Larga sucesión de rápidos, agudos y separados *tsip* - Brillante - Dorso y **faja pectoral, verde** - Apice caudal externo, **garganta y vientre blancos** - Pico (2 cm) recto, negro, con mandíbula roja ··· Brasil y Paraguay - URUGUAY ··· Capueras, bosques y arboledas y en invierno eucaliptales, en el E - En lenta expansión   III

425) PICAFLOR VIENTRE BLANCO (White-bellied Hummingbird) *Amazilia chionogaster*

8 cm - Confiado - Posa en sitios visibles, repitiendo un corto, agudo y metálico *pic* - Dorsal verde bronceado, opaco - Cola pardo verdosa con leve ápice blanco - **Ventral blanco** uniforme - Pico (2,2 cm) casi recto, negro con mandíbula roja ··· Perú y Bolivia ··· Yungas y bosques en el NO   V

426) PICAFLOR ZAFIRO (Fork-tailed Woodnymph) *Thalurania furcata [2R]*

8 cm - Brillante - Verde - Sin la corona celeste de 427) - Cola azul algo furcada - **Pecho y vientre azul violáceos** - Abdomen blanco - Pico (2cm) negro, casi recto - ♀: Parecida a ♀ 427) - Cola con ápice externo blanco - Ventral blancuzco ··· Desde Méjico, salvo Chile ··· Selvas, bosques y poblados en el NO y [NE]   I

427) PICAFLOR CORONA VIOLÁCEA (Violet-capped Woodnymph) *Thalurania glaucopis*

9 cm - Verde brillante - **Corona celeste violácea - Cola azul furcada - Pico** (2 cm) **recto,** negro - ♀: Distinta y menor (8 cm) Recuerda al alopátrico 425) - Corona verde como el dorso - Cola como ♂, con ápice externo blanco - Ventral blancuzco J: Apice caudal externo acanelado ··· Brasil y Paraguay - [URUGUAY] ··· Selvas en **Misiones**   IV

428) PICAFLOR RUBÍ (Green-backed Firecrown) *Sephanoides galeritus*

9 cm - Chirrido agudo y continuo - Se sujeta a las flores al libar - **Corona rojo brillante** - Dorso verde bronceado - Ventral grisáceo con **pecas verdosas,** muy notables **en garganta** - Corto pico (1,6 cm) recto y negro - ♀: 8 cm - Sin rojo en corona - Manchita postocular blanca como el ♂ ··· Chile ··· Bosque araucano y cercanías, arboledas y poblados en el O patagónico - En invierno en quintrales
III

429) PICAFLOR FRENTE AZUL (Blue-capped Puffleg) *Eriocnemis glaucopoides*

9 cm - Brillante - **Frente azul** - Dorso verde bronceado - Ventral verde - Cola azul, algo furcada - Penacho en piernas **(pantalón) blanco** - Pico (2,3 cm) negro, casi recto - ♀: 8 cm - Sin frente azul - **Gran babero canela** - Pantalón como ♂ ··· Bolivia ··· Yungas
II

430) PICAFLOR YUNGUEÑO (Speckled Hummingbird) *Adelomyia melanogenys*

7,5 cm - Oculto - Dorsal verde bronceado - Cabeza más pardusca - Notable **ceja postocular blanca** - **Ventral acanelado** - **Lunares azul violáceos en garganta** y verdes en pecho - Cola con ápice canela - Corto pico (1,6 cm) negro ··· Desde Venezuela por el O, salvo Chile ··· Estrato bajo en **yungas**
II

431) PICAFLOR COPETÓN (Black-breasted Plovercrest) *Stephanoxis lalandi*

8 cm - Inconfundible - Voz grillada *tzi.. tzi* - Brillante - Dorso verde - **Muy largo y fino copete azul violáceo** (a veces corto por desgaste o rotura) - **Ventral grisáceo con faja central azul** - Pico (1,7 cm), recto, negro y corto - ♀: Colores modestos - Parecida a ♀ del Común (432) y de 427) - Sin copete ni azul ventral - Manchita postocular y ápice caudal externo blancos, que también posee el ♂ ··· Brasil y Paraguay ··· Selvas y capueras en **Misiones** III

Fam. Trochilidae, ver pág. 35

432) PICAFLOR COMÚN
(Glittering-bellied Emerald)
Chlorostilbon aureoventris-2R

7 cm - Incansable *tzr* - Verde brillante - **Cola azul** - [Abdomen dorado] - Pico (2 cm) rojo con ápice negro - ♀: Coloración modesta - Línea postocular y ápice caudal blancuzcos - Ventral grisáceo ··· Brasil, Paraguay y Bolivia - URUGUAY ··· Bosques, sabanas, selvas y poblados   V

433) PICAFLOR BRONCEADO
(Gilded Sapphire) *Hylocharis chrysura(·)*

8 cm - Muy fuertes, agudos y rápidos *ii.. ii..ii..ii..* - Parecido al simpátrico 432) - Pico igual - Verde con **brillo dorado - Cola bronceada** - Barba canela - ♀: Similar - Verde apagado - Abdomen grisáceo ··· Brasil, Paraguay y Bolivia ‐ URUGUAY ·· Bosques, selvas, sabanas y poblados   IV

434) PICAFLOR COLA CASTAÑA
(Rufous-throated Sapphire)
Hylocharis sapphirina

7 cm - Verde oscuro brillante - **Subcaudal y cola, castaño** (por transparencia) o bronceado o azul (con luz incidente) - **Babero violáceo** - Pico y barba como 433) - ♀: Más bronceada - Apice caudal externo, y ventral, blancuzcos - **Barba canela** - Leve verde pectoral ··· Brasil, Paraguay, Bolivia y Perú ··· Selvas y bosques en el NE   II

435) PICAFLOR DE ANTIFAZ
(White-tailed Goldenthroat)
Polytmus guainumbi

8 cm - Continuo y claro *tzip..* - Dorso verde bronceado - Corona parda - **Cola verde con notable ápice blanco - Faja postocular negra entre ceja y línea malar blancas - Pico** (2,4 cm) algo **curvo** con mandíbula rosácea - ♀: **Ventral ocráceo** - Pecas verdes en garganta y pecho ··· S. América, salvo Ecuador, Perú y Chile ··· Sabanas y bosques de **Corrientes**   II

(·) *H. cyanus* ha sido citado para la Argentina

159

436) PICAFLOR ESMERALDA
(Versicolored Emerald)

Amazilia versicolor

7 cm - Verde bronceado brillante - **Cola oliva** con banda azul - **Ventral blanco** - **Lados de garganta y pecho con pecas verdes** - Corto pico (1,5 cm) recto con mandíbula roja ··· Colombia, Venezuela, Brasil, Paraguay y Bolivia ··· Selvas en **Misiones**   II

437) COQUETA VERDE
(Festive Coquette) *Lophornis chalybea(·)*

6 cm - **Diminuta** - Verde brillante - Semi-copetona - Notable **penacho** (echarpe) **punteado de blanco** - **Rabadilla blanca** - Pecho gris violáceo - Pico (1,5 cm) recto, negro - ♀: Sin semicopete ni penacho - Garganta blanca - Resto ventral con abigarrado diseño ··· S. América, salvo Paraguay y Chile ··· Capturado en V. Gessel, B. Aires   I

438) PICAFLOR AMATISTA (Amethyst Woodstar)   *Calliphlox amethystina*

6 cm - Sonido alar como abejorro - **Diminuto** - Parecido a 439) - Sin la rabadilla blanca de 437) - **Larga cola ahorquillada** - Dorso verde bronceado - **Mancha abdominal blanca** notable en vuelo - Amplio **púrpura brillante en garganta** - Collar blanco - Pico (1,2 cm) recto - ♀: Pecas en garganta - Collar blanco - Resto **ventral** y ápice de cola cuadrada, **canela** ··· S. América, salvo Chile ··· Migrador B - Selvas en **Misiones**   II

439) PICAFLOR ENANO (Slender-tailed Woodstar)   *Microstilbon burmeisteri*

6 cm - Recuerda un abejorro - Caza en vuelo - Alopátrico con 438) - También cola ahorquillada y **blanco abdominal** - **Garganta** y penacho gular, **púrpura** - Ventral y piernas blancuzcas - Dorsal, flancos y abdomen verdes - ♀: 5 cm - Ápice caudal, **faja postocular, y ventral, canelas** ··· Bolivia ··· **Yungas**   III

(·) Fue registrado en Iguazú, Misiones, un ejemplar del género *Lophornis*. Pudo tratarse de esta especie o más probablemente de *L. magnifica*.

440) PICAFLOR GIGANTE
(Giant Hummingbird)

Patagona gigas-2R

16 cm - **Enorme** para la familia - Vuelo distinto, más lento - Coloración modesta- Dorsal verde apagado - **Ventral acanelado** - **Rabadilla** y abdomen, **blancuzco** - Pico (4 cm) casi recto ··· Ecuador, Perú, Bolivia y Chile ··· Prepuna, estepas altoandinas y poblados cordilleranos III

Fam. Trogonidae, ver pág. 35

TROGON: Llamativo colorido - Parientes del Quetzal - Confiados pero no fáciles de ver por lo pasivos - Postura erecta - Serie continuada de cloqueos - Pico corto y robusto - Párpado notable - Cola cuadrada y escalonada, péndula - ♂: Cubiertas finamente vermiculadas de blanco y negro - Cara y barba negras - (3 especies)

441) SURUCUÁ AMARILLO
(Black-throated Trogon) *Trogon rufus*

24 cm - Dorsal y pecho verde metálico (pardo en ♀) - Resto **ventral amarillo** - Cola ventral con barrado blanco y negro ··· Desde Honduras, salvo Chile - Estratos medio y bajo en selvas de **Misiones** II

442) SURUCUÁ COMÚN
(Surucua Trogon) *Trogon surrucura*

24 cm - Repetición acelerada de un aflautado *guio* - **Capuchón y pecho azul metálicos** - Dorso verde oscuro - Resto **ventral rojo** - Timoneras externas y **cola ventral, blanco,** sin barrado - ♀: Gris oscuro - Ventral rosado ··· Brasil y Paraguay ··· Estratos alto y medio en selvas y bosques del NE IV

443) SURUCUÁ AURORA
(Blue-crowned Trogon) *Trogon curucui*

24 cm - Parecido al alopátrico 442) - Notable **barrado blanco y negro en timoneras externas y cola ventral** - ♀: Parecida a ♀ 442) - Cola gris barrada como en ♂ ··· Colombia, Ecuador, Brasil, Perú, Bolivia y Paraguay - **Yungas** III

● Fam. *Alcedinidae, ver pág. 36*

MARTIN PESCADORES: *Posan en ata-layas junto al agua - Pasivos - Pescan zambullendo - Cabeza grande con semi-copete - Pico recto y agudo - Collar completo blanco - Alas romas - Cola ventral barrada - (3 especies)*

444) MARTÍN PESCADOR GRANDE

(Ringed Kingfisher)   *Ceryle torquata-2R*

36 cm - Fuerte matraqueo en vuelo *ke-kekeke* - Halconea - **Cabeza y dorso gris celestes** - Ala ventral y sucaudal blancos - Resto ventral rufo - ♀: Pecho como el dorso, separado de resto ventral rufo, por línea blanca - Tapadas rufas ··· Desde Méjico - URUGUAY ··· Ambientes acuáticos   IV

445) MARTÍN PESCADOR MEDIANO

(Amazon Kingfisher)

Chloroceryle amazona

26 cm - Pico bien largo - Cabeza y dorso verde oscuro brillante - **Cubiertas** superiores **sin motas blancas** - Pecho rufo - **Flancos estriados** - Resto ventral blanco - ♀: Semicollar verde ··· Desde Méjico, salvo Chile - URUGUAY ··· Ambientes acuáticos   III

446) MARTÍN PESCADOR CHICO

(Green Kingfisher)

Chloroceryle americana

17 cm - Miniatura de 445) - **Motas blancas en todas las cubiertas** - Barrado en cola ventral más notable - **Flancos manchados** - ♀: Garganta acanelada - Collar pectoral [y semicollar ventral] verdes ··· Desde N. América - URUGUAY ··· Ambientes acuáticos   IV

447) YERUVÁ (Rufous Motmot) *Baryphthengus ruficapillus*

38 cm - Solitario - Crepuscular - Pasivo Más oído que visto - Grave y profundo *buuu* y otras voces - Larga cola escalonada, péndula, que menea - **Verde - Corona rufa - Antifaz negro** - Zona ventral canela - A menudo un par de gotas pectorales negras ··· S. América, salvo Venezuela, Guayanas y Chile ··· Estratos bajo y medio en selvas de **Misiones** III

448) BURGO (Blue-crowned Motmot) *Momotus momota*

40 cm - Semiterrícola - Alopátrico con 447) - Gutural *burg,* profundo *hú.. dudú* y otras voces - **Corona negra** - Sin rufo - Antifaz negro rodeado de celeste - También gotas pectorales - **Cola terminada en dos timoneras,** con raquis parcialmente desnudo, **como palmetas** - Vientre y abdomen ocre verdosos ··· Desde Méjico, salvo Chile ··· Estrato bajo en selvas del NO II

Fam. Ramphastidae, ver pág. 36

449) ARASARÍ CHICO (Spot-billed Toucanet) *Selenidera maculirostris*

30 cm - Oculto, a diferencia de otros tucanes - Profundos, bajos y aflautados *groa,* como de sapo - **Gran capuchón,** incluso espalda y pecho, **negro** - Resto **dorsal** oliva - Zona ocular verde - Auricular y abdomen, amarillos - Subcaudal rojo - **Pico** verdoso **listado de negro - ♀: Distinta - Capuchón castaño** ··· Brasil y Paraguay ··· Estratos bajo y medio, a menudo palmitales, en selvas de **Misiones** II

163

450) ARASARÍ BANANA
(Saffron Toucanet)   *Baillonius bailloni*

33 cm - Pasivo - Acrobático - Grupos - **Dorsal oliva** - Rabadilla y periocular, rojos - **Ventral** e iris, **amarillo** - Pico verdoso con base roja ··· Brasil y Paraguay ··· Selvas de **Misiones**   II

451) ARASARÍ FAJADO
(Chestnut-eared Aracari)
                    Pteroglossus castanotis

37 cm - Agudo y metálico *yiiip* - Gran **capuchón** incluso pecho, **negro** con zonas castañas - Resto **ventral amarillo con banda roja** - Dorso y cola verde negruzcos - Rabadilla roja - Pico negro con marcas amarillas ··· S. América, salvo Venezuela, Guayanas y Chile ··· Selvas y capueras de **Misiones**   III

452) TUCÁN PICO VERDE
(Red-breasted Toucan)
                    Ramphastos dicolorus

45 cm - Grupos bullangueros - Nasal *aa* - Confiado - Dorsal y piernas, negras - Periocular rojizo - De garganta a **pecho, amarillo con difusa zona anaranjada** - Rabadilla y **resto ventral rojo** - Pico e iris oliváceo amarillentos ··· Brasil y Paraguay ··· Selvas y bosques en el NE   IV

453) TUCÁN GRANDE
(Toco Toucan)   *Ramphastos toco-2R*

53 cm - Grupos bullangueros - Conspicuo - Fuerte y nasal *krroc* que recuerda al del carancho - **Negro** - **Rabadilla y babero, blancos** - Zona periocular anaranjada - Subcaudal rojo - **Gran pico anaranjado y amarillo con ápice negro** - J: Pico sin negro apical ··· Guayanas, Brasil, Paraguay y Bolivia ··· Selvas, bosques y capueras en el NO y NE   IV

Fam. Bucconidae, ver pág. 36

CHACURÚES y DURMILÍ: Muy confiados - Casi inmóviles - Crepusculares - Silbos finos - **Cabeza grande** *- Cola angosta, péndula -* **Pico robusto y con gancho** *- Recuerdan Martín-pescadores (4 especies)*

454) CHACURÚ CHICO (Rusty-breasted Nunlet) *Nonnula rubecula*

13 cm - Entre la vegetación - Coloración modesta - Dorsal pardo oliváceo - **Dos manchas blancas,** una loral y otra malar - **Garganta y pecho, acanelado** ,que llega a blancuzco en abdomen - Párpado blanco - Pico negro no robusto ··· Venezuela, Perú, Brasil y Paraguay ··· Selvas y capueras en **Misiones** II

455) DURMILÍ (Spot-backed Puffbird) *Nystalus maculatus*

18 cm - A la vista - Melancólico *pri.. pri..pri* - Dorsal pardo ondeado de ocre - **Collar completo ocre anaranjado** - Cola barrada de ocre y negro - Ceja clara - **Ventral blanco con estrías negras** - Iris amarillo ··· Brasil, Paraguay y Bolivia ··· Bosques y sabanas de tipo chaqueño III

456) CHACURÚ CARA NEGRA (White-eared Puffbird) *Nystalus chacuru*

18 cm - A la vista - Dúo matinal complejo y musical - Voz trisilábica - Dorsal castaño ondeado de negro - Cola negra barrada de ocre - Ceja y **faja nucal, blanco** - **Zona auricular blanca rodeada de negro** - Ventral ocráceo - **Pico rosado intenso** ··· Brasil, Paraguay, Bolivia y Perú ··· Selvas y capueras en el NE III

457) CHACURÚ GRANDE (White-necked Puffbird) *Notharchus macrorhynchus*

23 cm - En ramas altas - Vuelo corto y torpe - **Dorsal negro** - Ceja y **collar completo** (incluso mejillas), **blanco** - **Faja pectoral** negra - Resto **ventral acanelado** - Iris rojo··· Desde Méjico, salvo Chile ··· Selvas y capueras en **Misiones** II

165

Fam. Picidae, ver pág. 36

COLAPTES: **Terrícolas** *o rupícolas de áreas abiertas, salvo 462) - No tamborean - Fuerte voz - Amplia* **rabadilla clara** *- Raquis de remeras amarillo - Malar rojo en ♂, negro en ♀ salvo 460) - (5 especies)*

458) CARPINTERO CAMPESTRE
(Field Flicker)   *Colaptes campestris(·)*

28 cm - Algo arborícola - Estridente y rápido *kuik..* - Además *uit..uit* - Barrado dorsal negro y blancuzco - **Cara y pecho, amarillo oro** - Corona y nuca negras - Garganta blancuzca - Resto ventral barrado de negro - Pico 3,5 cm ··· Brasil, Paraguay y Bolivia - URUGUAY··· Sabanas, pastizales y áreas rurales   V

459) CARPINTERO ANDINO
(Andean Flicker)   *Colaptes rupicola*

31 cm - Confiado - **Bandadas** - Rupícola - No arborícola - Bullanguero - Sonoro y repetido *ieek* - Además trino fuerte - Colores modestos - Recuerda a 460) - Alopátricos - **Pico** (4,5 cm) bien **largo** - **Corona gris** - Barrado dorsal como 458) - **Ventral ocráceo punteado en el pecho** - Iris amarillento ··· Perú y Bolivia ··· Prepuna, puna y **estepas altoandinas** en el NO   IV

460) CARPINTERO PITÍO
(Chilean Flicker)   *Colaptes pitius*

29 cm - Confiado - Grupos - Arborícola - Se posa en ramas - Sonoro *pit..io* - Además *uit..uit,* a dúo · Colores modestos - **Corona gris** - Barrado dorsal algo oscuro - Cara ocrácea - **Sin marca malar** - **Ventral barrado** de blanco y negro - Iris marfil - Pico 3,5 cm ··· Chile ··· **Bosque araucano** y cercanías en el SO   III

166   (·) La forma austral *C. campestroides* fue considerada especie separada.

Caracteres del género *Colaptes* en la página anterior.

461) CARPINTERO-REAL COMÚN
(Golden-breasted Woodpecker)
Colaptes melanolaimus(•)-3R

23 cm - Más arborícola que 458) - Fuertes y espaciados *kip..* - También *ki..errr* - Corona negra - **Semicopete nucal rojo** - Dorso negro barrado de amarillento - **Cara blanca** - Malar rojo que sigue negro - Garganta estriada de negro - Pecho amarillo con lunares negros - Resto ventral blancuzco punteado y barrado - Pico más largo que en 462) - ♀: Malar negro ··· Bolivia y Paraguay - URUGUAY ··· Bosques, sabanas, arboledas y áreas rurales   V

462) CARPINTERO-REAL VERDE
(Green-barred Woodpecker)
Colaptes melanochloros-2R

23 cm - Parecido a 461) - Voz similar - Bien arborícola - **Verdoso** - Dorso y abdomen barrados - **Malar** rojo, **sin negro** - Pecho (no amarillo) con lunares - Pico más corto ··· Brasil y Paraguay ··· Bordes de selvas y bosques en el NO (I) y en el NE   III

463) CARPINTERO CABEZA
     AMARILLA   (Blond-crested
Woodpecker)   *Celeus flavescens*
23 cm - Parecido a 464) - Alopátricos - Débil tamboreo - Rabadilla, **capuchón y** eréctil **copete amarillos** - **Dorso** y alas, **negro** barrado de blancuzco - Malar rojo - **Ventral negro** uniforme - ♀: Malar estriado ··· Brasil y Paraguay ··· Selvas y capueras en **Misiones**   III

464) CARPINTERO CABEZA PAJIZA
(Pale-crested Woodpecker)
                    Celeus lugubris
23 cm - Rabadilla, **capuchón y** despeinado **copete pajizos** - **Dorso pardo** oscuro (no negro como en 463) barrado de ocráceo - Barrado en remeras y supracaudal rufos - Cara negra - Malar rojo - **Ventral pardo** oscuro, uniforme - ♀: **Malar y cara pardo oscuros** ··· Brasil, Paraguay y Bolivia ··· Bosques, sabanas y palmares en el NE   III

(•) Este y 462) pueden ser conespecíficos. En ese caso ambas formas serían denominadas CARPINTERO REAL.

PICULUS: Tamborean - Menores que Colaptes - Al parecer, alopátricos entre sí - **Dorso oliva dorado - Ventral barrado-** *Malar rojo - (3 especies)*

465) CARPINTERO DORADO COMÚN

(Golden-Green Woodpecker)

Piculus chrysochloros

21 cm - **Corona y semicopete nucal rojos** - Faja ocular oliva - Larga línea malar que sigue por el cuello, y garganta, amarillas - Ventral barrado de amarillo y oliva - Ala ventral canela - **Iris marfil - ♀:** Sin rojo - **Corona oliva** ··· Desde Panamá, salvo Chile ··· Bosques y sabanas de tipo **chaqueño**   IV

466) CARPINTERO DORADO
VERDOSO   (White-browed

Woodpecker)   *Piculus aurulentus*

21 cm - Parecido a 465) - Similar diseño pero además **ceja amarilla** - Ventral oliva barrado de blancuzco (se ve más oscuro)- Ala ventral negruzca barrada de canela - Iris castaño - ♀: Corona oliva, pero nuca y mancha malar rojas ··· Brasil y Paraguay ··· Estratos medio y alto en selvas del NE   II

467) CARPINTERO DORADO GRIS

(Golden-Olive Woodpecker)

Piculus rubiginosus

20 cm - **Amplia frente plomiza - Corona posterior y nuca, rojas - Cara blanca -** Garganta muy estriada de negro - Ventral barrado de blancuzco y negro - Ala ventral amarillenta - ♀: Sin malar rojo ··· Desde Méjico por el O hasta Bolivia ··· Yungas   III

468) CARPINTERO ARCOIRIS
(Yellow-fronted Woodpecker)

Melanerpes flavifrons

17 cm - Llamativa coloración - Suele cazar en vuelo - Algo frugívoro - **Frente, párpado y garganta, amarillo oro** - Faja ocular y dorso negro azulados - Corona, nuca y **zona ventral, rojo** - Lomo y rabadilla blancos - Pecho oliváceo - Flancos barrados - ♀: Corona y nuca negras ··· Brasil y Paraguay ··· Estrato alto en selvas de **Misiones**   III

469) CARPINTERO DEL CARDÓN
(White-fronted Woodpecker)

Melanerpes cactorum

16 cm - A veces grupos - Caza en el aire y come frutas - Fuerte *uip* - **Dorso negro** - **Amplia frente** y nuca, **blanco** - Rojo en corona - **Alas,** flancos, rabadilla **y cola barrados** - Garganta amarilla - Pecho gris ocráceo - ♀: Sin rojo ··· Brasil, Paraguay, Bolivia y Perú - [URUGUAY] ··· Cardonales, bosques y sabanas de tipo **chaqueño**   IV

470) CARPINTERO BATARAZ CHICO
(Checkered Woodpecker)

Picoides mixtus-3R

15 cm - Confiado - Audible y rápido tamboreo - Trepa ramas, no troncos - Barataz - **Corona estriada** - Nuca roja - Ceja y malar blancuzcos - Auricular pardo - **Dorso y alas maculados** (casi sin barrado) - **Cola, muy barrada en V** - Ventral estriado - ♀: Sin rojo ··· Brasil, Paraguay y Bolivia - URUGUAY··· A media altura en bosques, sabanas y arboledas   III

471) CARPINTERO BATARAZ
GRANDE   (Striped Woodpecker)

Picoides lignarius

16 cm - Muy parecido a 470) - Distinto hábitat - **Corona** casi **sin estrías - Dorso barrado** - Alas maculadas y barradas - **Cola con pocas barras blancas** - Estriado ventral más grueso y notable ··· Bolivia y Chile ··· **Bosque araucano**   II

Memorice los símbolos.

VENILIORNIS: Pequeños - **Olivaceos** -
Ventral barrado (salvo 472) - Más rojo
en corona que Picoides - ♀: Sin rojo

472) CARPINTERO OLIVA OSCURO

(Smoky-Brown Woodpecker)

Veniliornis fumigatus

15 cm - **Pardo oliváceo,** no barrado - **Corona roja estriada de negro** - [Leve marginado dorsal rojo] - ♀: Corona parda ··· Desde Méjico, por el O, salvo Chile ··· Selvas en **Jujuy** (PN Calilegua)   II

473) CARPINTERO OLIVA MANCHADO

(White-spotted Woodpecker)

Veniliornis spilogaster

14 cm - Aspero *chik..y cherr..* - Insectívoro y frugívoro - Corona negra estriada de rojo - **Dorso oliva, barrado** de ocráceo - Notables **ceja y malar blancuzcos** - Garganta estriada - **Ventral bataraz** - ♀: Corona negruzca punteada de blanco ··· Brasil y Paraguay- URUGUAY ··· Selvas y bosques húmedos en el NE   IV

474) CARPINTERO OLIVA YUNGUEÑO

(Dot-fronted Woodpecker)

Veniliornis frontalis (•)

15 cm - Muy parecido a 475) - Alopátricos - Frente parda punteada de blanco - Corona y nuca rojas - **Dorso oliva dorado** con leve barrado blanco - **Cubiertas punteadas de blanco** - Ventral negruzco barrado de blanco - ♀: Toda la corona parda punteada de blanco ··· Bolivia ··· Yungas   III

475) CARPINTERO OLIVA CHICO

(Little Woodpecker) *Veniliornis passerinus*

14 cm - Leves diferencias con 474) - Frente más amplia - **Sólo nuca roja** - **Dorso uniforme** - ♀: Corona parda, sin rojo ni punteado ... S. América, salvo Chile ··· Selvas y bosques en el NE   III

170   (·) A veces considerado conespecífico con 475)

Repase la Introducción

PICUMNUS: Confiados - Activos - Poco o nada trepadores - Suelen posar en ramas horizontales - Audible y veloz tamboreo - Estratos bajo y medio - **Diminutos** *- Pico corto - Boina negra punteada de blanco - Filetes alares claros -* **Cola, negra con tres listas blancas,** *que no apoyan al trepar -* ♂ *Amplia frente roja (4 especies)*

476) CARPINTERITO OCRÁCEO

(Mottled Piculet)   *Picumnus nebulosus*

9 cm - Leve semicopete - Dorso pardo - **Ventral ocráceo estriado** de negro (no barrado) ··· Brasil - URUGUAY ··· Tacuarales secos en bordes de selvas y capueras del NE   I

477) CARPINTERITO MANCHADO

(Ocellated Piculet)
                  Picumnus dorbignyanus

8 cm - Alopátrico con 476) y 478) - **Dorso** gris pardusco **salpicado de blanco** - **Ventral blanco escamado de negro** ··· Perú y Bolivia ··· Yungas en **Salta**   II

478) CARPINTERITO CUELLO CANELA   (Ochre-collared

Piculet)   *Picumnus temminckii*

8 cm - Grillado *uirrr* - Leve semicopete - Dorso pardo - **Cara y cuello acanelados** - **Ventral blanco barrado de negro** ··· Paraguay y Brasil ··· Selvas y capueras en el NE   III

479) CARPINTERITO COMÚN

(White-barred Piculet)
               Picumnus cirratus-3R(·)

8 cm - Descendente *uirrr* - **No selvático** - Parecido a 478), incluso **ventral barrado** - Sin cuello canela - [Leve barrado dorsal claro] ··· Paraguay y Bolivia ··· Bosques y sabanas sobre todo de tipo **chaqueño**
                        III

(·) 477) y 478) podrían ser también razas de 479)

171

480) CARPINTERO BLANCO (White Woodpecker) ***Melanerpes candidus***
24 cm - Grupos - Vuelo más bien alto en áreas abiertas - Suele cazar en el aire - Frugívoro - Sonoro y repetido *trrrr* - Inconfundible - **Blanco** - Espalda, alas y cola negras - Periocular, nuca y vientre amarillos - ♀: Nuca blanca ··· Surinam, Brasil, Paraguay y Bolivia - URUGUAY ··· Bosques, sabanas, palmares y arboledas   III

*DRYOCOPUS: Recuerdan Campephilus- Rápido tamboreo - Trepan alto - **Negros** - Notables **copete** (no capuchón) y **malar rojos** - Línea blancuzca, del pico al hombro - ♀: Sin malar rojo - Frontal del copete, (salvo frente) rojo, no negro como en ♀♀ de Campephilus - (3 especies)*

481) CARPINTERO CARA CANELA (Helmeted Woodpecker) ***Dryocopus galeatus***
27 cm - Menor que 482) - **Frente y garganta acaneladas - Cara con fino listado negro y canela** - Banda alar y tapadas canela - Amplia **rabadilla ocrácea** - Ventral barrado de negro y ocráceo - Iris pardo - Pico marfil ··· Brasil y Paraguay··· Selvas en **Misiones** - Tal vez en peligro de extinción   II

482) CARPINTERO GARGANTA ESTRIADA (Lineated Woodpecker) ***Dryocopus lineatus [2R] (·)***
30 cm - Probablemente alopátrico con 483) - [Dos líneas dorsales blancas no unidas, más comunes y notables en el NO] - Cara plomiza y **garganta algo estriada,** que no posee 485) - Banda alar blanca - Pecho negro - Resto **ventral** blancuzco **barrado** de negro - Iris amarillo - Pico córneo oscuro - Mandíbula clara - ♀: Frente y malar negros··· Desde Méjico, salvo Chile ··· Selvas, bosques y capueras en el NO y NE   IV

483) CARPINTERO NEGRO (Black-bodied Woodpecker) ***Dryocopus schulzi***
28 cm - Parecido a 482) - Líneas blancas en cuello [y espalda] - **Ventral negro sin barrado** - Cara y garganta grisáceas - Iris castaño - Pico córneo ··· Paraguay y Bolivia ··· Bosques y sabanas de tipo **chaqueño**   II

NO

(·) La forma *erythrops,* sin líneas dorsales, ha sido considerada especie aparte

Procure recordar las abreviaturas

CAMPEPHILUS: Recuerdan Dryocopus-Ruidoso tamboreo más lento - Trepan alto - **Negros** - **Capuchón** *rojo que incluye cuello, salvo 485)* - ♂: *Mancha oval negra y crema en mejilla y pico marfil, salvo 487) - Iris amarillo - (4 especies)*

484) CARPINTERO LOMO BLANCO
(Cream-backed Woodpecker)
Campephilus leucopogon-2R

28 cm - **Triángulo dorsal crema** (en 483, cuando está, es una V) - **Ventral negro uniforme** - Tapadas canelas - ♀: Frontal del copete, negro - Malar crema y negro - Brasil, Paraguay y Bolivia - URUGUAY··· Bosques, sabanas y selvas   IV

485) CARPINTERO GARGANTA NEGRA
(Crimson-crested Woodpecker)
Campephilus melanoleucus

28 cm - Parecido a 482) - **Cabeza roja** sin cara plomiza - **Línea blanca en lados del cuello que se une formando una V en la espalda** - Garganta no estriada y pecho, negros - Resto ventral barrado de ocráceo - **Tapadas blancas** - ♀: Frontal del copete, negro - **La línea blanca nace como bigote** ··· Desde Panamá, salvo Chile ··· Bosques en el NO y NE   II

486) CARPINTERO GRANDE (Robust Woodpecker)   *Campephilus robustus*

31 cm - Recuerda a 485) - **Gran capuchón rojo hasta el pecho** - **Triángulo** (no V) **crema en la espalda** continuado en rabadilla acanelada - Ventral desde el pecho, barrado de negro y ocráceo - Ala ventral barrada de canela - ♀: **Frente negra** - Malar crema rodeado de negro ··· Brasil y Paraguay ··· Selvas y capueras en **Misiones**   III

487) CARPINTERO GIGANTE
(Magellanic Woodpecker)
Campephilus magellanicus

36 cm - **Alopátrico con otros carpinteros negros** - **Capuchón rojo** - Zona blanca en remeras - Pico negro - ♀: **Capuchón negro** con copete enrulado - Cara roja ··· Chile ··· **Bosque araucano**   III

173

488) TREPADOR GIGANTE
(Great Rufous Woodcreeper)
Xiphocolaptes major-2R

30 cm - Algo terrícola - Serie de notas descendentes *aaj..* - **Castaño** - Cola oscura - Ventral más claro - Loral y periocular negros - **Pico grueso**, poco curvo, marfil ··· Brasil, Paraguay y Bolivia ··· Bosques de tipo **chaqueño**   IV

489) TREPADOR GARGANTA
       BLANCA   (White-throated
Woodcreeper)   *Xiphocolaptes albicollis*

27 cm - Voz que recuerda la de 488) - Parecido a 490) - Casi sin frente - **Pico** (4 cm) más **largo** y alto, negro - Pardo - Corona y nuca estriadas - Alas uniformes - **Garganta blanca** sin estrías - Pecho estriado y vientre barrado, poco notables - Iris castaño ··· Brasil y Paraguay ··· Selvas y bosques en el NE   III

490) TREPADOR OSCURO
(Planalto Woodcreeper)
Dendrocolaptes platyrostris

25 cm - Serie descendente de *uik..* - Frente más notable que en 489) - **Pico** (3,5 cm) más **corto** y recto - Alas con leve estriado - **Garganta algo escamada** - Iris pardo ... Brasil y Paraguay ··· Selvas y bosques en el NE   III

491) TREPADOR COLORADO
(Black-banded Woodcreeper)
Dendrocolaptes picumnus

25 cm - Menor que el simpátrico 488) - Corona y espalda estriadas - Dorsal castaño - **Garganta ocrácea escamada,** no blanca - Ventral canela con estriado y barrado poco notables - Pico (3,8 cm) del largo de la cabeza ··· Desde Guatemala, salvo Chile ··· Selvas y bosques en el NO   II

492) CHINCHERO GRANDE
(Scimitar-billed Woodcreeper)
Drymornis bridgesii

26 cm - **Bastante terrícola** - Repetido y estridentre *ruís..*, acelerando - Semicopetón - Notable **ceja y faja malar blancas** - Ventral escamado - **Pico** (8 cm) **muy largo** y curvo ··· Brasil - URUGUAY ··· Bosques de tipo chaqueño y arboledas
IV

LEPIDOCOLAPTES: Trepadores medianos - Parecidos entre sí - Pico delgado, no muy largo, curvo - Dorso pardo a castaño - Corona y nuca negruzcas, punteadas de ocre - (3 especies)

493) CHINCHERO CHICO
(Narrow-billed Woodcreeper)
Lepidocolaptes angustirostris-4R

18 cm - Serie de descendentes *pié..* y bisilábico *pieé..jui* - **Ancha ceja** y garganta, **blanco** - Leve escamado en lo ventral claro ··· Brasil, Paraguay y Bolivia - URUGUAY ··· Bosques, selvas en galería y arboledas
IV

494) CHINCHERO ESCAMADO (Scaled Woodcreeper) *Lepidocolaptes squamatus*

17 cm - Voz más seca y aguda que en 493) - Probablemente alopátricos - **Ventral** más **contrastado, oscuro y escamado** - Ceja blanca, no tan notable - **Garganta blanca** más conspicua ··· Brasil y Paraguay ··· Selvas en el NE
III

495) CHINCHERO ENANO (Lesser Woodcreeper) *Lepidocolaptes fuscus*

15 cm - Serie de rápidos *tic..* como risa, más fuerte que en 499) - El punteado en corona se hace **estriado en espalda** - **Ceja y garganta ocráceas** - **Escamado ventral claro,** menos conspicuo que en 494) ··· Brasil y Paraguay ··· Selvas en **Misiones**
II

175

496) PICAPALO OSCURO (Black-billed Scythebill) *Campylorhamphus falcularius*

19 cm - Pardo - Inconfundible - **Larguísimo y delgado pico** (6,5 cm), **muy curvo, negro,** que suele usar ladeando la cabeza - El estriado en corona negra sigue, aunque menos notable, en espalda y pecho - Alas y cola castañas ··· Brasil y Paraguay ··· Capueras en **Misiones**   II

497) PICAPALO COLORADO (Red-billed Scythebill)

    Campylorhamphus trochilirostris

21 cm - Parecido a 496) - Alopátricos - Más **rufo** - **Pico** similar, más **largo** aún (8 cm), **rojizo** ··· Desde Panamá, salvo Chile ··· Bosques y sabanas de tipo **chaqueño**   III

498) ARAPASÚ   (Plain-Brown Woodcreeper)   *Dendrocincla fuliginosa*

19 cm - Más oído que visto - Serie descendente de unas 20 notas similares *klip,* que se alargan - **Coloración modesta** pardo **uniforme** - Recuerda un zorzal - Corona apenas estriada - Cola rufa - Ventral algo más claro - **Pico** (2,8 cm) **corto** para la familia ··· Desde Honduras, salvo Chile ··· Estrato bajo en selvas de **Misiones**   II

499) TAREFERO (Olivaceous Woodcreeper)

    Sittasomus griseicapillus-2R

14 cm - Recorre ágilmente troncos verticales - Agudos y separados silbos *fui.. fui..* , acelerando, que recuerdan los de 498) - Pico (1,5 cm) corto y recto - Esbelto - Como **dividido en dos colores: la mitad anterior olivácea y la posterior** (incluso cola algo larga) **rufa** - Banda alar ocre ··· Desde Venezuela, salvo Chile ··· Selvas y bosques en el NO y NE   IV

Fam. Furnariidae, ver pág. 37

GEOSITTA: Terrícolas - Conjiadas - Prefieren caminar o correr - Parecidas entre sí - Coloración modesta - Ceja clara - **Colorida cola corta, y rufo en alas,** *notables en vuelo - (6 especies)*

500) CAMINERA COLORADA
(Rufous-banded Miner)
Geositta rufipennis-5R

15 cm - **Pico corto** - Dorso pardusco, ceniciento, acanelado o negruzco, según la raza - **Cola rufa** con banda subapical negra - Ventral blancuzco o acanelado ··· Bolivia y Chile ··· Estepas altoandinas y áreas altoserranas   IV

501) CAMINERA GRANDE
(Creamy-rumped Miner)
Geositta isabellina

16 cm - Grupos - *fit..fit,* en vuelo - **Pico y alas largos** - Dorso pardusco a pardo acanelado - **Cola negra con ancha base y timoneras externas, ocráceo** - Ventral blancuzco ··· Chile ··· Estepas altoandinas, incluso nevadas - (Laguna Horcones, Mza.)   II

502) CAMINERA COMÚN   (Common Miner)   *Geositta cunicularia-4R*

14 cm - Voz trinada - Balancea el tercio posterior del cuerpo - **Pico más bien largo, fino y algo curvo** - Leve estriado en corona - Dorso pardusco (ocráceo en el NO) -- **Cola negruzca con base acanelada** - [Auricular ocráceo terminado en línea oscura] - Notable ceja blanca - Ventral blancuzco con **pecho escamado** ··· Brasil, Bolivia, Perú y Chile - URUGUAY ··· Areas abiertas andinas, patagónicas y pampeanas   IV

503) CAMINERA PUNEÑA
(Puna Miner)   *Geositta punensis*

13 cm - Parecida a la raza cordillerana de 502) - Aún más pálida - **No balancea el tercio posterior** - Voz *fuit* - **Pico corto y robusto** - **Ventral blancuzco** uniforme ··· Perú, Bolivia y Chile ··· Estepas altoandinas en el NO   II

177

504) CAMINERA PATAGÓNICA
(Short-billed Miner) *Geositta antarctica*

16 cm - Parecida a la Común (502) - Mayor - **Pico** más **corto y robusto** (como el de 500) - **Alas** con leve acanelado, **sin rufo** - Cola como 502) pero con timoneras externas (no sólo vexilo) ocráceas - **Ventral** ocráceo **con escamado poco notable** ··· Chile ··· Estepas patagónicas   III

505) CAMINERA PICUDA
(Slender-billed Miner)
Geositta tenuirostris

17 cm - **Parece una bandurrita** (507) **de cola corta** y rufa con ápice negruzco - **Pico** (3,5 cm) **largo,** delgado **y curvo** - Ventral ocráceo con leve estriado pectoral ··· Perú y Bolivia ··· Terrenos altoandinos y altoserranos en el NO (El Infiernillo, Tuc.)   III

UPUCERTHIA: Recuerdan Geositta por colorido, comportamiento, hábitat y distribución (salvo 508) - Pico y cola largos - Sin base caudal distintiva - (5 especies)

506) BANDURRITA ANDINA
(Buff-breasted Eartcreeper)
Upucerthia validirostris-2R

19 cm - Parecida a 507) - Cola erecta - **Pico** (4 cm) **bien curvo** - Cola castaña con timoneras centrales pardas - **Ventral** ocráceo **sin escamado** ··· Bolivia ···· Estepas altoandinas y áreas altoserranas   III

507) BANDURRITA COMÚN
(Scale-throated Earthcreeper)
Upucerthia dumetaria-3R

20 cm - Canta sobre arbustos - Repetido *fit* al caminar - No eleva la cola - Pico (3 cm) curvo - Ventral blancuzco con notable **pecho escamado** ··· Perú, Bolivia y Chile - [URUGUAY] ··· La población austral es Migrador C - Estepas altoandinas, arbustivas y patagónicas y áreas altoserranas   IV

508) BANDURRITA CHAQUEÑA
(Chaco Earthcreeper)
Upucerthia certhioides-2R

16 cm - Más oída que vista - A menudo oculta en matorrales - Repetidos y fuertes *chip.., tío* y *tuít* - **Alas y cola** (que no eleva) **castañas** - Notable **garganta blanca** contrastada con resto ventral - Pico (2,5 cm) no muy largo, casi recto ··· Paraguay ··· Bosques, sabanas y áreas serranas de tipo **chaqueño** IV

509) BANDURRITA COLA CASTAÑA
(Rock Earthcreeper)
Upucerthia andaecola

18 cm - Muy parecida a 510) - Pico (3 cm) algo curvo - **Cola rufa, sin negro** - Ceja ocrácea - **Ventral** más **escamado** ··· Bolivia ··· Estepas altoandinas en el NO
II

510) BANDURRITA PICO RECTO
(Straight-billed Earthcreeper)
Upucerthia ruficauda

18 cm - Trepa y recorre nerviosamente rocas - Grillado *trrr* - Parecida a 509) y 511) - Dorso pardo acanelado - **Cola** (menos conspicua que en 511) **negruzca con** vexilo externo de timoneras externas **rufo** - Ceja blanca - Blanco en garganta que pasa a acanelado con leve estriado ventral - **Pico** (3 cm) **recto** ··· Perú, Bolivia y Chile ··· Estepas altoandinas y patagónicas III

511) BANDURRITA PATAGÓNICA
(Band-tailed Earthcreeper)
Eremobius phoenicurus

16 cm - ∈ - Terrícola - Al caminar balancea la cola erecta - A menudo en arbustos - Voz y aspecto de 510) - **Pico** (2,5 cm) también **recto,** más corto - Dorso pardusco - **Cola rufa y negra** (Base rufa en todas las timoneras externas) - Notable **ceja postocular blanca** - Auricular ocráceo - Ventral como 510) - Estepas patagónicas y arbustivas II

CINCLODES (Remolineras, pilotos o meneacolas): Confiados - Recuerdan Geositta - Cola más larga y sin base colorida - Asociadas al agua - Terrícolas - Trino apagado - La mayoría eleva la cola - Parecidas entre sí - (7 especies)

512) REMOLINERA NEGRA (Blackish Cinclodes) *Cinclodes antarcticus-2R*

18 cm - **Negruzca** casi uniforme - Unica **sin ceja ni banda alar** (insinuada en raza malvinense) - Punteado ocráceo en garganta ··· Chile ··· **Costas marinas** australes   III

513) REMOLINERA ARAUCANA (Dark-bellied Cinclodes) *Cinclodes patagonicus-2R*

18 cm - Balancea la cola sin llevarla erecta - Pico (2 cm) robusto - **Dorsal** pardo **negruzco** - Banda alar acanelada - Notables **ceja y malar blancos** - Garganta algo punteada - **Ventral oscuro** estriado de blanco en pecho y vientre ··· Chile ··· Lagos y arroyos en el O patagónico y costas de mar en T. del Fuego   V

514) REMOLINERA CASTAÑA (White-winged Cinclodes) *Cinclodes atacamensis-2R*

20 cm - Pico largo - Dorso rufo - **Banda alar** (visible aún posado), ceja, garganta y **ápice de timoneras externas blancos** - Ventral gris que llega a castaño en abdomen ··· Perú y Chile ··· Arroyos andinos y altoserranos   IV

515) REMOLINERA CHOCOLATE (Olrog's Cinclodes) *Cinclodes olrogi*

16 cm - ∈ - Menor que 514) - Timoneras externas acaneladas - Parecida a 518) (tal vez conespecíficas) y a razas norteñas de 517) - Alopátricas - Dorso castaño - **Banda alar blancuzco ocrácea** - Ceja blanca, notable detrás del ojo - Ventral pardo acanelado, algo estriado en pecho, que llega a blancuzco en abdomen - Arroyos altoserranos - (**Pampa de Achala,** Cba)   IV

516) REMOLINERA SERRANA
(Chestnut-winged Cinclodes)
Cinclodes comechingonus

16 cm - ∈ - Parecida a 517) - Tal vez conespecíficas - Simpátricas en invierno - Eleva la cola - Dorso pardo - **Banda alar** y ápice de timoneras externas, **rufo** - Ceja ocrácea - Base de mandíbula amarilla, más notable en J - Arroyos altoserranos y cercanías - (**Pampa de Achala**, Cba) IV

517) REMOLINERA COMÚN
(Bar-winged Cinclodes)
Cinclodes fuscus-3R

16 cm - No eleva la cola pero la agita - Pico algo corto - Dorsal pardo - Ceja ocrácea - Malar blancuzco - **Banda alar canela** - Garganta punteada - Pecho ceniciento, más claro en abdomen - Apice de timoneras externas ocráceo - **Razas norteñas:** Elevan la cola - **Dorsal castaño** - Ventral más claro - Flancos pardo acanelados - **Banda alar ocráceo blancuzca** - Apice de timoneras externas canela··· Desde Venezuela por el O - URUGUAY·· La raza austral es Migrador C - Arroyos y lagunas andinos y patagónicos V

518) REMOLINERA CHICA
(Gray-flanked Cinclodes)
Cinclodes oustaleti-2R

16 cm - Dorsal como 513) - Menor - Pico (1,5 cm) delgado - Ceja y malar blancuzcos no tan notables - **Banda alar acanelada** - Apice de timoneras externas pardo, no ocráceo como en 517) - Ventral con abdomen blancuzco como en 515) (no oscuro como en 513) ··· Chile ··· Arroyos andinos y costas australes III

519) MACUQUITO
(Sharp-tailed Streamcreeper) *Lochmias nematura-2R*

13 cm - Palustre - Confiado, oculto o expuesto - Comportamiento de *Cinclodes* - Fuerte *si..sic* y corto trino *trrrt* - Pico curvo - **Pardo negruzco** - **Corta cola negra** - Ceja postocular punteada - **Ventral goteado de blanco** (restringido en el NO) ··· Desde Panamá, salvo Chile - URUGUAY ··· En matorrales y piedras de arroyos en selvas en el NO y NE II

520) HORNERO

(Rufous Hornero) *Furnarius rufus-3R*

18 cm - El ave nacional - **Canto a dúo con notas distintas** - **Nido de barro,** como hornito, visible en sitios diversos - Bastante terrícola - Camina con elegancia - Dorso pardo o castaño - Banda alar canela poco notable - **Cola rufa** - Garganta blancuzca - Resto ventral gris ocráceo o acanelado ··· Brasil, Paraguay y Bolivia- URUGUAY ··· Diversos ambientes, y poblados   VI

521) HORNERITO COPETÓN

(Crested Hornero) *Furnarius cristatus*

15 cm - Parecido a 520) - Comportamiento y voces similares - Además insistente *prrr* - En alarma: *fuit* - Notable **copete** - Ventral más canela ··· Paraguay ··· Bosques de tipo **chaqueño**   III

522) CACHOLOTE CASTAÑO (Brown

Cacholote) *Pseudoseisura lophotes*

23 cm - Confiado - Acrobático - Bastante terrícola - **Bullanguero** - Canto a dúo - Vuelo lento y ondulado - Nido enorme - Pico robusto - Notable **copete oscuro** - **Dorso castaño** - Rabadilla y cola rufas - Mandíbula e iris, marfil ··· Brasil, Paraguay y Bolivia - URUGUAY ··· Sabanas, arboledas y áreas rurales   IV

523) CACHOLOTE PARDO

(White-throated Cacholote)

Pseudoseisura gutturalis-2R

21 cm - ∈ - Voz menos estridente que la de 522) - Aspecto y comportamiento similares - Más desconfiado - **Copete** menor, **gris pardusco,** no castaño - Incompleto párpado blanco - Cola negruzca - **Garganta blanca** separada de lo ventral gris ocráceo por **collar negro** - Areas arbustivas andinas y patagónicas   III

NO

524) TACUARERO
(Canebrake Groundcreeper)
Clibanornis dendrocolaptoides

20 cm - Fuertes y ásperos *chk..chk..* - Recuerda a 560) - Dorso castaño - Corona y cola larga rufas - Ceja clara que se ensancha detrás del ojo - **Garganta blanca flanqueada por punteado negro** - Ventral gris - Flancos y subcaudal pardos ··· Brasil y Paraguay ··· Estratos bajo y medio en tacuarales cerca del agua en **Misiones**   II

525) TICOTICO OJO BLANCO
(White-eyed Foliage-gleaner)
Automolus leucophthalmus

18 cm - Parecido a 524) - Confiado - Bullanguero *tilí..tilí..* aún en vuelo, y sonoro *chik..chirik* - Revuelve hojas - Semicopete y dorso castaños - Tapadas anaranjadas - **Blanco en garganta** que llega a pardusco en subcaudal y flancos - **Iris blanco** ... Brasil y Paraguay ··· Estrato bajo en selvas y capueras de **Misiones**   III

526) PAJONALERA PICO CURVO
(Curve-billed Reedhaunter)
Limnornis curvirostris

16 cm - Palustre - Oculta - Curiosea - Audible y repetido *chek..* - Robusta - Fuerte y largo **pico curvo** - Dorso castaño - **Cola corta, redondeada, rufa** - **Ancha ceja** postocular y garganta, **blanco** - Ventral blancuzco ··· Brasil - URUGUAY ··· **Juncales** (Magdalena, B. Aires)   III

527) PAJONALERA PICO RECTO
(Straight-billed Reedhaunter)
Limnoctites rectirostris

15 cm - Palustre -A menudo oculta - Serie de *ti..* que se aceleran hasta un trino - Suele trepar tallos - **Pico** (2,8 cm) muy **largo y recto** - Dorso pardo oliváceo - Cubiertas rufas - **Cola rufa en puntas** - Fina línea postocular, y ventral blancos - [Iris rojizo] - J: Más ocráceo ··· Brasil - URUGUAY ··· **Pajonales de serrucheta** (Benavídez, B. Aires)   I

183

528) CURUTIÉ OCRÁCEO
(Sulphur-bearded Spinetail)

Cranioleuca sulphurifera

15 cm - Palustre - Confiado - Oculto - Bullanguero - Voz *chic..chic..chiric..chic* que concluye en trino - **Coloración modesta** y pálida - Rufo en cubiertas - Cola acanelada en puntas (que no posee 526) - Fina ceja blanca - **Mancha gular amarilla** - Ventral grisáceo apenas estriado en pecho - Base de mandíbula e iris amarillentos ··· Brasil - URUGUAY ··· Juncales

III

529) CURUTIÉ COLORADO
(Yellow-throated Spinetail)

Certhiaxis cinnamomea

13 cm - Palustre - Confiado - Inquieto - Repetido y fuerte *tí..* y gorgoteo similar al de 548) - **Dorso castaño** - Alas rufas con ápice de remeras negro - **Cola rufa no larga, redondeada, en puntas** - Timoneras centrales oscuras - Barba amarilla - Ceja y **ventral, blancuzco** ··· Desde Venezuela por el E - URUGUAY ··· Juncales y esteros

IV

530) JUNQUERO
(Wren-like Rushbird) *Phleocryptes melanops-2R*

13 cm - Palustre - Inquieto - Confiado - **Fuerte golpeteo y chirrido áspero como ranita** - Rechoncho - **Cola corta - Dorso estriado** de negro, gris, castaño y blancuzco - Zona en cubiertas y banda alar canelas - Notable **ceja blancuzca** - Ventral ocráceo ··· Países limítrofes y Perú - URUGUAY ··· **Juncales**

V

531) ESPARTILLERO EÑANO
(Red-capped Wren-Spinetail)

Spartonoica maluroides

13 cm - Palustre - Oculto - Vuelo bajo sosteniéndose instantes para zambullir en el pajonal - Repetida voz chirriante - Esbelto - Cola algo larga, escalonada, en puntas - **Amplia frente rufa - Dorsal estriado de negro** - Ceja y ventral blancuzcos - J: Sin frente rufa ··· Brasil - URUGUAY ··· Juncales y vegetación cercana

III

184

532) COLILARGA
(Des Mur's Wiretail)
Sylviorthorhynchus desmursii

22 cm - Confiado - Oculto - Llamada continua - Pequeño (7 cm) - **Dos larguísimas y delgadas timoneras** (15 cm) y dos más cortas - Pico fino, algo largo - Frente castaña - Dorso pardo acanelado ... Chile ⋯ Cañaverales y matas en el Bosque araucano, y estepas en S. Cruz
III

533) RAYADITO
(Thorn-tailed Rayadito) *Aphrastura spinicauda*

14 cm - Muy activo y confiado - Revisa hojas y cortezas - Acrobático - Trepa troncos a saltitos - A veces terrícola - Agudo y continuo *tititi..* y otras voces - **Cola en puntas** Plumaje colorido - Cabeza negra - **Larga y ancha ceja acanelada** - Rabadilla rufa - Garganta blancuzca ⋯ Chile ⋯ Bosque araucano
VI

534) CURUTIÉ BLANCO
(Stripe-crowned Spinetail)
Cranioleuca pyrrhophia

14 cm - Inquieto - Confiado - Acrobático - Se cuelga y trepa por ramas finas sin apoyar la cola - Trinos agudos variables - Construye dormideros de doble entrada - **Corona estriada** de negro - Dorso pardo - Notable **rufo en cubiertas** - **Ancha ceja y ventral blancos** - Cola parda, en puntas - Timoneras externas rufas ⋯ Brasil, Paraguay y Bolivia - URUGUAY ⋯ Bosques de tipo chaqueño
IV

535) CURUTIÉ OLIVACEO
(Olive Spinetail) *Cranioleuca obsoleta*

13 cm - Parecido a 534) - Comportamiento y voz similares (tal vez conespecíficos) - Más **oscuro y oliváceo** - Sin estrías en corona - **Fina ceja** blanca - Rufo en cubiertas menos notable - **Cola rufa** ⋯ Brasil y Paraguay ⋯ Selvas, capueras y arboledas en el NE
III

185

Relea con cada especie los caracteres del genero

536) LEÑATERO (Firewood-gathered)
Anumbius annumbi

18 cm - Expuesto y **voluminoso nido de palitos** y repiqueteo *tí..tí..rí..tí..*, más conocidos que el ave - Frente castaña - Dorsal estriado - **Cola negra con faja apical blanca - Garganta blanca bordeada de puntos negros** ··· Brasil y Paraguay-URUGUAY ··· Sabanas , áreas rurales y poblados   V

537) CRESTUDO (Lark-like Brushrunner)
Coryphistera alaudina

15 cm - Bastante terrícola - **Grupitos** - Trino agudo - Notable y fino **copete erecto** negruzco - Dorsal **estriado** de negro y ventral de canela - Cara blanca con mancha canela - Patas anaranjadas ··· Brasil, Paraguay y Bolivia - URUGUAY··· Bosques, áreas rurales y poblados   V

CANASTEROS: Parecidos entre si - Activos - Nido de palitos - Colores modestos - Dorso gris pardusco - Ventral blanco ocráceo - Banda alar inconspicua - (6 especies) (·)

538) CANASTERO CHAQUEÑO
(Short-billed Canastero)
Asthenes baeri-2R

14 cm - Confiado - Terrícola y de arbustos - Trino largo y monocorde - Pico, y **cola erecta,** menos largos que en 539) - Timoneras centrales negras, externas rufas - **Mancha gular castaña** - ···· Brasil y Paraguay - URUGUAY ··· Bosques y estepas arbustivas   IV

539) CANASTERO COLUDO
(Lesser Canastero)
Asthenes pyrrholeuca-2R

15 cm - Tímido - Oculto - No terrícola como lo son en cambio 538), 542) etc. - **Vuelo corto** y bajo, **zambullendo en la vegetación** - Suave *uit..* - **Cola** larga, no erecta, **que al volar lleva flameando** - Mancha gular anaranjada - Pico algo fino ··· Chile, Bolivia y Paraguay - URUGUAY ··· Migrador C - Estepas arbustivas y patagónicas y vegetación palustre   IV

186   (·) *A. humicola* ha sido citado para Mendoza

540) CANASTERO CASTAÑO
(Chestnut Canastero)*Asthenes steinbachi*

15 cm - ∈ - Poco conocido - Muy parecido a 541) - Algo más oscuro - Rabadilla
canela - **Dos pares de timoneras externas,
rufo uniforme - Garganta blanca rodeada
de estrías** - Sin mancha gular - Estepas
altoandinas y arbustivas en el O   II

541) CANASTERO ROJIZO
(Creamy-breasted Canastero)
                    Asthenes dorbignyi

15 cm- Confiado - Bastante terrícola -
Trinado *ti..ti..ti..ti..trrr* - Cola erecta -
Más **rufo** que 538), **incluyendo** cubiertas, **amplia rabadilla, flancos y subcaudal - Cola negra** con menos rufo en timoneras externas que 540) - Mancha
gular rufa ··· Perú, Bolivia y Chile ···
Puna y estepas arbustivas en el O   IV

542) CANASTERO PÁLIDO
(Cordilleran Canastero)
                    Asthenes modesta-3R

15 cm - **Parecido a 539)** - Distinto comportamiento - **Recorre terrenos áridos,**
con la **cola erecta** - Contínuo *pít..* -
Además un rápido y matraqueado
trrr - **Mancha gular** anaranjada, **[flan-
queada por manchitas negras]** - Cola
rufa con todos los vexilos internos negruzcos ··· Perú, Bolivia y Chile ···· Estepas altoandinas, patagónicas y altoserranas   IV

543) CANASTERO PATAGÓNICO
(Patagonian Canastero)
                    Asthenes patagonica

15 cm - ∈ - Confiado - Pico más corto
que en otros canasteros - **Cola negra** (con
vexilo externo castaño) - **Mancha gular
negra con puntos blancos** - Vientre acanelado - Estepas arbustivas y patagónicas
      III

Relea con cada especie los caracteres del grupo

ESPARTILLEROS: Nidos de pasto en el suelo, salvo 546) - **Dorso estriado o aperdizado** - *Cola larga y ancha terminada en puntas* - *Banda alar castaña- Mancha gular anaranjada* - *Ceja clara* - *(4 especies)*

544) ESPARTILLERO PAMPEANO
(Hudson's Canastero) *Asthenes hudsoni*

17 cm - Confiado pero oculto - Terrícola - Vuelo bajo, sosteniéndose instantes en el aire antes de zambullir en el pajonal - Repiqueteo agudo que acelera al final *rtttttrr* - **Dos líneas blancuzcas en dorso,** bien contrastado - Ventral ocre acanelado - Flancos estriados ··· [Brasil y Paraguay] - URUGUAY ··· **Vegetación** palustre a menudo **halófila**   III

545) ESPARTILLERO SERRANO
(Cordoba Canastero)*Asthenes sclateri-2R*

16 cm - Terrícola - Parecido a 544) - Alopátricos - Sonoro y continuo *trrr* y trino ascendente - Dorso más uniforme - Bastante rufo en cubiertas - **Cola** más larga, que lleva **erecta** ··· Bolivia ··· Pastizales altoandinos y altoserranos (Pampa de Achala, Cba)   IV

546) ESPARTILLERO AUSTRAL
(Austral Canastero) *Asthenes anthoides*

15 cm -Más bien **en arbustos** en cerros - Fuerte trino *prrrrrt* - Dorso más parecido al de 545) que al de 544) - Cola menor que ambos - Pecho y flancos punteados ··· Chile ··· Matorrales patagónicos en el O   III

547) ESPARTILLERO ESTRIADO
(Scribble-tailed Canastero)
    Asthenes maculicauda

16 cm - Terrícola - **Cola estriada** - Sólo simpátrico con 545) - **Amplia frente rufa** - Garganta blanca **sin mancha gular** - Leve estriado ventral ··· Perú y Bolivia ··· Estepas altoandinas en el NO (Aconquija Tuc.)   II

548) CHOTOY (Chotoy Spinetail) *Schoeniophylax phryganophila*

18 cm - Nido voluminoso - Cloqueo profundo - Bien colorido - **Larguísima cola con dos espinas** - Corona y hombros rufos - **Dorso estriado** de negro - Barba amarilla - **Garganta negra** flanqueada de blanco - Zona pectoral canela - J: Pálido- Cola más corta - Sin barba amarilla ··· Brasil, Paraguay y Bolivia - URUGUAY··· Sabanas y arbustos aislados en áreas rurales IV

SYNALLAXIS: De estrato bajo - Más oídos que vistos - Confiados - Cola larga - Dorso pardo - Cubiertas rufas - Mancha gular negra - J: Sin corona rufa - (7 especies)

549) PIJUÍ CEJA CANELA (Buff-browed Spinetail) *Synallaxis superciliosa*

16 cm - Voz |*trrr*|..*pi..ju..í* - Frente parda - Corona y muy larga cola rufas - **Ceja ocrácea** - Ventral pardusco con centro blanco ··· Bolivia ··· Estrato bajo en yungas IV

550) PIJUÍ FRENTE GRIS (Sooty-fronted Spinetail) *Synallaxis frontalis-2R*

15 cm - Agudo *pi..juí* - Parecido a 549) - Cola menor - **Timoneras marginadas de rufo** - Sin ceja notable - Ventral grisáceo ··· Brasil, Paraguay y Bolivia - URUGUAY ··· La población austral migra al N - Bosques IV

551) PIJUÍ COLA PARDA (Pale-breasted Spinetail) *Synallaxis albescens-2R*

14 cm -Aspero *prrr..jui* - Parecido a 550)- **Cola parda** - Mancha gular difusa - Ventral más blancuzco ··· Desde C. Rica, salvo Chile ··· La población austral migra al N - Sabanas, bosques y **áreas rurales** IV

189

552) PIJUÍ CORONA ROJIZA
(Rufous-capped Spinetail)

Synallaxis ruficapilla

15 cm - Parecido a 549) - Alopátricos - Repetido *tirrr* y estrofa más áspera y corta que la de 554) - **Corona rufo anaranjada** - **Cola rufa** - Notable **ceja postocular ocrácea** - Ventral como 549) ··· Brasil y Paraguay ··· Selvas y capueras en el NE

II

553) PIJUÍ CANELA
(Ochre-cheeked Spinetail)

Synallaxis scutata

13 cm - Confiado - **Anda a saltitos por el suelo** o muy bajo - Agudo *uili..biní* parecido al de 555) - Cola algo corta, rufa - Corona pardo olivácea - **Larga y fina ceja, y ventral, acanelados** - **Garganta blanca con amplia mancha negra** ··· Brasil, Paraguay y Bolivia ··· Selvas y bosques en ·el NO

III

554) PIJUÍ PLOMIZO
(Chicli Spinetail)   *Synallaxis spixi*

15 cm - Inconfundible *juit..tiririrí* - Oscuro como 555) - **Plomizo** - **Frente y corona rufas** - **Cola parda** ··· Brasil y Paraguay ⁻ URUGUAY ··· Selvas, bosques y matorrales en el E (Magdalena, B. Aires)

III

555) PIJUÍ NEGRUZCO   (Gray-bellied Spinetail)   *Synallaxis cinerascens*

13 cm - Voz como 553) - **Corona pardo olivácea,** no rufa como en 554) - **Cola rufa** - Leve mancha gular negra estriada de blanco - **Ventral plomizo** ··· Brasil y Paraguay - URUGUAY ··· Pequeños claros en selvas y capueras en el NE   II

*LEPTASTHENURA: Confiados - Acrobáticos - Recorredores - **Dos timoneras muy largas** - Pico corto y fino - Banda alar canela - Ventral ocráceo - (4 especies)*

556) COLUDITO COPETÓN (Tufted Tit-Spinetail) *Leptasthenura platensis*

16 cm -Agudo y descendente *tirititítirrr*- Gris pardusco - **Notable copete** apenas estriado - Timoneras externas acaneladas- Garganta algo estriada ··· Brasil - URUGUAY ··· En la periferia de árboles y arbustos en bosques y estepas **IV**

557) COLUDITO CANELA (Brown-capped Tit-Spinetail) *Leptasthenura fuliginiceps-2R*

16 cm - Voz *fuit..fuit..* - **Copete castaño** - Visible zona en alas, y **cola rufo** ··· Bolivia ··· Barrancas y quebradas arbustivas en estepas altoandinas y áreas altoserranas - Invierno en llanuras **III**

558) COLUDITO COLA NEGRA (Plain-mantled Tit-Spinetail) *Leptasthenura aegithaloides-2R*

16 cm - Grillado, largo y agudo *prrr*- **Corona negra estriada de canela** - Sin copete - **Cola negra** - Garganta blancuzca flanqueada por leve estriado ··· Perú, Bolivia y Chile ··· En matorrales, barrancas y aún en el suelo, en estepas altoandinas y patagónicas **IV**

559) COLUDITO DE LOS PINOS (Araucaria Tit-Spinetail) *Leptasthenura setaria*

17 cm - Grupitos - Rápido *ti..ti..ti..ti.. tiriiiiii* - **Copete negro estriado de blanco**- Dorsal rufo - Cola más larga que la de los otros, rufa con centro negruzco - Babero estriado - Ventral acanelado ··· Brasil ··· **Alto, en bosques de Araucaria en Misiones** **II**

PHACELLODOMUS: Grandes nidos, colgantes (salvo 564) - Confiados - Algo ocultos - Bullangueros - Parecidos entre sí - Cuerpo y pico robustos - Cola ancha y redondeada - Dorso pardo (salvo 560) - Ventral blancuzco - (6 especies)

560) ESPINERO GRANDE (Greater Thornbird) *Phacellodomus ruber*

18 cm - Voz parecida a la de 564) - Canto a dúo - **Castaño** - Más rufo en corona, alas y cola - **Iris amarillo** ··· Brasil, Paraguay y Bolivia ··· Bosques, árboles cerca del agua y selvas en galería   IV

561) ESPINERO FRENTE ROJIZA
(Rufous-fronted Thornbird)
Phacellodomus rufifrons
16 cm - Canto a dúo - Eleva algo la **cola parda - Amplia frente rufa** - Notable **ceja blancuzca** - Sin el rufo en hombros y timoneras de 562) ··· Venezuela, Colombia, Perú, Brasil, Paraguay y Bolivia ··· **Bosques de transición en el NO**   IV

562) ESPINERO ANDINO
(Streak-fronted Thornbird)
Phacellodomus striaticeps

15 cm - Parecido a 561) - A mayor altura y distinto ambiente en cerros - Leve frente, base de remeras y **hombros, rufos** - Corona apenas punteada - **Cola rufa con timoneras centrales negruzcas** - Leve c¯ blancuzca - Mandíbula amarilla ··· Perú, Bolivia ··· **Puna y quebradas altoserranas en el NO**   III

563) ESPINERO CHICO (Little Thornbird) *Phacellodomus sibilatrix*

12 cm - Inquieto - Recorre arbustos emitiendo un *chip..chip* - Canto a dúo - Parece un pequeño 562) - Corona no punteada ··· Paraguay - URUGUAY ··· Bosques   IV

564) ESPINERO PECHO MANCHADO
(Freckle-breasted Thornbird)
Phacellodomus striaticollis

16 cm - Estridente *tío..tíi..tíi..tíi..ti* - Menor y mucho menos rufo que 560) - Iris amarillo menos notable - Nido no colgante - Frente parda - Corona rufa - **Cola parda** con timoneras externas rufas - Ceja blancuzca - **Pecho canela algo punteado de blanco** - J:Iris pardo ··· Brasil, Paraguay y Bolivia - URUGUAY ··· Bosques, pastizales y a veces juncales - (Magdalena, B. Aires)   IV

565) ESPINERO PECHO MOTEADO
(Spotted-breasted Thornbird)
Phacellodomus maculipectus (·)

16 cm - Parecido a 564) - Alopátricos - Nido colgante - *Tititití* muy seguido y a dúo - Cola igual - Pico menor - **Frente y corona, rufo - Ceja blancuzca - Pecho moteado** más notable - Resto ventral más castaño - **Iris oliva claro** ··· Bolivia ··· Selvas y bosques de transición en el NO
III

566) RASPAHOJAS (Rufous-breasted Leafscraper)   *Sclerurus scansor*

16 cm - Oculto - Terrícola - Revuelve ruidosamente hojas - Fuerte *sik* y rápido trino metálico - No trepa pero suele pararse vertical en troncos - Camina tocando el suelo con la **cola negra - Pico largo y recto** - Se ve **negruzco** - Rabadilla y pecho rufos - Garganta punteada ··· Brasil ··· Selvas en **Misiones**   II

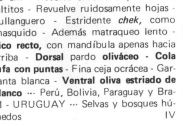

567) TICOTICO COMÚN
(Buff-browed Foliage-gleaner)
Syndactyla rufosuperciliata-2R

16 cm - Recorre árboles trepando o a saltitos - Revuelve ruidosamente hojas - Bullanguero - Estridente *chek*, como chasquido - Además matraqueo lento - **Pico recto,** con mandíbula apenas hacia arriba - **Dorsal** pardo **oliváceo - Cola rufa con puntas** - Fina ceja ocrácea - Garganta blanca - **Ventral oliva estriado de blanco** ··· Perú, Bolivia, Paraguay y Brasil - URUGUAY ··· Selvas y bosques húmedos   IV

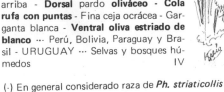

(·) En general considerado raza de *Ph. striaticollis*

568) TICOTICO CEJA BLANCA
(White-browed Foliage-Gleaner)

Anabacerthia amaurotis

15 cm - Finísimos *tzip..* como insecto - Parecido a 567) - **Corona pardo oscura con leve punteado** - Dorso castaño, no oliváceo - Cola rufa - Notable **ceja** y garganta, **blancuzco** - Ventral menos conspicuo, pardo acanelado con estriado pectoral blanco ··· Brasil ··· Estrato bajo en **selvas de Misiones**   II

*PHILYDOR: Acrobáticos - Parecidos entre sí - Ventral ocre acanelado (más canela en 570) - Revuelven la hojarasca en el estrato medio y superior de selvas en **Misiones** - (3 especies)*

569) TICOTICO GRANDE
(Buff-fronted Foliage-Gleaner)

Philydor rufus

17 cm - Serie de metálicos *sink..* agudos y descendentes - **Amplia frente,** notable ceja **y mejillas, ocres** - Corona y faja ocular plomizas - Dorso pardo oliváceo - Colas y alas rufas ··· Desde Venezuela, salvo Chile   III

570) TICOTICO CABEZA NEGRA
(Black-capped Foliage-Gleaner)

Philydor atricapillus

15 cm - Largo y descendente trino aflautado - El más colorido - **Frente y corona, y fajas ocular y malar, negras,** intercaladas con dos líneas ocres - Dorso castaño - Cola rufa - Periocular blanco ··· Brasil y Paraguay   III

571) TICOTICO OCRÁCEO
(Ochre-breasted Foliage-Gleaner)

Philydor lichtensteini

15 cm - El menos llamativo - Pico más bien corto - **Frente,** corona y faja ocular, **plomizo - Larga ceja postocular** ocre - Dorso y timoneras centrales pardo oliváceas - Alas y timoneras externas rufas ··· Brasil y Paraguay   IV

Fam. Furnariidae, ver pág. 37

572) PICOLEZNA PATAGÓNICO
(White-throated Treerunner)
Pygarrhichas albogularis

15 cm - Confiado - Parece un carpinterito - Trepa y picotea troncos - **Pico algo curvo hacia arriba** - Dorso pardo oscuro - Rabadilla, cubiertas y flancos rufos - Cola rufa en puntas - Notable y amplio **babero blanco** - Resto ventral escamado ··· Chile ··· **Bosque araucano**   III

XENOPS: Curiosean - Activos- Acrobáticos - Trepadores - Pequeños - Pico corto - (3 especies)

573) PICOLEZNA ESTRIADO
(Sharp-billed Treehunter)
Xenops contaminatus

12 cm - Lento trino metálico - Parecido a 574) - **Pico no curvo hacia arriba** - Corona negruzca , **dorso** pardo **y ventral** claro, **estriados** - Cola rufa - **Larga ceja y garganta ocráceas** ··· Brasil y Paraguay ··· Estratos medio y alto en selvas de **Misiones**   II

574) PICOLEZNA ROJIZO
(Streaked Xenops)   *Xenops rutilans-2R*

12 cm - Lento trino agudo y chasquido - Corona, nuca y **ventral, estriado** - **Pico curvo hacia arriba** - Dorso castaño - Rabadilla y cola rufas - Notable ceja y garganta ocráceas - Malar blanco ··· Desde C. Rica, salvo Chile ··· Distintos estratos de selvas en el NO y Misiones   III

575) PICOLEZNA CHICO
(Plain Xenops)   *Xenops minutus*

11 cm - Parecido a 574) - Pico igual - **Dorso pardo oliváceo** - Rufo en alas - **Cola rufa con negro** (Timoneras centrales y externas rufas) - **Ventral uniforme** con leve estriado pectoral ··· Desde C. América, salvo Chile ··· Estratos medio y alto en selvas de **Misiones**   II

195

576) BATARÁ GIGANTE
(Giant Antshrike)   *Batara cinerea-2 R*

33 cm - Confiado pero oculto - Fortísi-
ma llamada *klu..arrr* y otras voces - Cola
larga - Robusto pico con gancho - Notable **copete negro - Dorsal negro barrado
de blanco** - Ventral ceniciento - ♀: Recuerda al Crespín (372) - **Copete castaño**
Dorsal canela barrado de negro - Ventral
gris ocráceo ··· Brasil, Paraguay y Bolivia-
Estrato bajo en claros de selvas en el NE
(I) y NO (PN Calilegua)   III

577) BATARÁ PINTADO
(Large-tailed Antshrike)

               Mackenziaena leachii

25 cm - Similar aspecto y comportamiento que 576) - Menor - Más terrícola - Serie ascendente de 5 silbos claros *tíi..* que
luego bajan - Sin copete - **Negro - Dorso
punteado de blanco** - Cola casi uniforme-
♀: **Corona canela** punteada de negro -
Dorso punteado de blanco ··· Brasil y
Paraguay ··· Estrato bajo en selvas y capueras del NE   III

578) BATARÁ COPETÓN   (Tufted
Antshrike)   *Mackenziaena severa*

22 cm - Cola menos larga que en 577) -
Serie ascendente de 6 largos silbos me-
lancólicos *hu..* - Se ve **negro** - Plomizo
Cabeza negra con **notable copete** - ♀:
Copete rufo anaranjado - Resto negro
barrado de ocre y canela ··· Brasil y
Paraguay ··· Estrato bajo y en tacuarales
de selvas en **Misiones**   II

579) BATARÁ GOTEADO (Spot-backed
Antshrike)   *Hypoedaleus guttatus*

19 cm - Oculto - Largo y continuo silbo
vibrado que asciende, y baja acelerando -
Dorsal negro **con notable goteado blanco**
(acanelado en ♀) - Larga cola barrada -
Ventral grisáceo que llega a canela ···
Brasil y Paraguay ··· Vegetación densa en
estratos medio y alto de la selva en **Misiones**   I

THAMNOPHILUS (·): Muy confiados - Medianos - Pico robusto - Estratos medio y bajo - (3 especies)

580) CHOCA LISTADA (Barred Antshrike) *Thamnophilus doliatus*

15 cm - Balancea la cabeza - Menea la cola - Melodioso *fío* - Además rítmica serie de cloqueos, a menudo a dúo, que acelera y baja, concluyendo en nota conspicua - Parece un pequeño 576) - **Negro barrado de blanco** - Eréctil semicopete negro - Iris marfil - Patas celestes - ♀: Distinta - **Semicopete,** y dorso, **rufo - Cara y cuello grises estriados de negro** - Pecho acanelado - Iris y patas como ♂ ... Desde Méjico, salvo Chile ··· Bosques y sabanas en el N (E de Formosa)   III

581) CHOCA CORONA ROJIZA
(Rufous-capped Antshrike)
Thamnophilus ruficapillus-2R

16 cm - Potente canto de repetidas notas algo espaciadas - Pardo - **Corona rufa** - Cola escalonada, ventralmente barrada de blanco y negro - Ventral blancuzco - **Pecho barrado de negro** - Iris rojo - ♀: Coloración modesta - Parece un furnárido de pico robusto - Corona y cola rufas - Ventral ocráceo - Leve barrado pectoral ··· Brasil, Paraguay, Bolivia y Perú - URUGUAY ··· Selvas y bosques húmedos en el E (Magdalena, B. Aires) y el NO   III

582) CHOCA COMÚN
(Variable Antshrike)
Thamnophilus caerulescens-4R

NE

13 cm - Nasal *eee* como de gatito - Dorsal plomizo - **Cubiertas negras con filetes blancos** - Corona y cola negras - Timoneras escalonadas con ápices blancos - Ventral canela o con pecho gris o todo gris, según la raza - ♀: Dorsal pardo o gris, oliváceo - Ventral acanelado - [Corona castaña] ··· Brasil, Paraguay, Bolivia y Perú - URUGUAY ··· Selvas y bosques   IV

(·) *Th. schistaceus* ha sido citado con duda para el NO

583) CHORORÓ
(Great Antshrike)   *Taraba major*

20 cm - Terrícola y de matorral - Fuerte y melódico *choc..choc..chrrr,* como matraca, y otras voces - Robusto pico negro - **Iris rojo - Dorsal negro** - Notables filetes blancos en cubiertas - **Ventral blanco con cola barrada de negro** - **♀: Dorsal castaño** - Alas sin filetes - Cola rufa sin barrado ··· Desde C. América, salvo Chile ··· Bosques, sabanas y claros en selvas   V

584) BATARÁ NEGRO
(White-shouldered Fire-eye)
                    Pyriglena leucoptera

16 cm - Terrícola - Siete a ocho silbos cortos iguales - **Negro** - Notables **filetes blancos en cubiertas** [Mancha escapular blanca] - **Iris rojo** - **♀:** A menudo separada del ♂ - Parda - **Cola negra** - Garganta clara ··· Brasil y Paraguay ··· Estrato bajo y denso en selvas de **Misiones**   IV

585) BATARÁ PECHO NEGRO
(White-bearded Antshrike)
                    Biatas nigropectus

16 cm - **Cabeza y pecho negros - Faja nucal blanco ocrácea** - Garganta blanca - Dorso pardo oliváceo - Alas y larga cola rufas - **♀:** Sin negro - **Corona rufa** - Ventral ocráceo ··· Brasil ··· Selvas en **Misiones**   I

586) BATARÁ ESTRIADO
(Stripe-backed Antbird)
                    Myrmorchilus strigilatus

14 cm - Confiado - Más bien terrícola - Balancea la cola - Fuerte *chiá* y fino y trisilábico silbo melancólico - **Dorsal estriado de rufo y negro** - Notables filetes y puntos blancos en cubiertas - **Cola rufa** con timoneras externas negras de ápice blanco - **Amplio babero negro** contrastado con ventral blancuzco - **♀:** Sin babero - **Pecho estriado de negruzco** ··· Brasil, Paraguay y Bolivia ··· Bosques y sabanas de tipo chaqueño (Reserva de Copo, S. del E.)   IV

198

587) CHOCA AMARILLA

(Plain Antvireo)   *Dysithamnus mentalis*

10 cm - Confiada - Serie de silbos descendentes, graves y melódicos que aceleran al final - Pico y cola cortos - **Cabeza plomiza** - Gris oliváceo en dorso - Filetes claros en cubiertas - Garganta gris que pasa a amarillento en resto ventral - ♀: **Corona rufa** - Párpado blancuzco ··· Desde Méjico, salvo Guayanas y Chile - Diversos estratos en selvas de **Misiones**   IV

588) CHOCA ESTRIADA

(Spot-breasted Antvireo)

Dysithamnus stictothorax

11 cm - Parecida a 587) - A veces juntas - Serie de silbos que no aceleran - Notable **punteado postocular blanco** - Algo de rufo en remeras - Ventral amarillento **estriado en pecho** - Iris rojo - ♀: Corona rufa, más notable que en 587) - Punteado y estriado como en ♂ ··· Brasil ··· Estratos medio y alto en selvas de **Misiones**

I

589) TILUCHI COLORADO

(Ferruginous Antbird)

Drymophila ferruginea

12 cm - Audible y llamativo *pi..peí* - Pico corto y fino - Cola erecta con ápice blanco en cada timonera - **Rabadilla y ventral rufo anaranjado** - **Corona y faja ocular negras intercaladas con ceja y malar blancos** - Notables filetes blancos en cubiertas negras - ♀: Más pálida ··· Brasil y Paraguay ··· Estratos bajo y medio, densos, en claros de selvas en **Misiones**   III

590) TILUCHI ESTRIADO   (Dusky-tailed

Antbird)   *Drymophila malura*

13 cm - Aspecto y comportamiento de 589) - Cola similar sin blanco - Fuerte chistido *siep..sieip* - **Ceniciento oscuro** - **Capuchón y pecho estriados de blanco** - Filetes blancos en cubiertas - ♀: **Parda** Cabeza estriada de ocre ··· Brasil y Paraguay ··· Estrato bajo en selvas de **Misiones**   III

Fam. Formicariidae, ver pág. 37

591) TILUCHI ALA ROJIZA
(Rufous-winged Antwren)
Herpsilochmus rufimarginatus
10 cm- Suele integrar bandadas mixtas - Continuo *jujuju..* - Serie de piídos rápidos que terminan en trino - Bastante colorido - **Corona negra - Ceja blanca** - Dorso plomizo - Cubiertas negras con filetes blancos - Notables **remeras rufas** - Cola como la de 592), menos conspicua - Ventral amarillento - ♀: **Corona castaña** - Dorso oliváceo ··· Desde Panamá, salvo Guayanas y Chile ··· **Estrato alto** en selvas de **Misiones**   III

592) TILUCHI PLOMIZO
(Black-capped Antwren)
Herpsilochmus pileatus
11 cm - Parece un pequeño 582) - Aspecto, comportamiento y voz de 591) - Alopátricos - **Cola negra con ápice y timoneras externas blancos** - Ventral grisáceo, no amarillento - ♀: Frente pardusca - Corona estriada - Dorso oliváceo - Ventral ocráceo ··· Brasil, Paraguay, Bolivia y Perú - **Estrato alto** en yungas y bosques del NO   II

593) TILUCHI ENANO (Streak-capped Antwren)
Terenura maculata
9 cm - Activo - Acrobático - Diminuto - Cola corta sin blanco - Al igual que 591) y 592), parece un tiránido - Agudo *tzi.. dede* - **Cabeza estriada de negro y blanco-Dorso rufo** - Filetes blancos en cubiertas-**Pecho** gris **estriado** de negro - Vientre amarillento - ♀: Más ocrácea, incluso el estriado en corona y pecho ··· Brasil y Paraguay ··· Estrato medio, denso, en selvas de **Misiones**   III

594) CHUPADIENTES (Rufous Gnateater)
Conopophaga lineata (·)
11 cm - Pasivo - Posado en ramas o cañas cerca del suelo - Curiosea - Chasquido como al chupar dientes - Canto de varios piídos *iú..* creciendo - Rechoncho - Semicopetón - Cola corta - Pico corto con mandíbula rosácea - Tonos apagados - **Ceja gris - Auricular y garganta canela anaranjados** - [Penacho blanco] ··· Brasil y Paraguay ··· Estrato bajo en selvas y capueras de **Misiones**   III

200   (·) Anteriormente en la disuelta Fam. Conopophagidae

595) TOVACA COMÚN (Short-tailed Antthrush) *Chamaeza campanisona*

20 cm - Terrícola - Más oída que vista - Corre como un pollito - Monótona repetición de nota aflautada (como chicharra) que termina en varios rápidos *chup..* - Recuerda un zorzal - Dorsal pardo oliváceo - Notable **ceja postocular blanca** - Corta y erecta cola rufa con banda subapical negra y ápice ocre, que menea - Garganta blanca - Resto **ventral** ocráceo, **estriado** - Pico liláceo - Largas patas rosáceas ··· Desde Venezuela, salvo Chile ··· Selvas en el NE   IV

*GRALLARIA: Terrícolas - Se mueven saltando - Desconfiados - Se oyen y no se ven - Cabeza y ojos grandes - **Cola muy corta - Patas largas, liláceas** - Tapadas rufas - Estrato bajo y denso en selvas (3 especies)*

596) CHULULÚ PINTADO
(Variegated Antpitta)   *Grallaria varia*

19 cm - Repetido *bu..* al atardecer - Corona y nuca plomizas y dorso pardo oliváceos, con leve estriado blanco - Cola rufa - **Garganta negruzca flanqueada por malar ocráceo y separada de pecho por mancha blancuzca** - Resto ventral barrado ··· Venezuela, Guayanas, Brasil y Paraguay - En el NE   III

597) CHULULÚ CABEZA ROJIZA
(White-throated Antpitta)
                    Grallaria albigula

20 cm - Bisilábico y aflautado *ju..* - **Cabeza rufa** - Periocular blanco - Dorso pardo oliváceo - **Garganta blanca** - Resto ventral gris ··· Perú y Bolivia ··· En el NO (PN Calilegua)   III

598) CHULULÚ CHICO
(Speckle-breasted Antpitta)
                    Grallaria ochroleuca

12 cm - Como un pequeño 595) - Excitado, menea el cuerpo - Dorsal oliváceo - Periocular blanco - Ventral ocráceo chorreado de negro ··· Brasil y Paraguay ··· Estrato bajo en selvas de **Misiones**   II

599) HUET-HUET　(Black-throated Huet-Huet)　*Pteroptochos tarnii*

22 cm - Terrícola - Escarba - Oculto - Más oído que visto - Serie de notas descendentes - Además un bajo *huet..huet* - En alarma, rápido y fuerte *tu..tu..tu..tu* - Pico corto - Dorso y garganta negruzcos - **Corona, rabadilla y resto ventral rufos** - Cola negra - Iris amarillo ··· Chile ··· Bosque araucano　　II

600) CHURRÍN GRANDE
(Ochre-flanked Tapaculo)
　　　　Eugralla paradoxa

14 cm - Parece un gran 608) de **pico robusto** - Aspero y repetido *chec* - **Rabadilla y abdomen canelas** - Mandíbula y patas amarillentas - J: Dorso barrado de oscuro - Ventral blancuzco ··· Chile ··· Citado para el Bosque araucano en **R. Negro**　　I

601) CHUCAO
(Chucao Tapaculo) *Scelorchilus rubecula*

17 cm - Terrícola - Oculto - Más oído que visto - Corre por trechos - Fuerte voz como croar de rana o gorgoteo de pavo - Pardo oscuro - Mucho menor que 599) - **Ceja y babero rufos** - Resto **ventral barrado** de blanco y negro ··· Chile ··· Bosque araucano　　III

602) GALLITO COPETÓN
(Crested Gallito) *Rhinocrypta lanceolata*

21 cm - Corre por los claros - A veces en lo alto de arbustos de donde salta al suelo - Sonoro y suave *chup..* o *chío..* y otras fuertes voces - Cola algo larga - Notables **copete y cuello pardos muy estriados de blanco** - Dorso gris oliváceo - Ventral blancuzco - **Flancos rufos** ··· Paraguay y Bolivia ··· Bosques y estepas arbustivas   IV

603) GALLITO ARENA
(Sandy Gallito)   *Teledromas fuscus*

16 cm - ∈ - Parece un furnárido **pálido** de pico corto - Actitudes de 602) - Repetido y sonoro *piúk* - Canta en lo alto de arbustos - Voz que recuerda la del Carpintero Real (461) - Dorsal pardusco acanelado - Cola parda a negruzca - Ceja y ventral blancuzcos - Estepas arbustivas, **prepuna, arenales y salitrales**   III

604) GALLITO DE COLLAR
(Olive-crowned Crescentchest)
        Melanopareia maximiliani (·)-2R

14 cm - Más bien oculto - Grave *toc..toc*-Canto con resonancia de rana o trino lento, según la raza - No eleva la cola - Llamativa coloración - Dorsal pardo oliváceo [con mancha blanca] - Notable y **larga ceja y garganta acaneladas**, separadas por **antifaz negro - Collar negro** - Resto ventral rufo ··· Bolivia y Paraguay·· Matorrales, pastizales y terrenos rocosos en bosques y sabanas   III

(•) La forma *torquata* suele considerarse especie aparte. En ese caso su nombre sería GALLITO NUCA CANELA.

605) GALLITO OVERO (Spotted Bamboowren) *Psilorhamphus guttatus*

12 cm - Oculto - Recorre la espesura - Secuencia de unos 40 *hud.*. que recuerdan la voz del Caburé (384) oída de lejos - Aspecto de Ratona (769) - Esbelto -Cola larga - Pico fino - **Corona y espalda cenicientas y resto dorsal castaño, con espaciado punteado blanco** - Filete blanco en cubiertas - **Timoneras externas con lunares ocráceos** alineados - Ventral blanco punteado - Abdomen canela con flancos barrados - ♀: Más acanelada - Punteado dorsal más notable ··· Brasil ··· Estrato medio en tacuarales densos en selvas de **Misiones**   II

SCYTALOPUS: Terrícolas o semi - Pequeños - Parecen ratonas negruzcas - Similares entre sí - Alopátricos - Huidizos - Más oídos que vistos - Nerviosos - Curiosean - Pico fino y recto - Cola corta - Largas patas amarillentas o rosáceas- (3 especies)

606) CHURRÍN CEJA BLANCA (White-browed Tapaculo)
Scytalopus superciliaris

10 cm - Fuerte, ronco y repetido *mitío* - Dorsal pardo oliváceo - **Línea postocular y garganta blancas** - Ventral plomizo- Bolivia ··· **Yungas**   III

607) CHURRÍN PLOMIZO (Mouse-colored Tapaculo)
Scytalopus speluncae

10 cm - Serie de secos *tze.*. - **Plomizo** - Ventral ceniciento - **Rabadilla y abdomen, canela barrado de negro** - ♀: Más parda ··· Brasil y Paraguay ··· Tacuarales en selvas de **Misiones**   II

608) CHURRÍN ANDINO (Andean Tapaculo) *Scytalopus magellanicus-2R*

10 cm - Repetido *patrás* - **Negruzco** - [**Frente blanca**] - J: Más parecido aún a una Ratona (769) - Pardo con fino maculado - Cola barrada ··· Desde Venezuela por el O ··· **Bosque araucano** y quebradas húmedas   ¡II

204

609) YACUTORO (Red-ruffed Fruitcrow) *Pyroderus scutatus*

42 cm - ♀: 37 - Voz fuerte y profunda *buup*, como mugido - **El mayor passeriforme** - Pico robusto - **Negro** con leve brillo - **Gran babero rojo anaranjado** - J: Ala y ventral manchados de castaño ⋯ S. América salvo Chile y Bolivia ⋯ Estratos medio y alto en selvas y capueras del NE   III

610) TUERÉ GRANDE (Black-tailed Tityra) *Tityra cayana* (·)

19 cm - En sitios altos y visibles - Pasivo - Gruñido nasal *reg* - Robusto - Parecido a 611) - Simpátricos - Blanco -Chata **cabeza, remeras y corta cola, negras** - Dorso gris - **Zona ocular, loral y base del pico, rojos** - Resto del pico, negro ⹂ **♀: Muy estriada** ⋯ S. América salvo Chile ⋯ Selvas, capueras y bosques del NE   III

611) TUERÉ CHICO (Black-crowned Tityra) *Tityra inquisitor* (·)

16 cm - Aspecto y comportamiento de 610) - **Sin rojo** - Pico negro - **♀: Corona negra** - **Cara rojiza** - **Ventral sin estrías** ⋯ Desde C. América salvo Chile ⋯ Selvas, capueras y bosques en el NE   III

612) PÁJARO CAMPANA (Bare-throated Bellbird) *Procnias nudicollis*

23 cm - Más oído que visto - Notas metálicas, estridentes, a menudo separadas - Inconfundible - **Blanco** - Zonas **celeste** verdosas **en cara y garganta** - **♀:** Cabeza cenicienta - **Dorso oliva** - **Ventral** amarillento **estriado** - J: Como ♀ - Capuchón negro ⋯ Brasil y Paraguay ⋯ Migrador B - Estrato alto en selvas del NE   I

(·) Modernamente incluido en *Fam. Tyrannidae*

Memorice la Topografía de un ave

ANAMBÉS (·): Solitarios - Pasivos - Cabezones - **Parecen tiránidos de pico fuerte y ancho** - *(4 especies de pág. 206)*

613) ANAMBÉ GRANDE (Crested Becard) *Platypsaris rufus-2R*
17 cm - Agudo trino que recuerda el de 662) - Parecido a 614) - Sin filetes blancos en cubiertas - Mancha escapular blanca - Ventral ocráceo en el NE - ♀: **Semicopete plomizo** - Dorsal rufo - Ventral acanelado ··· Brasil, Paraguay, Bolivia y Perú ··· Estrato medio y alto en selvas, bosques y quebradas húmedas   III

614) ANAMBÉ COMÚN (White-winged Becard) *Pachyramphus polychopterus*
15 cm - Ambos sexos emiten varias notas similares - Melancólico *piú..piú.. piúpiúpiú* - Recuerda a la raza misionera de 582) - Algo más oscuro que 613) - Negruzco - **Semicopete negro brillante** - Ventral plomizo - Notables **filetes blancos en cubiertas** - Apice blanco en cada timonera - ♀: Dorsal pardo oliváceo - **Filetes alares y ápice caudal canelas** - Loral blancuzco - Ventral amarillento ··· Desde Guatemala, salvo Chile - URUGUAY ··· Selvas, bosques y arboledas IV

615) ANAMBÉ CASTAÑO (Chestnut-crowned Becard) *Pachyramphus castaneus*
14 cm - Fino y ascendente *tuí..i..i* - Recuerda a la ♀ 613) - Sexos similares - **Dorsal rufo, incluso corona,** ésta rodeada por **vincha gris** - Lados del cuello y ventral canelas ··· S. América, salvo Chile ··· Estrato alto en selvas de **Misiones**   III

616) ANAMBÉ VERDOSO (Green-backed Becard) *Pachyramphus viridis*
14 cm - Secuencia agradable de piídos - Colorido - Recuerda al Juan Chiviro (799) - **Corona negra** rodeada de gris - Dorsal oliva - Ventral blancuzco - **Pecho amarillo** - ♀: Corona olivácea - **Mancha rufa en cubiertas** ··· S. América, salvo Chile - URUGUAY ··· Estrato alto en selvas, bosques y sabanas   III

NE

Memorice la Topografía de un ave

ANAMBÉS (·): Solitarios - Pasivos - Cabezones - **Parecen tiránidos de pico fuerte y ancho** - *(4 especies de pág. 206)*

613) ANAMBÉ GRANDE (Crested Becard) *Platypsaris rufus-2R*
17 cm - Agudo trino que recuerda el de 662) - Parecido a 614) - Sin filetes blancos en cubiertas - Mancha escapular blanca - Ventral ocráceo en el NE - ♀: **Semicopete plomizo** - Dorsal rufo - Ventral acanelado ··· Brasil, Paraguay, Bolivia y Perú ··· Estrato medio y alto en selvas, bosques y quebradas húmedas   III

614) ANAMBÉ COMÚN (White-winged Becard) *Pachyramphus polychopterus*
15 cm - Ambos sexos emiten varias notas similares - Melancólico *piú..piú.. piúpiúpiú* - Recuerda a la raza misionera de 582) - Algo más oscuro que 613) - Negruzco - **Semicopete negro brillante** - Ventral plomizo - Notables **filetes blancos en cubiertas** - Apice blanco en cada timonera - ♀: Dorsal pardo oliváceo - **Filetes alares y ápice caudal canelas** - Loral blancuzco - Ventral amarillento ··· Desde Guatemala, salvo Chile - URUGUAY ··· Selvas, bosques y arboledas IV

615) ANAMBÉ CASTAÑO (Chestnut-crowned Becard) *Pachyramphus castaneus*
14 cm - Fino y ascendente *tuí..i..i* - Recuerda a la ♀ 613) - Sexos similares - **Dorsal rufo, incluso corona,** ésta rodeada por **vincha gris** - Lados del cuello y ventral canelas ··· S. América, salvo Chile ··· Estrato alto en selvas de **Misiones**   III

616) ANAMBÉ VERDOSO (Green-backed Becard) *Pachyramphus viridis*
14 cm - Secuencia agradable de piídos - Colorido - Recuerda al Juan Chiviro (799) - **Corona negra** rodeada de gris - Dorsal oliva - Ventral blancuzco - **Pecho amarillo** - ♀: Corona olivácea - **Mancha rufa en cubiertas** ··· S. América, salvo Chile - URUGUAY ··· Estrato alto en selvas, bosques y sabanas   III

NE

206   (·) Modernamente incluidos en *Fam. Tyrannidae*

Fam. Cotingidae, ver pág. 37

617) TESORITO
(Swallow-tailed Cotinga)

Phibalura flavirostris

21 cm - Confiado - Pasivo - Parejas en sitios altos y visibles - **Llamativo y brillante colorido** - Semicopetón - **Larga cola ahorquillada** - Mancha nucal anaranjada - **Dorso amarillo semibarrado de negro** - **Garganta dorada** - Pecho blanco barrado - Resto ventral amarillo poco manchado - J: Mâs pálido - Sin semicopete ni garganta dorada - Cola más corta con ápice blanco en cada timonera ⋯ Brasil, Paraguay y Bolivia ⋯ Estrato alto en selvas y capueras de **Misiones**   I

618) TIJERILLA   (White-naped
Xenopsaris)   *Xenopsaris albinucha(·)*

12 cm - Confiada - Esbelta - **Corona negra** - Dorsal gris pardusco - **Ventral blanco** - ♀: **Corona castaña** - J: Dorsal estriado de pardo y canela ⋯ S. América salvo Perú y Chile ⋯ Bosques, sabanas y ambientes húmedos   II

Fam. Pipridae, ver pág. 37

619) BAILARÍN BLANCO
(White-bearded Manakin)

Manacus manacus

10 cm - Confiado - Más oído que visto - Rumor crepitante - Garganta abultada - **Blanco - Corona, alas y muy corta cola negras** - Rabadilla gris - Patas anaranjadas - ♀: Muy distinta y modesta - Dorso oliva - Ventral gris oliváceo ⋯ S. América ⋯ Selvas en **Misiones**   I

620) BAILARÍN AZUL   (Swallow-tailed
Manakin)   *Chiroxiphia caudata*

14 cm - ♂ más abundante que ♀ - Muy fuerte y melódico *ivo .. ivo .. chivío.. chivío ..* - Llamativo colorido - **Azul celeste - Capuchón negro con amplia corona roja** - Alas y cola (con **timoneras centrales alargadas)** negras - ♀: Oliva - Sin negro ni rojo ... Brasil y Paraguay ⋯ Estratos medio y bajo en selvas y capueras del NE   III

(·) Modernamente incluido en *Fam. Tyrannidae*

207

621) BAILARÍN NARANJA

(Band-tailed Manakin) *Pipra fasciicauda*

10 cm - Oculto - Llamativo colorido **anaranjado rojizo** - Dorso negro - Banda alar blanca - **Cola muy corta** con faja basal amarillenta - Ventral más amarillo - ♀: Coloración modesta - Dorsal oliva - Ventral amarillo, oliváceo en flancos y pecho - Iris gris rosáceo - Patas liláceas ··· Brasil, Paraguay, Bolivia y Perú ... Estrato bajo y medio de selvas y capueras en **Misiones**   II

622) BAILARÍN VERDE (Wing-barred Manakin) *Piprites chloris*

12 cm - Muy fuerte y sonora serie rítmica de píos, continuada por otra más alta y acentuada - Pico grueso y corto - Frente acanelada - Dorsal oliva - Notables **filetes blancuzcos en cubiertas y remeras internas** - Cara gris - Ventral amarillo oliváceo ··· S. América, salvo Chile ··· Estrato medio y alto en selvas de **Misiones**   III

623) BAILARÍN CASTAÑO

(Black-capped Manakin) *Piprites pileatus*

12 cm - Activo - Muy distinto y más llamativo que 622) - **Corona negra - Dorso rufo** - Remeras negruzcas fileteadas de verdoso, con mancha blanca visible en vuelo - Timoneras centrales negras - Ventral acanelado - Corto **pico amarillo** - ♀: Dorso oliva ··· Brasil ··· Bosques de *Araucaria* en **Misiones**   I

624) BAILARÍN OLIVÁCEO (Greenish Manakin) *Schiffornis virescens*

14 cm - Oculto - Pasivo - Curiosea - Melódico silbo bisilábico - Coloración modesta - **Oliváceo** oscuro - **Alas y cola pardas** ··· Brasil y Paraguay ··· Estratos bajo y medio en selvas de **Misiones**   III

208

AGRIORNIS: Confiados - En sitios bajos y visibles - Algo terrícolas - Silenciosos (salvo 628) - Persiguen pájaros (salvo 628 y 629) - Parecen zorzales de **pico robusto y ganchudo** *- Modesta coloración pardusca -* **Garganta blanca estriada** *- (5 especies)*

625) GAUCHO GRANDE (Great Shrike-Tyrant) *Agriornis lívida*

26 cm - Alopátrico con 627) - Filetes claros en remeras internas - Cola negruzca con vexilo externo blanco - **Abdomen canela** ··· Chile ··· Estepas áridas y arbustivas, a menudo cerca del Bosque araucano, en la Patagonia III

626) GAUCHO GRIS (Gray-bellied Shrike-Tyrant) *Agriornis microptera-2R*

23 cm - Voz *puit* - Parecido a 625) - Sin canela - **Larga ceja clara** ··· Perú, Chile, Bolivia y Paraguay ··· La población austral migra al N - Estepas arbustivas, patagónicas y altoandinas IV

627) GAUCHO ANDINO (White-tailed Shrike-Tyrant) *Agriornis andícola*

26 cm - Parecido a 628) - Mucho mayor - Ceja blancuzca - **Notable estriado gular** - Casi sin filetes en remeras internas - **Cola blanca** con sólo el par de timoneras centrales oscuras - Abdomen blancuzco - **Mandíbula amarillenta** ··· Ecuador, Perú, Bolivia y Chile ··· Estepas altoandinas en el **Aconquija** II

628) GAUCHO SERRANO (Black-bellied Shrike-Tyrant) *Agriornis montana-3R*

21 cm - Maullido apagado - Silbo cãsi humano, al amanecer - **Filetes blancos en remeras internas** - **Cola blanca con base y timoneras centrales oscuras** - Leve y corta ceja - Estriado gular poco notable - Ventral según la raza ··· Colombia, Ecuador, Perú, Bolivia y Chile ··· Estepas altoandinas, prepuna y pastizales altoserranos IV

629) GAUCHO CHICO (Least Shrike Tyrant) *Agriornis murina*

16 cm - Terrícola y de arbustos - Parece un pequeño 626) - Vuelo más ágil - Ventral más ocráceo - **Filetes claros en** cubiertas y **remeras internas** - Ceja y vexilo caudal externo, blancuzcos - **Flancos acanelados** - Migrador C hasta Paraguay y Bolivia ··· Estepas arbustivas áridas IV

NEOXOLMIS: Terrícolas - Conspicuas - Rufas, blancas y negras (3 especies)

630) MONJITA CHOCOLATE (Chocolate-vented Tyrant) *Neoxolmis rufiventris*

23 cm - Bandadas en invierno a menudo con el Chorlo Cabezón (252) - Corre agachada - Vuelo quebrado - Desconfiada - Abre y cierra la cola con rapidez - **Cenicienta** - Frente y cara negras - **Diseño alar negro, rufo y blanco** - Cola negruzca con vexilo externo claro - Abdomen castaño - Migrador C hasta Brasil [y Chile] - URUGUAY ··· Estepas patagónicas III

631) MONJITA CASTAÑA (Rusty-backed Monjita) *Neoxolmis rubetra*

18 cm - ∈ - Bandadas en invierno - **Dorsal canela, más rufo en corona-Primarias negras marginadas de rufo - Cubiertas y terciarias con mucho blanco** - Cola negruzca con vexilo externo claro - Notable y **larga ceja blanca** - Ventral blanco con pecho estriado - Migrador C - Estepas arbustivas III

632) MONJITA SALINERA (Salinas Monjita) *Neoxolmis salinarum*

16 cm - ∈ - Parecida a 631), más aún el J (Pueden ser conespecíficas) - Más notable **faja nucal y** mayor **área en cubiertas, blanco - Rabadilla blancuzca - Ventral blanco,** casi sin estrías - Salinas (Ambargasta, Sgo. del Estero) III

XOLMIS: *Conspicuas - Se posan en sitios visibles - Pasivas - Vuelo bajo y a desgano - Blancas, negras y grises - (5 especies)*

633) MONJITA DOMINICA
(Black and White Monjita)
Xolmis dominicana

19 cm - El ♂ recuerda a 636) - **Remeras y cola negras** - Resto blanco, incluso ápice de primarias, notable en vuelo - ♀: **Corona, cuello y espalda gris parduscos;** alas negras, y entre ambos faja blanca en V... Brasil y Paraguay - URUGUAY ··· Pastizales húmedos en el E   II

634) MONJITA GRIS   (Gray
Monjita)   *Xolmis cinerea*

20 cm - Recuerda una Calandria Real (772), más aún en vuelo - **Cenicienta - Loral, subocular, mancha en primarias notable en vuelo,** abdomen **y garganta blancos** - Malar negro - Apice blancuzco en cola negra - **Iris rojo** ··· Surinam, Brasil, Bolivia y Paraguay - URUGUAY ··· Sabanas, palmares y bosques, a menudo cerca del agua (PN El Palmar)   III

635) MONJITA CORONADA
(Black-crowned Monjita)
Xolmis coronata

20 cm - Parece un benteveo blanco y negro - **Corona y faja ocular negras,** separadas por **vincha blanca** - Dorsal gris pardusco - Remeras y cola negras - Filetes en cubiertas y **banda alar,** blanco ··· Brasil, Paraguay y Bolivia - URUGUAY ··· Migrador C - Bosques y estepas arbustivas   !V

636) MONJITA BLANCA
(White Monjita)   *Xolmis irupero*

17 cm - **Blanco** notable, aún desde lejos - Halconea - **Primarias y ápice caudal negros** ... Brasil, Paraguay y Bolivia - URUGUAY ··· Sabanas, bosques y áreas rurales   V

Relea con cada especie los caracteres del género

637) DIUCÓN
(Fire-eyed Diucon)   *Xolmis pyrope*

19 cm - Recuerda a 634) - Alopátricos -
Pasivo - A veces terrícola - Caza con vuelos cortos o carreritas - Débil silbo - Garganta abultada - **Dorsal plomizo** - Rabadilla clara - Ventral gris con **garganta** y
abdomen, **blancuzco** - Vexilo caudal externo claro - **Iris rojo** - J: Iris pardo ...
Chile ··· Claros en el Bosque araucano IV

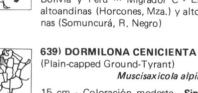

MUSCISAXICOLA: **Terrícolas** - *Confiadas - Abren y cierran la cola - Erectas -
Grupos dispersos, aún de distintas dormilonas - Parecidas entre sí - Patas largas -*
**Cola cuadrada, negra, con vexilo externo
claro** - *Dorso ceniciento a pardusco -
Ventral blancuzco - J: Filetes acanelados
en cubiertas y remeras - (9 especies)*

638) DORMILONA FRENTE NEGRA
(Black-fronted Ground-Tyrant)
                Muscisaxicola frontalis

18 cm - Notable **loral blanco** - **Frente
continuada en corona, negro** ··· Chile,
Bolivia y Perú ··· Migrador C - Estepas
altoandinas (Horcones, Mza.) y altoserranas (Somuncurá, R. Negro)   III

639) DORMILONA CENICIENTA
(Plain-capped Ground-Tyrant)
                Muscisaxicola alpina-2R

15 cm - Coloración modesta - **Sin manchas nucal ni frontal** - Alas pardas contrastadas con dorso ceniciento - Leve
ceja clara ··· Colombia, Ecuador, Perú,
Bolivia y Chile ··· Estepas altoandinas,
prepuna y cercanías de arroyos   IV

640) DORMILONA CARA NEGRA
(Dark-faced Ground-Tyrant)
                Muscisaxicola macloviana-2R

15 cm - A veces sobre matas - Coloración modesta - **Cara negruzca que pasa a
pardo en corona** - J: Sin cara negruzca ···
Perú y Chile - [URUGUAY] ··· Migrador
C - Estepas andinas, a menudo cerca del
agua, costas de mar y praderas húmedas
                                      IV

641) DORMILONA CANELA
(Cinnamon-bellied Ground-Tyrant)
Muscisaxicola capistrata

16 cm - La más acanelada - **Frente y loral negros** - Castaño en corona y nuca - **Vientre y subcaudal canelas** - J: Sin castaño en corona ··· Perú, Bolivia y Chile ··· Migrador C - Estepas húmedas en T. del Fuego - En invierno pastizales altoandinos y altoserranos   IV

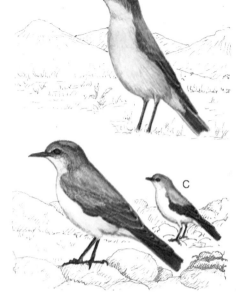

642) DORMILONA GRIS
(Rufous -naped Ground-Tyrant)
Muscisaxicola rufivertex-3R

16 cm - **Dorso gris claro** - Leve ceja blanca - **Ventral blanco - Neta mancha canela en corona** y nuca - J: Menos canela en corona ···Perú, Bolivia y Chile ··· Estepas altoandinas, prepuna y pastizales altoserranos - (Pampa de Achala, Cba.)   IV

643) DORMILONA PUNEÑA (Puna
Ground-Tyrant) *Muscisaxicola juninensis*

16 cm - Muy parecida a 644) - Dorso más claro y grisáceo - **Mancha canela en corona, más pequeña y difusa** - Ceja más corte e inconspicua ··· Perú, Bolivia y Chile ··· Estepas altoandinas en el NO   I

644) DORMILONA CEJA BLANCA
(White-browed Ground-Tyrant)
Muscisaxicola albilora

16 cm - Alopátrica en verano con 643) - Notable y **larga ceja blanca** - Amplia frente **pardo acanelado que pasa a rufo en** resto de **corona,** no tan conspicua como en 642) ··· Ecuador, Perú, Bolivia y Chile ··· Migrador C - Estepas altoandinas y altoserranas (Somuncurá, R. Negro) y cercanías de arroyos   III

213

Caracteres del género *Muscisaxicola* en pág. 212

645) DORMILONA FRAILE
(Ochre-naped Ground-Tyrant)
Muscisaxicola flavinucha-2R

18 cm - Inconfundible - Frente y loral, blancos - **Mancha nucal amarilla** que falta en J ··· Perú, Bolivia y Chile ··· Migrador C - Estepas altoandinas y altoserranas (Somuncurá, R. Negro) III

646) DORMILONA CHICA
(Spot-billed Ground-Tyrant)
Muscisaxicola maculirostris (·)

13 cm - Menos esbelta que otras dormilonas - Más confiada - Camina entre los pastos - Vuelo nupcial como cachirla - Coloración modesta - Dorso más **pardo** - **Filetes acanelados en** cubiertas y **remeras** - Ventral algo ocráceo - **Mandíbula de base amarilla** ... Desde Colombia por el O ··· Estepas altoandinas y altoserranas (Somuncurá, R. Negro), prepuna y valles cordilleranos - En invierno también en serranías IV

647) SOBREPUESTO COMÚN
(Rufous-backed Negrito)
Lessonia rufa-2R (••)

11 cm - Terrícola - Palustre - Confiado - Rara vez en arbustos o postes bajos, a la vista - Inquieto - Carreritas - **Negro - Dorso rufo** (Raza del NO más pálida - Ala ventral blanca) - **♀**: Parda - **Dorso canela** (Castaño en NO) - Cola negruzca - Ventral claro - Subcaudal blanco ··· Países limítrofes y Perú - URUGUAY ··· La raza del S es Migrador C - Cerca del agua, incluso en costas marinas y lagunas altoandinas en el NO V

(·) *M. fluviatilis,* muy parecida, ha sido citada para el NO

(••) En caso de considerarse especies distintas, L. rufa y L. oreas, se denominarían respectivamente SOBREPUESTO COMÚN y SOBREPUESTO ANDINO.

214

Fam. Tyrannidae, ver pág. 38

648) PITAJO GRIS (White-browed Chat-Tyrant) *Ochthoeca leucophrys*

13 cm - Confiado - Terrícola y de arbustos - Caza en vuelo - Breve *kuek* - Pico corto - Corona plomiza que llega a castaño en lomo y rabadilla - Dos notables **filetes rufos en cubiertas** - Visible y **larga ceja blanca** - Vexilo caudal externo blanco - **Ventral ceniciento** ··· Perú, Bolivia y Chile ··· Quebradas húmedas en cerros y cercanías de bosques montanos   III

649) PITAJO CANELA (D'Orbigny's Chat-Tyrant) *Ochthoeca oenanthoides*

14 cm - Confiado - Terrícola y de arbustos - Breve *pit* - Recuerda una monterita- Pico corto, y visible y **larga ceja blanca,** como 648) - Dorso gris pardusco - Rabadilla acanelada - Leves filetes ocráceos en cubiertas - **Garganta grisácea - Resto ventral canela** ··· Perú, Bolivia y Chile ··· Prepuna y estepas altoandinas en el NO   III

650) PICO DE PLATA (Spectacled Tyrant) *Hymenops perspicillata-2R*

13 cm - Se exhibe en matas y postes - A menudo terrícola - Carreritas - Vuelo elástico - **Negro - Primarias blancas** notables en vuelo - Pico y **periocular, amarillento -** ♀: Distinta e inconspicua - Más bien oculta - Raramente junto al ♂ - **Parda, estriada - Zona alar rufa** notable en vuelo - J: como ♀ - Sin periocular ··· Países limítrofes - URUGUAY ··· Ambientes acuáticos y cercanías, incluso en altura   V

651) VIUDITA DE RÍO (Black Phoebe) *Sayornis nigricans*

17 cm - Confiada - Activa - Se asienta en piedras o ramas sobre el agua - Balancea la cola - Vuelo elástico - Semicopete - **Negra** - Notables **filetes en cubiertas y remeras,** vexilo caudal externo **y abdomen, blancos** ··· Desde N. América por el O hasta Bolivia ··· Ríos y arroyos en yungas   IV

215

652) YETAPÁ NEGRO (Long-tailed Tyrant) *Colonia colonus*

22 cm - Confiado - En sitios visibles - Vuelo elástico - Fino silbo - Inconfundible - **Dos timoneras centrales largas** (♂: 9cm; ♀: 2cm) - **Negro** - Rabadilla, **corona y nuca blancas** - J: Sin blanco - Cola normal ··· Desde Honduras hasta Bolivia y Paraguay ··· Migrador B - Selvas y capueras en **Misiones** III

653) YETAPÁ GRANDE (Streamer-tailed Tyrant) *Gubernetes yetapa*

40 cm - En visibles sitios bajos - Robusto - Inconfundible - Ceniciento algo estriado - Alas negras con banda rufa - **Cola** (22 cm) **muy larga y ahorquillada,** negra **Garganta blanca bordeada de rufo** ··· Brasil, Paraguay y Bolivia ··· Pajonales y sabanas cerca del agua en el NE II

654) YETAPÁ DE COLLAR (Strange-tailed Tyrant) *Alectrurus risorius*

31 cm - A la vista en matas y alambrados - Cola (20 cm) con **muy largas y anchas timoneras,** que flamean en vuelo - Dorsal y **ancho collar, negro** - Ventral blanco - Garganta y pico anaranjados -♀ (20 cm) : Distinta - Dorsal pardusco - **Alargadas timoneras** más cortas y **finas** - Collar ocráceo - J: Estriado ··· Brasil y Paraguay - URUGUAY ··· Pastizales húmedos del NE (Iberá, Ctes.) III

655) YETAPÁ CHICO (Cock-tailed Tyrant) *Alectrurus tricolor*

18 cm - Recuerda a 654) - Menor - **Dos extrañas timoneras centrales** (6 cm) **muy anchas, verticales** - Dorsal y semicollar negros - Frente, notable **zona alar, y ventral, blancos** - Pico anaranjado - ♀: Dorsal pardusco - Alas y cola normal, más oscuras - Ventral blancuzco ··· Brasil, Paraguay y Bolivia ··· Pastizales húmedos en el NE II

216

KNIPOLEGUS: Confiadas - Pasivas - Ca-zan en vuelo - Banda alar blanca - ♀♀ (salvo 656): Distintas - Más coloridas y no junto al ♂ - Dorso gris pardusco - **Rabadilla rufa - Alas con notables filetes claros** *- Iris pardo - (6 especies)*

656) VIUDITA COPETONA (Crested Black-Tyrant) *Knipolegus lophotes*

19 cm - Alopátrica con 657) - Parejas posadas a la vista - **Sexos iguales - Negra** - Brillo azulado - Notable y puntiagudo **copete erecto** - Pico negro - Iris pardo ··· Brasil ··· Campos y serranías, a menudo cerca del agua en **URUGUAY**

657) VIUDITA COMÚN (White-winged Black-Tyrant) *Knipolegus aterrimus*

16 cm - Semicopete - **Negra** sin brillo - Pico plomizo brillante - Iris castaño, no rojo - **♀**: Cola rufa con mitad apical negra - **Ventral acanelado, sin estrías** ··· Perú, Bolivia y Paraguay ··· No palustre - Diversos ambientes IV

658) VIUDITA PICO CELESTE (Blue-billed Black-Tyrant) *Knipolegus cyanirostris*

14 cm - Parecida a 657) - Distinto hábitat - Banda alar inconspicua - **Pico celeste - Iris rojo - ♀**: **Corona castaña** - Dorso pardo - Timoneras marginadas de rufo - Notable **estriado ventral negro** ··· Brasil y Paraguay - URUGUAY ··· Selvas, capueras y bosques, a menudo cerca del agua, en el E (PN El Palmar) III

659) VIUDITA CHICA (Hudson's Black-Tyrant) *Knipolegus hudsoni*

13 cm - Poco conocida - En sitios visibles - Vuelo Bajo sumergiéndose en el pajonal - Parecida a 657) - Menor **Manchita blanca en flancos** que, en vuelo, forma un semicírculo con la banda alar - (Dos primarias externas muy agudas) - ♀: Recuerda a la ♀ de 657) - Menor - Corona acanelada - **Ventral blancuzco**, sin estrías - Brasil, Paraguay y Bolivia ··· Migrador C - Bosques y estepas arbustivas, a menudo cerca del agua II

217

Caracteres del género *Knipolegus* en pág. anterior

660) VIUDITA PLOMIZA (Plumbeous Tyrant) *Knipolegus cabanisi*
15 cm - Se posa en sitios visibles - Vuelo elástico - **Plomiza olivácea** - Alas y cola negras - Pico con brillo gris - **Iris rojo** - ♀: Pardo olivácea - Pecho plomizo [con leve estriado claro] - **Timoneras con vexilos rufos** y negros ⋯ Perú y Bolivia⋯ Estrato medio en bosques montanos y cercanías en el NO   IV

661) VIUDITA CHAQUEÑA (Cinereous Tyrant) *Knipolegus striaticeps*
12 cm - Vuelo nupcial en caída, con cola y alas verticales - Trino apagado - **Plomiza** - Cara y cola negruzcas -Filetes grisáceos en cubiertas - **Iris rojo** - ♀: **Corona canela** - Timoneras marginadas de rufo - Iris como el ♂ ⋯ Brasil, Paraguay y Bolivia ⋯ Bosques y sabanas de tipo chaqueño   III

662) TUQUITO RAYADO
(Variegated Flycatcher)
Empidonomus varius
17 cm - Confiado - Pasivo - Caza en vuelo Fuerte *chic..* y silbo agudo - Más esbelto y menor que 663) - **Pico no largo** - Semicopetón - Cabeza negruzca con **larga ceja y malar blancos** - Corona oculta dorada - **Dorso** negruzco **con leve escamado** - Rabadilla rufa - Timoneras rufo y negro - **Ventral** blancuzco con grueso **estriado** pardo - J: Sin estrías - Recuerda a 671)... S. América por el E hasta Bolivia y Paraguay - URUGUAY ⋯ Migrador B - Estratos medio y alto en selvas, capueras y bosques   IV

663) BENTEVEO RAYADO (Streaked Flycatcher) *Myiodynastes maculatus*
19 cm - Más oído que visto - **Bullanguero** - Inquieto - Sonoros *kuit..i* y *rec* - Repetido *uiro..uiro..uit* - Robusto - Silueta de Benteveo (672) - **Pico** más **largo y grueso** que en 662) - **Estriado dorsal y ventral** más **notables** - Ceja no tan larga ⋯ Desde C. América, salvo Chile - URUGUAY ⋯ Migrador B - Estrato alto en selvas y bosques   IV

218

Fam. Tyrannidae, ver pág. 38

664) VIUDITA BLANCA (Pied Water-Tyrant) *Fluvicola pica*

12 cm - Bastante terrícola - Palustre - En sitios visibles - Llamativa - **Dorsal negro - Amplia frente, cara,** fina rabadilla, filetes en cubiertas y remeras **y ventral, blancos** - J: Parecido a ♀ de 665) - Corona y dorso pardos ··· Desde Panamá, salvo Chile - URUGUAY ··· Sabanas inundadas, esteros y lagunas IV

665) LAVANDERA (White-headed Marsh-Tyrant) *Fluvicola leucocephala*

12 cm - Más vistosa aún que 664) a quien recuerda - Mismo hábitat y comportamiento - Menos terrícola - **Negra - Capuchón blanco** - Anaranjado en mandíbula- ♀: Dorsal pardusco - Frente y ventral blancuzcos ··· S. América salvo Chile ··· Juncales y esteros en el N II

666) PIOJITO GRIS (Sooty Tyrannulet) *Serpophaga nigricans*

11 cm - Confiado - Palustre - En sitios visibles - Aún sobre vegetación flotante - Balancea y abre la cola - Vuelo elástico - Corto *chic* al asentarse - **Gris - Cola negra** - Alas pardas con filetes claros - Corona oculta blanca - [Subcaudal amarillento] - Iris castaño ··· Brasil, Paraguay y Bolivia - URUGUAY ··· Ambientes acuáticos IV

667) TACHURÍ SIETECOLORES
(Many-colored Rush-Tyrant)
Tachuris rubrigastra-2R

10 cm - Confiado pero oculto - Palustre - Voz agradable - Llamativa coloración - **Corona** negra **con centro rojo** - Dorso oliva - Faja alar y timoneras externas, blanco - **Semicollar y cola negros** - Ventral amarillo oro - **Subcaudal rosado** - J: Pálido ··· Países limítrofes y Perú - URUGUAY ··· Juncales IV

219

668) PICABUEY
(Cattle Tyrant)   *Machetornis rixosus*

17 cm - Confiado - Gorjeos agudos, raros en tiránidos - Caza mediante **carreritas** - Anda en derredor y **sobre el ganado** - También arborícola - Recuerda a 676) - **Pálido** - Cabeza cenicienta que pasa a pardusco en lo dorsal - Eréctil **corona oculta roja** - Ventral amarillo ··· S América salvo Ecuador, Perú y Chile - URUGUAY ··· Sabanas, bosques, áreas rurales y **poblados**   ·V

669) SUIRIRÍ AMARILLO (Yellow-browed Tyrant)   *Satrapa icterophrys-[2R]*

.16 cm - Confiado - Pasivo - **Dorsal oliva** (Plomizo en el NO) - Filetes blancuzcos en cubiertas y remeras internas - Notable **ceja y ventral, amarillo oro** ··· Venezuela, Brasil, Bolivia y Paraguay - URUGUAY ··· Sabanas y bosques montanos, casi siempre cerca del agua   IV

670) MOSQUETA CEJA AMARILLA
(Yellow Tyrannulet) *Capsiempis flaveola*

11 cm - Parejas o grupos invernales - Confiada - .Repetido y dulce *urítiti* - Además apagado *brrr* - Parecida a 669) - Distinto hábitat - Cola delgada - Notable **ceja,** dos filetes en cubiertas y **ventral amarillos oro** ··· Desde Nicaragua por el E hasta Bolivia y Paraguay ··· Estratos bajo y medio a orillas de selvas en Misiones   III

671) TUQUITO CHICO   (Piratic Flycatcher)   *Legatus leucophaius*

14 cm - En época de cría ronda colonias de boyeros - Usurpa nidos cerrados - Silbo repetido y agudo *fi..io* - Parecido a 662) (Más aún al J) - Menor - Pico corto - **Dorsal** pardo **uniforme** - Corona oculta amarilla - Rabadilla y **cola sin rufo** - Semicopete, faja ocular y bigote oscuros, y ceja, malar y garganta blancos ,intercalados - Ventral amarillento estriado en pecho ··· Desde Méjico salvo Chile ··· Estrato medio en capueras y bosques del N   III

Relea con cada especie los caracteres del grupo

BENTEVEOS (·): Parecidos entre sí - Difieren en tamaño, pico y voces - Cazan en vuelo - Dorso pardo oliváceo - Cabeza negra con notable **ceja blanca** *(vincha en 672 y 673)* - **Ventral amarillo** - *JJ: Filete canela en cubiertas y remeras* - *(4 especies de pág. 221)*

672) BENTEVEO COMÚN (Great Kiskadee)   *Pitangus sulphuratus* [2R]

22 cm - Muy conocido - Audaz - Pesca y halconea - Bullanguero - Agudo *bicho.. fuiii* y otras voces - Cabezón - Pico robusto pero menos que el de 673) - Filetes canelas en remeras ··· Desde N. América, salvo Chile - URUGUAY ··· Diversos ambientes, a menudo húmedos - **Poblados**   VI

673) PITANGUÁ (Boat-billed Flycatcher)   *Megarhynchus pitangua*

21 cm - En sitios visibles - Bullanguero - Raspante *tírrri..* y repetido *chuiribiribiri,* inconfundible con voces de 672) - **Enorme y ancho pico** con maxila curva - Patas cortas ··· Desde Méjico, salvo Chile ··· Estrato alto en selvas y bosques del N
III

674) BENTEVEO MEDIANO
(Vermilion-crowned Flycatcher)
Myiozetetes similis

16 cm - Sitios visibles en arbustos, cerca o en el agua - Serie de agudos y repetidos silbos *juit..* - Mucho menor y menos cabezón que 672) - Pico corto - **Garganta** también **blanca** - Filetes en cubiertas y remeras - Corona oculta anaranjada, rara vez visible ··· De C. América a Bolivia y Paraguay ··· A media altura en selvas y capueras del NE
IV

675) BENTEVEO CHICO
(Three-striped Flycatcher)
Conopias trivirgata

14 cm - Parecido a 674) - Pico similar - Áspero *criii..crii* - Dorso algo más oliva - Sin mancha oculta en corona ni filetes en cubiertas - **Garganta amarilla** como resto ventral ··· Brasil y Paraguay ··· Estrato alto en selvas y capueras del NE III

(·) *P. lictor,* pequeño y de pico fino, fue capturado en Bs. As.

221

676) SUIRIRÍ REAL (Tropical
Kingbird) *Tyrannus melancholicus*

20 cm - En sitios visibles y altos -
Vuelo elástico - Rápido, agudo y casi
trinado *síriri* - **Cola triangular furcada**
Capuchón gris - Corona oculta anaranjada - Dorso y pecho gris oliváceos - Resto
ventral amarillo oro - Migrador B ··· Desde N. América, salvo Chile - URUGUAY
··· Bosques, sabanas, claros de selvas, arboledas y áreas rurales V

677) TIJERETA (Fork-tailed
Flycatcher) *Tyrannus savana*

38 cm - Caza en vuelo - Inconfundible -
Cabeza, y larguísima cola (28 cm), **negras** - Corona oculta amarilla - Dorso gris-
Ventral blanco - ♀: Cola 14 cm - J: Cola
no larga ··· Migrador B (en bandadas)
hasta N. América, salvo Chile y Perú -
URUGUAY ··· Sabanas, bosques, estepas
arbustivas y áreas rurales V

678) SUIRIRÍ BOREAL (Eastern
Kingbird) *Tyrannus tyrannus*

18 cm - Grupos - Esbelto - Recuerda a
J 677) - **Cabeza negra** - Corona oculta
roja - Dorso plomizo - **Cola negra con
ápice blanco** - **Ventral blanco** agrisado
en pecho - Migrador A ··· Estrato alto en
selvas y bosques del N II

679) SUIRIRÍ SILBÓN
(Sirystes) *Sirystes sibilator*

17 cm - Curiosea - Revolotea - En sitios
visibles - Silbo continuo *fui..fuí..fuí..
fuio* - Esbelto - Recuerda *Myiarchus* y
a 681) - **Ceniciento** - Notable **copete,
alas y cola negros** - Dorso con inconspicuo estriado pardo - **Filetes en cubiertas** y remeras internas, **grises** ··· Desde
Panamá, salvo Chile ··· Estrato alto en
selvas de **Misiones** IV

680) VIUDITA COLUDA (Shear-tailed Gray-Tyrant) *Muscipipra vetula*

21 cm - En sitios visibles - Vuelo elástico-Silbo bisilábico , apagado pero notable - **Gris en contraste con el negro de alas y cola larga y furcada** ··· Brasil y Paraguay ··· Estratos alto y medio en capueras y selvas de **Misiones** (Mocona) II

681) TUQUITO GRIS
(Crowned Slaty-Flycatcher)
Empidonomus aurantioatrocristatus
17 cm - **Muy confiado** en sitios visibles - Vuelo elástico - Grillado *yiit*.. - **Esbelto** - Semicopetón - **Gris pardusco casi uniforme** - Ventral grisáceo - [Abdomen amarillento] - **Corona negra** con oculto centro amarillo oro - **Ceja gris** - J: Ceja blancuzca - Filetes rufos en remeras y timoneras-Sin corona oculta ··· Colombia, Ecuador, Brasil y Paraguay - URUGUAY ··· Bosques y sabanas de tipo chaqueño IV

682) BURLISTO CABEZA GRIS
(Rufous-tailed Attila) *Attila phoenicurus* (•)
17 cm - Continua y rítmica secuencia trisilábica - Parecido a diversos pájaros como 683) - **Cabeza plomiza - Resto rufo,** más claro en rabadilla y ventral ··· Venezuela, Brasil y Paraguay ··· Estratos medio y alto en selvas de **Misiones** I

683) BURLISTO CASTAÑO
(Rufous Casiornis) *Casiornis rufa* (·)
16 cm - Secuencia trisilábica descendente de silbos agudos - Parecido a 682), 615), ♀ 613), ♀ 828), ♀ 829), etc. - Dorsal **rufo** más notable en semicopete, cubiertas y cola - **Ventral ocráceo**, acanelado en pecho y subcaudal - **Pico de base canela y ápice negro** ··· Brasil, Paraguay y Bolivia ··· Estrato medio en selvas, bosques y sabanas en el N II

Relea con cada especie los caracteres del género

MYIARCHUS: Parecidos entre sí - Confiados - Pasivos - Cantan al amanecer - Varias voces diurnas - Esbeltos - Postura erecta - Notable semicopete - Pico y cola, largos - Dorsal pardo oliváceo - Garganta y pecho grises - Resto ventral amarillento - JJ: Leve reborde rufo en timoneras - (4 especies)

684) BURLISTO COLA CASTAÑA
(Brown-crested Flycatcher)

Myiarchus tyrannulus

18 cm - Silbos cortos y repetidos *kuit..* - Filetes claros en cubiertas y remeras internas - **Filetes rufos en primarias,** poco notables - **Márgenes de timoneras rufos,** visibles ventralmente ··· Desde N. América, salvo Chile ··· Bosques y sabanas IV

685) BURLISTO PICO CANELA
(Swainson's Flycatcher)

Myiarchus swainsoni-2R

18 cm - Parecido a 686) (Más aún la raza simpátrica del NE) - Melancólico y gutural *mauu* - Silbo *uío* - No hace *uirrrr* - Cola algo corta en relación al ala puntiaguda - **Notables filetes blancuzcos** (inconspicuos en el NE) - **Cara negruzca y rabadilla acanelada** (salvo en el NE) - Pico no negro - **Mandíbula** total o basalmente **canela** ··· S. América salvo Chile URUGUAY ··· Migrador B - Bosques incluso en áreas secas, sabanas y selvas IV

686) BURLISTO PICO NEGRO
(Short-crested Flycatcher)

Myiarchus ferox

18 cm - **Apagado trino** *uirrrr* - Matraqueo - No hace *mauu* ni *kuit* - Casi indistinguible de la raza del NE de 685) - Inconspicuos filetes en cubiertas y remeras- Cola algo larga en relación al ala redondeada - **Pico negro,** sin mandíbula parda ni canela ··· S. América, salvo Chile ··· Selvas, sabanas y bosques húmedos del NE II

687) BURLISTO CORONA NEGRA
(Dusky-capped Flycatcher)

Myiarchus tuberculifer

16 cm - Caza en vuelo - Melancólico silbo y voz *uirr* - **Corona negra** - **Dorso oliváceo** - Sin filetes en cubiertas - Vientre más amarillo ··· Desde N. América, salvo Chile ··· Yungas III

688) BURLISTO COPETÓN (Greater Pewee) *Contopus fumigatus*

17 cm - Confiado - Pasivo - En sitios altos y visibles - A menudo en árboles secos - Continuo y repetido *pit.*. - Recuerda una *Elaenia* de pico mas bien largo - Colores modestos - Esbelto - Notable **semicopete erecto** - Gris pardusco - Ventral grisáceo - Blancuzco en abdomen - Leves filetes en cubiertas y remeras ··· Desde Venezuela por el O, salvo Chile ··· Yungas y bosques   III

689) BURLISTO CHICO (Tropical Pewee) *Contopus cinereus-2R*

13 cm - Parecido a 688) - Leve semicopete - Silbo *fuit..fuit..fuit* y sonoro *piui* mientras **menea la cabeza** - Oscuro - Loral blancuzco - **Mandíbula amarilla** ···· Desde Venezuela, salvo Chile ··· Selvas y capueras   III

690) MOSQUETA PARDA (Euler's Flycatcher) *Empidonax euleri-2R*

12 cm - Confiada - Caza saltando o con vuelo elástico - Inquieta - Silbo *fi..fiuí* - Parecida a 699), sin estriado - Menor que 692) y sin ceja - **Dorsal pardo** - Alas negruzcas con notables **filetes en cubiertas** y leves en remeras internas, **acaneladas** - Loral ocráceo - Pecho ceniciento que pasa a blancuzco en abdomen - Mandíbula clara ··· Desde Venezuela, salvo Chile - URUGUAY ··· Estratos bajo y medio en capueras, selvas y bosques   III

691) MOSQUETA BOREAL (Traill's Flycatcher) *Empidonax traillii*

12 cm - Pasiva - Balancea la cola - Coloración modesta - Dorsal pardusco - **Dos filetes blancos en alas** negruzcas - Ventral blancuzco, más grisáceo en pecho y amarillento en abdomen - Mandíbula clara - Migrador A ··· Selvas del NO y NE   II

692) MOSQUETA CEJA BLANCA
(Fuscous Flycatcher)

Cnemotriccus fuscatus

14 cm - Pasiva e inconspicua - Claro silbo *uuuuui* y otras voces - Parecida a 690) - Mayor - **Ceja blancuzca - Dorso pardo**, más castaño en rabadilla - **Filetes canelas** en cubiertas y remeras internas - Pecho ceniciento que pasa a blancuzco en abdomen - Pico negro ··· Desde Venezuela, salvo Chile ··· Estratos medio y bajo en selvas, bosques y sabanas en el NO y NE

II

693) SUIRIRÍ PICO CORTO   (Scrub
Flycatcher)   *Sublegatus modestus*

13 cm - En sitios visibles - Silbo *fiií* - Recuerda *Elaenia* - **Semicopetón** - Sin periocular ni corona oculta - Leve ceja y filetes en cubiertas y remeras internas, blancuzcos - Pecho gris - Resto ventral amarillento - **Corto pico negro** ··· Desde C. Rica, salvo Chile - URUGUAY ··· Sabanas, bosques y estepas arbustivas (no en selvas)

III

694) SUIRIRÍ COMÚN   (Suiriri
Flycatcher)   *Suiriri suiriri*

13 cm - Vuelo elástico - Fuerte, corto y nasal *eu* - Además *tío..tío..prrr* y otras voces - **Dorsal gris** pardusco, más gris en cabeza y cuello - Alas y cola negras - Notables **filetes blancuzcos en cubiertas** y remeras internas - Pecho grisáceo - Resto **ventral blanco** [algo amarillento en abdomen] - Pico negro ··· Brasil, Paraguay y Bolivia - URUGUAY ··· Sabanas y bosques

III

695) SUIRIRÍ GRANDE   (Great-Suiriri
Flycatcher)   *Suiriri affinis (·)*

14 cm - Parecido a 694) (en general considerado conespecífico) - Pico más largo y robusto - Suave llamada - Mientras canta eleva ambas alas - Ruidoso - Voces a dúo - Ligero **balanceo caudal - Rabadilla blancuzca - Vientre amarillo** ··· Brasil ··· Selvas y capueras

I

(·) Además de la cita para Salta, existe un probable registro visual nidificando en PN Pilcomayo, Formosa

696) BIRRO GRANDE (Streak-throated Bush-Tyrant) *Myiotheretes striaticollis*

21 cm - Visible en árboles altos - Caza en vuelo regresando con aleteo algo lento - Frecuente *fíui* - Recuerda a 697) - Pico robusto y largo - **Remeras y cola rufas con ápice negro,** notables en vuelo - **Garganta blanca estriada de negro - Ventral canela** ··· Desde Venezuela por el O, salvo Chile ··· Yungas   III

697) BIRRO COMÚN (Cliff Flycatcher) *Hirundinea ferruginea-2R*

16 cm - Muy confiado - Caza en el aire con vuelo acrobático, como una golondrina - Al asentarse, trinado *buirrrr* - Menor que 696) - Rufo - Dorsal pardo - **Remeras y cola, con ápice negro** ··· De Venezuela, salvo Chile - URUGUAY ··· Quebradas húmedas, bosques, selvas y más bien **poblados**   III

698) BIRRO CHICO (Cinnamon Flycatcher) *Pyrrhomyias cinnamomea*

12 cm - Confiada - Inquieta - Caza en vuelo - Trinado y musical *chirrrr* - Menor que 697) - Dorso oliváceo - Corona oculta dorada - Rabadilla ocre - Alas y cola negruzcas **- Zona en remeras y filetes en cubiertas, rufo - Ventral rufo** que llega a canela en abdomen ··· Desde Venezuela por el O, salvo Chile ··· Estrato alto y medio en yungas   III

699) MOSQUETA ESTRIADA (Bran-colored Flycatcher) *Myiophobus fasciatus*

12 cm - Confiada - Varias voces monosilábicas y trinos melódicos notables para un tiránido - **Dorso castaño acanelado** - Corona oculta amarilla o anaranjada - Alas negras con **filetes acanelados en cubiertas** - Ventral blancuzco con notable **estriado pectoral oscuro** que no posee 690) ··· Desde C. Rica, salvo Chile- URUGUAY ··· MIgrador B en el S - A baja y media altura en bosques y arboledas, a menudo cerca del agua   IV

227

700) PICOCHATO CABEZON
(Large-headed Flatbill)

Ramphotrigon megacephala

13 cm - Voz *ho..hu* - Pico ancho y chato-
Corona pardo **negruzca** - Dorso oliváceo -
Dos filetes canelas en cubiertas pardo negruzcas - Fina **ceja amarillenta** - Pecho
oliváceo que pasa a amarillento en abdomen - Mandíbula de base rosácea ··· Desde Venezuela, salvo Ecuador y Chile ···
Estrato alto en selvas, de **Misiones**   II

701) PICOCHATO GRANDE
(Yellow-Olive Flycatcher)

Tolmomyias sulphurescens-3R

13 cm- Oculto - Tres enfáticos silbos
fíít - Característico **nido colgante** - Parecido a 700) y a otros tiránidos selváticos - Loral y mejillas claras - Postauri-
cular oscuro - Dorsal oliva - Dos filetes
amarillos en cubiertas negruzcas - Ventral amarillento con leve estriado pectoral - Anchas maxila negra y **mandíbula
blanca** a rosácea - Iris grisáceo ··· C. América, salvo Chile ··· Estrato medio y alto
en yungas, selvas y bosques en el N
(Guaycolec, Fsa.)   III

702) PICOCHATO CHICO
(Russet-winged Spadebill)

Platyrinchus leucoryphus

11 cm - Mismo aspecto que 703) - **Pico**
también **muy ancho** (12 mm) con maxila
negra y mandíbula rosácea - **Corona
oculta blanca** - Dorsal pardo oliváceo -
Alas castañas - Ceja, periocular y ventral
blancuzcos - Faja pectoral parda ··· Brasil
y Paraguay ··· Estratos bajo y medio en
selvas de **Misiones**   I

703) PICOCHATO ENANO
(White-throated Spadebill)

Platyrinchus mystaceus

9 cm - Confiado - Oculto - Pasivo - Vuelo
corto y ruidoso - Diminuto - Rechoncho-
Cola muy corta - Pico muy ancho y chato - Corona oculta amarilla - **Dorsal pardo acanelado** - Ojo grande con periocular
y ceja blancas - Faja postocular y malar
negras - **Garganta blanca** - Ventral blanco
acanelado - ♀: Sin amarillo en corona ···
Desde C. América, salvo Chile ··· Estratos
bajo y medio en selvas del NE   II

704) MOSQUETA DE ANTEOJOS
(Drab-breasted Pygmy-Tyrant)

Hemitriccus diops

10 cm - Difícil de ver - Voz *bit* ó *bitbuit*- Semicopetón - **Dorsal oliva - Media ceja loral blanca** - Sin filetes en cubiertas - Leve mancha blanca en pecho superior - Pecho ceniciento acanelado que pasa a blancuzco en resto ventral ··· Brasil y Paraguay ··· Estratos bajo y medio no lejos del agua, en selvas y capueras de **Misiones** II

705) MOSQUETA CABEZA CANELA
(Ochre-faced Tody-Flycatcher)

Todirostrum plumbeiceps-2R

9 cm - Mucho más oído que visto - Audible pero bajo *brrrp* - Diminuto - **Capuchón canela** con corona (y auricular en el NE) plomizos - Dorso oliva - Ventral blancuzco - Dos filetes acanelados en cubiertas negruzcas ... Brasil, Paraguay, Bolivia y Perú ··· Estrato bajo y denso en yungas, selvas, y capueras en el NE y NO (PN El Rey) III

706) MOSQUETA OJO DORADO
(Pearly-vented Tody-Tyrant)

Todirostrum margaritaceiventer

10 cm - Confiado - Recorredor - Más oído que visto - Fuerte *chic..chac..chic. chic* (que recuerda el del Doradito 716) - Además *chic..chic..chierrr* - **Cabeza grande, gris** - Dorso oliváceo - Dos filetes claros en cubiertas - **Ventral blancuzco poco estriado de gris** en garganta y pecho - Pico algo largo, castaño - **Iris dorado** - ... Desde Venezuela, salvo Ecuador y Chile ··· Estratos bajo y medio en bosques y sabanas de tipo chaqueño III

707) MOSQUETA ENANA
(Eared Pygmy-Tyrant)

Myiornis auricularis

7 cm - Confiada - Inquieta - Rapidísimo movimiento alar - Fuerte voz como golpecitos agudos *pric,* continuos - Diminuta - Cola corta y angosta - Dorsal oliváceo - Notable **media luna auricular negra** - Cara acanelada - Filetes en cubiertas, remeras, timoneras externas y ventral, amarillos - **Garganta y pecho estriados de negro** ··· Brasil, Paraguay, Bolivia y Perú ··· Orillas de selvas y capueras en **Misiones** III

Relea con cada especie los caracteres del género

PHYLLOSCARTES: Pequeñas - Cola se mierecta salvo 708) - Parecidas entre sí y a otros tiránidos verdes - Dorso oliva - Cola algo larga - (4 especies)

708) MOSQUETA MEDIA LUNA
(Southern Bristle-Tyrant)

Phylloscartes eximius

10 cm - Activa y ruidosa - Pico fino y corto - **Corona negruzca** - Larga y discontinua **ceja blanca** - **Mejilla amarilla** casi encerrada por **media luna negra** - Alas y cola con filetes verdes - Vientre amarillo - Mandíbula rosácea ··· Brasil y Paraguay ··· Estratos bajo y medio en selvas y capueras de **Misiones** III

709) MOSQUETA CARA CANELA
(Bay-ringed Tyrannulet)

Phylloscartes sylviolus

10 cm - Semicopetón - Pico fino y corto **Zona periocular canela** - Alas y cola con filetes verdes - **Ventral blancuzco** - Iris dorado ··· Brasil y Paraguay ··· Estrato medio en selvas de **Misiones** II

710) MOSQUETA OREJA NEGRA
(Sao Paulo Tyrannulet)

Phylloscartes paulistus

10 cm - Mancha auricular **("oreja") negra** - **Filetes verdes en remeras, no en cubiertas** - Pecho oliváceo que pasa a amarillo en vientre ··· Brasil y Paraguay... Estrato alto en selvas de **Misiones** I

711) MOSQUETA COMÚN
(Mottled-cheeked Tyrannulet)

Phylloscartes ventralis-2R

10 cm - Confiada - Activa - Recorredora - Continuo *chik* - Fuerte canto - Suave trino *trrr* - Dos notables **filetes amarillentos en cubiertas** y leves en remeras pardo **negruzcas** - **Ceja** y ventral, **amarillo** ··· Brasil Paraguay, Bolivia y Perú - URUGUAY ··· Estratos medio y alto en selvas y yungas IV

712) BARULLERO (Tawny-crowned Pygmy-Tyrant) *Euscarthmus meloryphus*

10 cm - Mucho más oído que visto - Fuerte y repetido *prrrikechikek* - Coloración modesta, salvo semioculta **corona anaranjada** - Dorsal pardo uniforme - Ventral blancuzco que llega a amarillento en abdomen ··· Desde Venezuela, salvo Chile - URUGUAY ··· Matorrales y vegetación baja en sabanas, selvas y bosques de tipo chaqueño   IV

713) TACHURÍ CANELA (Bearded Tachuri)   *Polystictus pectoralis*

9 cm - Caza en vuelo - Semicopetón - Leve ceja - **Capuchón negruzco estriado de blanco** - Dorso pardo acanelado - Rabadilla, **pecho y flancos, canela** - Filetes acanelados en cubiertas y remeras - Resto ventral blanco ocráceo - ♀: Sin capuchón ··· Desde Venezuela, salvo Ecuador, Perú y Chile - URUGUAY ··· Vegetación palustre y cercanías   III

714) TACHURÍ COLUDO (Sharp-tailed Tyrant)   *Culicivora caudacuta*

10 cm - Recuerda al Espartillero Enano (531) - Cola larga y angosta terminada en puntas - Estriado blanco en corona negruzca - Notable **ceja blanca** - **Dorso estriado de canela y negruzco** - Rabadilla canela - Ventral blanco acanelado - J: Cola más corta ··· Brasil, Paraguay y Bolivia ··· Pastizales y pantanos en el NE   II

715) CHURRINCHE (Vermilion Flycatcher)   *Pyrocephalus rubinus*

13 cm - Se exhibe - Corto vuelo elástico - Suave *pint*, y *ch..churrin* en vuelo nupcial - Llamativo - Notables **corona, semicopete y ventral rojos** - Resto negruzco - ♀: Poco llamativa - Dorso gris pardusco- **Pecho estriado de gris - Subcaudal rosáceo** - J: Como ♀ - Abdomen amarillo ··· Desde N. América - URUGUAY ··· Migrador B (en el N quedan individuos) - Sabanas, bosques, estepas arbustivas y áreas rurales   IV

231

PSEUDOCOLOPTERYX: Palustres - Cantan en lo alto de tallos - Mas bièn ocultos - Pequeños - Esbeltos - Parecidos entre sí - Filetes claros en cubiertas y remeras internas - (4 especies)

716) DORADITO COMÚN (Warbling Doradito) *Pseudocolopteryx flaviventris*

10 cm - Menos confiado que el Sietecolores de Laguna (667) con quien convive - Canto *chek.. chek.. chekchik* - **Semicopete y corona castaños - Dorso pardo** - Ventral amarillo ··· Brasil, Paraguay y Chile - URUGUAY ··· Juncales   IV

717) DORADITO OLIVÁCEO (Subtropical Doradito) *Pseudocolopteryx acutipennis*

10 cm - Semicopete y **dorso, oliváceo** - Alas y cola pardas - **Ventral amarillo oro** ··· Colombia, Ecuador, Perú y Bolivia ··· Vegetación palustre en serranías   II

718) DORADITO PARDO (Dinelli's Doradito) *Pseudocolopteryx dinellianus*

9 cm - Fuerte y complejo *chek..chek.. churrí..churrí* - En vuelo (similar al de 719) voz *chik* - Semicopete y **corona parda** (no castaña ni oliva) - Dorso pardo algo oliváceo - **Garganta amarillo oro que pasa a amarillo oliváceo en resto ventral** ··· Paraguay y Bolivia ··· Sunchales y otra vegetación palustre (NE de Cba.) III

719) DORADITO COPETÓN (Crested Doradito) *Pseudocolopteryx sclateri*

9 cm - Suele volar con el cuerpo vertical- Notable **copete eréctil, negro con listas amarillas** [bien conspicuas] - **Dorso** olivá- ceo **estriado** de oscuro - Notables filetes amarillos en cubiertas negruzcas - **Ceja blancuzca** - Ventral amarillo oro ··· Guayanas, Brasil y Paraguay ··· Juncales y áreas rurales   II

720) CALANDRITA
(Greater Wagtail-Tyrant)
Stigmatura budytoides-2R

13 cm - Bullanguera - Rápido y fuerte *quirquincho,* a dúo - **Dorsal gris oliváceo** - Notable reborde en cubiertas y remeras internas - **Cola larga algo erecta, con ápice blanco** - Visibles **ceja** y ventral, **amarillento** ⋯ Brasil, Paraguay y Bolivia Sabanas, bosques y estepas arbustivas IV

721) PIOJITO COMÚN (White-crested
Tyrannulet) *Serpophaga subcristata (•)*

9 cm - Diminuto - Recorredor - Enfático y suave *chin..churisa* y otras voces - Corona plomiza con mancha blanca oculta - **Dorso gris** algo **oliváceo,** no plomizo como en 722) - Filetes claros en cubiertas negruzcas - Pecho gris que pasa a **amarillento** en resto **ventral** ⋯ Brasil, Paraguay y Bolivia - URUGUAY ⋯ Bosques, sabanas, estepas arbustivas, arboledas y poblados IV

722) PIOJITO VIENTRE BLANCO
(White-bellied Tyrannulet)

Serpophaga munda (••)

9 cm - Prolongado y fuerte *chi..chiriríri* - Parece un diminuto Suirirí (694) - Similar a 721) - Cola algo más larga - **Dorsal plomizo** ... Filetes blancos en cubiertas negruzcas - Pecho gris que pasa a **blanco** en resto **ventral** ⋯ Brasil, Paraguay y Bolivia - [URUGUAY] ... Bosques y sabanas del O II

723) PIOJITO PICUDO (Plain
Tyrannulet) *Inezia inornata*

9 cm - Parecido a 721) - **Pico** más **robusto - Sin mancha oculta en corona cenicienta** ⋯ Brasil, Paraguay, Bolivia y Perú ⋯ Sabanas y bosques de aliso de río en el NO II

(•) La forma *griseiceps* suele considerarse especie aparte. En ese caso su nombre sería PIOJITO TRINADOR.

(••) A veces considerada conespecífica con 721)

233

724) CACHUDITO PICO AMARILLO
(Yellow-billed Tit-Tyrant)

Anairetes flavirostris

10 cm - Confiado - Inquieto - Notable y **fino copete erecto, negro** con estriado basal blanco - Dos filetes blancuzcos en cubiertas - Grueso y notable **estriado pectoral negruzco** - Resto ventral amari llento - Pico negro con base de **mandíbula amarillo anaranjada** ··· Perú, Bolivia y Chile ··· Sabanas, bosques y estepas arbustivas III

725) CACHUDITO PICO NEGRO
(Tufted Tit-Tyrant) *Anairetes parulus-3R*

10 cm - Parecido a 724) en coloración y comportamiento - Rápido *piribiribi* - Fino y notable **estriado pectoral negruzco - Pico negro** ··· Desde Colombia por el O ··· Bosques, estepas arbustivas y patagónicas y quebradas andinas III

726) PIOJITO GARGANTILLA
(White-throated Tyrannulet)

Mecocerculus leucophrys

12 cm - Inquieto - Bullanguero - Fuerte y agudo *briip* y otras voces - Dorsal pardo oliváceo - Notables filetes ocráceos en cubiertas y remeras internas - Corta ceja y **abultada garganta, blanca** - Pecho ceniciento - Resto ventral amarillento ··· Desde Venezuela y Brasil por el O hasta Bolivia ··· Yungas V

727) PIOJITO DE LOS PINOS
(Buff-banded Tyrannulet)

Mecocerculus hellmayri

10 cm - Corona plomiza - Dorso oliva - Rabadilla acanelada - Notables filetes más oliváceos que en 726) - Ceja blanca - Pecho oliváceo - Vientre amarillento ··· Perú y Bolivia ··· Bosques montanos en **Jujuy** (PN Calilegua) II

Relea con cada especie los caracteres del género

ELAENIA: Muy parecidos entre sí (Observar detalles y voces) - *Confiados* - *Pasivos* - **Pico corto** - *La mayoría con este patrón: Corona oculta blanca, dorso pardo oliváceo, filetes blancuzcos en cubiertas y remeras internas, pecho gris, resto ventral amarillento, párpado claro y mandíbula anaranjada* - [*Migradores B*] - *(8 especies)*

728) FIOFÍO OSCURO (Highland Elaenia) *Elaenia obscura-2R*

16 cm - Audible trino grave similar al de 578) - **Grande** - **Sin corona oculta** - Dos notables filetes ocráceos, o blancos en cuiertas - Filetes en remeras amarillo verdosos - **Ventral** mas bien oscuro y **oliváceo (no gris)**, amarillento en abdomen ··· Brasil, Paraguay, Bolivia y Perú ··· Estrato medio en selvas del NO y NE III

729) FIOFÍO GRANDE (Large Elaenia) *Elaenia spectabilis*

16 cm - No selvático - Explosivo silbo *pfeu* o *fuiu* - **Mayor** que 730) - Pico más alto y oscuro - Pecho gris más uniforme ··· Colombia, Brasil, Paraguay, Bolivia y Perú ··· Capueras, bosques y sabanas III

730) FIOFÍO COPETÓN (Yellow-bellied Elaenia) *Elaenia flavogaster*

14 cm - Parecido a 729) - Aspero *vik.. kriup..kriup* - También *riii*, **a veces a dúo** - **Notable copete** - Pico más pardo y ancho y menos alto - Visibles **filetes en cubiertas** y en terciarias - El amarillo del vientre penetra como leve estriado en el pecho ··· Desde C. América, salvo Chile ··· Estratos alto y medio en selvas, bosques y sabanas del N III

731) FIOFÍO PLOMIZO (Slaty Elaenia) *Elaenia strepera*

14 cm - Serie de trinos *t..t..t..trrr* que ascienden y descienden - Distinto de otros fiofíos - **Plomizo** - Inconspicuos filetes alares - Abdomen blancuzco - ♀ y **J:** Más **oliváceos** - Abdomen amarillento ··· Venezuela, Colombia, Brasil, Bolivia y Perú ··· Estrato medio en yungas III

235

Caracteres del género *Elaenia* en página anterior

732) FIOFÍO SILBÓN (White-crested Elaenia) *Elaenia albiceps-2R*

13 cm - A menudo en sitios visibles - Espaciado y lastimero *fíío* - Pico fino - **Semicopete** más conspicuo que en 733), **dividido por triángulo blanco** hasta la nuca **Pecho gris oliváceo** ··· Desde Colombia y Brasil - URUGUAY ‾ La raza del S es Migrador C ··· Bosque araucano (V) y chaqueño, estepas arbustivas y aún poblados IV

733) FIOFÍO PICO CORTO (Small-billed Elaenia) *Elaenia parvirostris*

13 cm - Llamada *pk* - Canto de 3 ó 4 sílabas - Además *pirr* o *pirr...rruí* - Muy parecido a 732), 734) y 735) - Corona oculta - Malar grisáceo - Pecho sin oliváceo - Abdomen mas bien blancuzco ··· S. América, salvo Chile, URUGUAY ··· Bosques, sabanas y arboledas IV

734) FIOFÍO OLIVÁCEO (Olivaceous Elaenia) *Elaenia mesoleuca*

14 cm - Difícil de distinguir de los simpátricos 733) y 735) - Voz típica *prrrt.. prrprrírrr* - Llamado alto, rápido, fuerte *uou* y repetido *pirr* - Sin corona oculta - Pico más ancho que en 732) y 735) - Ventral algo oscuro, por pecho y flancos oliváceos - Malar oliva ··· Brasil y Paraguay ··· Selvas y bosques en el NE III

735) FIOFÍO BELICOSO (Lesser Elaenia) *Elaenia chiriquensis*

13 cm- Nidifica en plantaciones, no en la selva - Característico *uip* - Pico como en 732), más fino que los simpátricos 730), 733) y 734) - Corona oculta - Dorso gris pardusco, con leve o **sin olivàceo** - Notables filetes en remeras internas - Menor y menos copetón que 730) ··· Desde C. Rica, salvo Chile ··· Capueras y áreas rurales en **Misiones** III

236

736) FIOFÍO CORONA DORADA
(Greenish Elaenia)   *Myiopagis viridicata*

12 cm - Parecido a 737) - Ambos recuerdan *Elaenia* - Notable y continuo *píui* - Semioculta **faja dorada en corona** - Dorso oliváceo - **Sin filetes en cubiertas** - Notable **párpado blancuzco** - Pecho gris oliváceo que pasa a amarillo en resto ventral - Pico corto y fino con mandíbula anaranjada ··· S. América, salvo Chile··· Estratos medio y alto en bordes de selvas y bosques en el N   III

737) FIOFÍO CENICIENTO
(Gray Elaenia)   *Myiopagis caniceps*

11 cm - Agudo *uip* ó *uipuip* - Alas pardas con notables **filetes amarillentos en cubiertas** y remeras internas, que no posee el simpátrico 736) - También párpado claro - Gris - Semioculta **faja blanca en corona** plomiza - Resto dorsal plomizo que pasa a oliváceo - Pecho grisáceo que llega a blancuzco en abdomen - ♀: **Faja en corona, amarilla** - Dorso oliva - Abdomen algo amarillento - Hay con tonos intermedios ··· Desde Panamá, salvo Chile ··· Selvas en el NO y NE   II

738) PEUTRÉN   (Patagonian Tyrant)   *Colorhamphus parvirostris*

12 cm - Confiado - Pasivo - Recorre ramas - Largo y agudo *piuuuu* - **Pico corto** - **Dorsal castaño** - **Dos notables filetes rufos** en cubiertas - **Cara y ventral gris** que pasa a ocráceo en abdomen ··· Chile ··· Estratos bajo y medio en claros del Bosque araucano   III

739) PIOJITO PARDO   (Mouse-colored Tyrannulet)   *Phaeomyias murina*

10 cm - Caza en vuelo - Voz *pyyy..piririp* Dorso pardo - Alas pardo negruzcas con dos **filetes blancuzcos en cubiertas** unidos a los de las remeras internas - Ventral grisáceo - Abdomen amarillento - Mandíbula anaranjada ··· Desde Panamá, salvo Chile ··· Estratos bajo y medio en yungas y selvas   III

740) MOSQUETA CORONA PARDA

(Sepia-capped Flycatcher)

Leptopogon amaurocephalus

12 cm - Confiado - Levanta verticalmente un ala - Prolongado trino que recuerda el de un furnárido - Otras voces - **Corona, alas y cola pardas, contrastando con dorso oliva** - Filetes ocráceos en cubiertas - **Media luna auricular negra** ··· Desde C. América, salvo Chile ··· Estrato medio en selvas y bosques del NO y NE   III

741) PIOJITO SILBÓN

(Southern Beardless Tyrannulet)

Camptostoma obsoletum-2R

9 cm - Recuerda al Piojito Común (721)- Menos recorredor - Sin corona oculta - Silbo *fi..fui* - Además, serie de notas cortas como risita aguda - Postura erguida - Notable **semicopete eréctil** - Dorso pardusco - **Filetes** ocráceos o **canelas en cubiertas** y remeras internas - **Ventral blancuzco,** agrisado en pecho - Mandíbula canela ··· Desde C. Rica, salvo Chile - URUGUAY ···· En copas de árboles bajos en bosques y sabanas   IV

742) MOSQUETA PICO CURVO

(Rough-legged Tyrannulet)

Phyllomyias burmeisteri

11 cm - Activo - Monótona repetición de agudos *sit..* - **Maxila bien curva** - Mandíbula canela - Dorsal oliváceo más uniforme que en 743) - Filetes verdes o acanelados en cubiertas - Frente, ceja y párpado blancuzcos ··· Desde C. Rica, salvo Guayanas y Chile ··· Estrato medio en yungas y selvas del NO y NE   II

743) MOSQUETA OLIVÁCEA (Planalto

Tyrannulet)   *Phyllomyias fasciatus*

10 cm - Parecido a 741) y 742) - Silbo trisilábico - **Pico corto** - Dorso oliváceo - Corona más parda y oscura - Filetes en cubiertas y remeras internas - Loral, párpado y garganta blancuzcos - Ventral amarillo, más oliváceo en pecho ··· Brasil y Paraguay ··· Estrato alto en selvas de **Misiones**   I

744) MOSQUETA CORONA OLIVA
(Greenish Tyrannulet)

Xanthomyias virescens

11 cm - Cola algo erecta - **Nervioso movimiento alar** - **Pico corto** - Alopátrico con 745) - Coloración modesta - Dorsal oliváceo - Filetes ocráceos en cubiertas y remeras internas - Ceja blancuzca - **Ventral,** incluso tapadas, **amarillo, más oliváceo en pecho** ··· Venezuela, Brasil y Paraguay ··· Estrato medio en selvas de **Misiones**   II

745) MOSQUETA CORONA GRIS
(Sclater's Tyrannulet)

Xanthomyias sclateri

12 cm - Muy parecido a 744) - **Corona gris pardusca,** no como el dorso - **Pecho grisáceo que pasa a amarillento** en resto ventral ··· Perú y Bolivia ··· Estratos bajo y medio en yungas   II

746) LADRILLITO (Gray-hooded Flycatcher) *Mionectes rufiventris*

13 cm - Confiado - Pasivo - Mueve nerviosamente las alas sin extenderlas - **Capuchón plomizo** - Dorso oliva - **Ventral canela** ··· Brasil ... Estratos bajo y medio, densos, en selvas de **Misiones**   III

747) MOSQUITERO (Southern Antpipit) *Corythopis delalandi (·)*

13 cm - Oculto - Semiterrícola - Pasivo - Caza en vuelo - - Fuerte y continuo silbo *fuit..tui..fuit..tui..fuiririri* - Pico y largas patas claros - Dorso oliva acanelado - Notable **collar negro chorreado** en el pecho - **Ventral blanco** ··· Brasil, Paraguay y Bolivia ··· Estrato bajo en selvas de **Misiones**
                        II

(·) Anteriormente en la disuelta *Fam. Conopophagidae*

Fam. Phytotomidae, ver pág. 38

748) RARA (Rufous tailed Plantcutter) *Phytotoma rara*

18 cm - Pasiva - Parejas asentadas sobre arbustos - Come brotes - **Canto** raspante **como balido** - Semicopete - Pico grueso - **Corona y ventral rufos** - **Dorso estriado** de negro - Alas negras con notables filetes blancos - **Cola rufa con timoneras centrales y ancho ápice negros** - Cara negra - Malar blanco - Iris rojo - ♀: **Estriada** - Cola como ♂ ... Chile ··· Bosque araucano y estepas arbustivas en el SO   III

749) CORTARRAMAS (White-tipped Plantcutter) *Phytotoma rutila-2R*

17 cm - Aspecto y comportamiento de 748) - Más **copete** - **Amplia frente y ventral rufos** - **Dorso plomizo sin estrías** - **Cola** negra **con ápice** externo **blanco** - ♀: **Estriado** más **notable** que ♀ 748) - Cola como ♂ ··· Brasil, Paraguay y Bolivia - URUGUAY ··· Sabanas, bosques, arboledas, estepas arbustivas y prepuna   IV

Fam. Hirundinidae, ver pág. 38

750) GOLONDRINA TIJERITA (Barn Swallow) *Hirundo rustica*

15 cm - Bandadas de adultos y JJ - Suave *uituit* - **Larga cola ahorquillada**, negruzca **con banda ventral blanca** - Dorsal y collar azules - **Garganta rufa** - Resto ventral canela - J: Cola más corta - Frente y garganta acaneladas - Ventral ocráceo ··· URUGUAY ··· Sabanas, áreas rurales y palustres - Migrador A, aunque una pequeña población cría en Mar Chiquita, B. Aires   IV

751) GOLONDRINA RABADILLA CANELA (Cliff Swallow) *Petrochelidon pyrrhonota-2R*

13 cm - Bandadas revoloteando sobre campos - A menudo con 750) - Suave gorjeo - Notable **frente** y ventral, **blanco acanelado** - Corona azul - Faja nucal y garganta castañas - **Rabadilla canela** - J: Más pardo - Frente blanca - Rabadilla ocrácea ··· URUGUAY ··· Sabanas y áreas rurales y palustres - Migrador A   IV

PROGNE: **Grandes** - *Alas algo anchas, y* **cola furcada,** *negras* - *(3 especies)*

752) GOLONDRINA PURPÚREA
(Purple Martin)   *Progne subis*

18 cm - Parecida a 753) - Algo más purpúrea - ♀: Dorso más opaco - **Frente, faja nucal,** vientre **y garganta blancuzcos** - Pecho ceniciento - [Irregular Migrador A] ··· Citada en Córdoba   I

753) GOLONDRINA NEGRA (Southern Martin)   *Progne modesta*

18 cm - **Negro azulada** con tenue brillo púrpura - ♀: Ventral ceniciento con leve ondeado ··· Migrador B hasta Perú, Bolivia, Paraguay, Brasil y Guayanas - URUGUAY ···: Serranías, sabanas, áreas rurales, poblados y costas marinas   V

754) GOLONDRINA DOMÉSTICA
(Gray-breasted Martin)   *Progne chalybea*

18 cm - A veces grandes **bandadas en** árboles de **ciudades** - Dorso negro azulado - [Garganta y pecho ceniciento con leve ondeado claro] - Resto **ventral blanco** - ♀: Dorso más pardo ··· Migrador B hasta C. América, salvo Chile - URUGUAY ··· Serranías, sabanas, áreas rurales, poblados y costas marinas   V

755) GOLONDRINA PARDA
(Brown-chested Martin)

                Phaeoprogne tapera

16 cm - Cría **en nidos de hornero** - Planea con las **alas debajo de la horizontal** - Gorjeo como arpegio - Parecida a 754) - Cola poco furcada - **Dorsal pardo** - **Collar pardo** [que se prolonga en goteado por el centro del vientre] - Resto ventral blanco - Migrador B hasta Panamá, salvo Chile - URUGUAY ... Bosques, sabanas y áreas rurales   V

TACHYCINETA: Medianas - Cola apenas furcada - **Rabadilla** *y ventral,* **blanco-** *JJ: Dorso más pardusco - (3 especies)*

756) GOLONDRINA CEJA BLANCA
(White-rumped Swallow)
Tachycineta leucorrhoa

13 cm - Dorso azul con **leve brillo verdoso** - **Frente y media ceja blancas**, poco notables - **Tapadas blancas** ··· Brasil, Paraguay, Bolivia y Perú - URUGUAY ··· Sabanas, bosques, lagunas, áreas rurales y poblados   V

757) GOLONDRINA PATAGÓNICA
(Chilean Swallow)
Tachycineta leucopyga

13 cm - Muy parecida a 756) - Alopátricas en época de cría - Se asienta más en el suelo - **Leve brillo dorsal violáceo** - Sin frente ni ceja blancas, [salvo en J] - Filete blanco en remeras internas más notable y contrastado que en 756) - **Tapadas cenicientas** ··· Chile - Migrador C hasta Brasil, Paraguay y Bolivia - [URUGUAY] ... Bosques y cercanías en la Patagonia   IV

758) GOLONDRINA ALA BLANCA
(White-winged Swallow)
Tachycineta albiventer

13 cm - Muy confiada - Llamativo **diseño celeste verdoso y blanco** - Notable **faja blanca en ala plegada** ··· Desde Venezuela salvo Chile ··· Ríos y pantanos en selvas y bosques - (Infaltable en Cataratas del Iguazú)   III

759) GOLONDRINA ZAPADORA
(Bank Swallow)   *Riparia riparia*

11 cm - Parece una pequeña 755) - Cola poco furcada - **Dorsal pardo** - [Leves ceja y loral blancuzcos] - **Collar pardo** algo prolongado ventralmente - Resto blanco ··· [URUGUAY] ··· Sabanas, ambientes acuáticos y áreas rurales - Migrador A III

760) GOLONDRINA BARRANQUERA
(Blue-and-White Swallow)
Notiochelidon cyanoleuca-2R

11 cm - Suele rondar barrancas - Bandas dispersas - A veces asentada en el suelo - **Parece una pequeña 754)** - Cola poco furcada - **Dorso** y subcaudal **negro azulado** - **Sin rabadilla blanca** - Ventral blanco - J:Dorso y semicollar pardos, no collar como en 759) ··· Desde C. América - URUGUAY ··· Diversos ambientes, incluso poblados y selvas   V

761) GOLONDRINA DE COLLAR
(Black-collared Swallow)
Atticora melanoleuca

14 cm - Vuelo bajo sobre el agua - Se asienta en rocas emergentes - **Larga cola ahorquillada** - Dorso, subcaudal y **collar, negro azulado** - Ventral blanco - J: Pardo en vez de negro ··· Colombia, Venezuela, Guayanas y Brasil ··· Ríos en selvas de **Misiones** (Cataratas del Iguazú)   III

762) GOLONDRINA RIBEREÑA
(Rough-winged Swallow)
Stelgidopteryx ruficollis

13 cm - Parecida a 763) - Más esbelta - **Dorsal pardo** - **Rabadilla clara** - Cara y garganta, acanelado que llega a pardo en pecho - Resto ventral ocráceo ··· Desde N. América, salvo Chile - URUGUAY ··· Ríos, arroyos y bañados   III

763) GOLONDRINA CABEZA ROJIZA
(Tawny-headed Swallow)
Stelgidopteryx fucata

11 cm - Cola más furcada que en 762) - Sin rabadilla clara - **Cabeza y faja nucal canelas** - **Corona negruzca** - Dorso pardo - Pecho acanelado - Resto ventral blanco··· Venezuela, Perú, Brasil, Paraguay y Bolivia - URUGUAY ··· Sabanas, áreas rurales y ambientes acuáticos   IV

243

● *Fam. Corvidae, ver pág. 38*

CYANOCORAX: Gregarias - Bullangueras - Voces variadas incluso imitando - Confiadas y hasta audaces - Arborícolas y algo terrícolas - Grandes - Cola larga - Pico robusto - Colores llamativos con brillo (3 especies)

764) URRACA MORADA (Purplish Jay) *Cyanocorax cyanomelas*

33 cm - **Morada** - Muy leve penacho frontal - Capuchón y gran babero negros - Cola azul violácea ··· Brasil, Paraguay, Bolivia y Perú - [URUGUAY] ··· Selvas y bosques en el N (Guaycolec, Fsa.)   III

765) URRACA AZUL
(Azure Jay) *Cyanocorax caeruleus*

35 cm - Parecida a 764) - **Azul** con brillos celeste y violáceo - Penacho frontal - Capuchón y gran babero negros ··· Brasil y Paraguay ··· Selvas y bosques, a menudo de *Araucaria* en el NE   II

766) URRACA COMÚN (Plush-crested Jay) *Cyanocorax chrysops-2R*

32 cm - Conspicua - Llamativa coloración - **Corona y semicopete, negro aterciopelado - Ceja y nuca celeste liláceas** - Dorso y babero negro violáceos - Ancho ápice caudal y resto **ventral crema amarillento** - Iris dorado - J: Sin marcas celestes ··· Brasil, Paraguay y Bolivia - URUGUAY ··· Selvas, incluso en galería, capueras y bosques   V

244

Fam. Cinclidae, ver pág. 38

767) MIRLO DE AGUA
(Rufous-throated Dipper) *Cinclus schulzi*

14 cm - Acuático - Salta entre piedras recordando *Cinclodes* - [Se mete bajo el agua] - Agita las alas mientras baja su **corta cola** - Vuelo batido, largo, casi rasante - Rechoncho - **Gris oscuro - Banda alar blanca** - Notable **babero canela** ··· Bolivia ··· **Arroyos caudalosos** en bosques montanos (Río Los Sosa, Tuc.) - En invierno, selvas III

 Fam. Troglodytidae, ver pág. 39

RATONAS: Pequeñas - Activas - Confiadas - Vuelo corto - Alas y **cola erecta,** *barradas de negro - Ventral ocráceo - Flancos y subcaudal acanelados - (3 especies)*

768) RATONA APERDIZADA (Grass Wren) *Cistothorus platensis-3R*

10 cm - Oculta - Se asoma sobre el pastizal - Agradable voz aguda en estrofas de a pares - **Ocrácea** - Estriado de negro en corona - Notable **estriado dorsal negro y blancuzco** - Rabadilla canela - Patas anaranjadas ··· Desde N. América ··· Pajonales y pastizales cerca del agua III

769) RATONA COMÚN (House Wren) *Troglodytes aedon - 5R*

10 cm - Variado y agradable canto terminado en largo trino - Además *chrrrc* - **Peridoméstica** - Recorre matorrales y cercas - **Parda - Alas y cola castañas** (barradas)··· Desde N. América - URUGUAY ··· Diversos ambientes VI

770) RATONA CEJA BLANCA
(Mountain Wren)
Troglodytes solstitialis
9 cm - Recuerda al Churrín (606) - Sin garganta blanca - Parecida a 769) - **Bastante trepadora** - Grillado *yip..yip-* Cola más corta - Notable **ceja blanca** - Subcaudal barrado ··· Desde Venezuela por el O ··· Estrato bajo y medio en yungas III

245

Fam. Mimidae, ver pág. 39

MIMUS: *En sitios visibles - Terrícolas y en arbustos - Parecidas entre sí - Recuerdan zorzales - Más esbeltas - Pico más curvo - No selváticas - Canto variado, agradable y conspicuo - Silban e imitan - Cola larga - Ceja blanca - (4 especies)*

771) CALANDRIA CASTAÑA
(Brown-backed Mockingbird)
Mimus dorsalis

21 cm - Parecida a 772) - **Dorso castaño** - Rabadilla rufa - Notable **zona alar blanca** - **Cola blanca con timoneras centrales negras** - Ventral blanco ··· Bolivia ··· Prepuna en el NO (Humahuaca, Jujuy)   IV

772) CALANDRIA REAL (White-banded Mockingbird)
Mimus triurus

20 cm - **Dorso gris pardusco** - Rabadilla rufa - **Cola como 771) y faja alar blanca** más notable, formando **conspicuo diseño en vuelo** - Flancos ocráceos ··· Países limítrofes - URUGUAY ··· Sabanas, estepas arbustivas y áreas rurales   IV

773) CALANDRIA GRANDE
(Chalk-browed Mockingbird)
Mimus saturninus

25 cm - Leve **estriado dorsal** - Filetes blancos en cubiertas menos notables que en 774) - **Cola** más **larga, semierecta, con vexilo externo y ancho ápice de timoneras** (salvo centrales), **blanco** - **Conspicua ceja** y ventral blancuzcos ··· Brasil, Paraguay y Bolivia - URUGUAY ··· Sabanas, bordes de bosques, áreas rurales y **poblados**   IV

774) CALANDRIA MORA   (Patagonian Mockingbird)
Mimus patagonicus

22 cm - Parecida a 773) - Canto distinto - **Dorso uniforme** - Dos notables **filetes de pecas blancas** en cubiertas - **Cola** algo más corta, **sólo con ápice blanco** - **Ventral ocre acanelado** ··· Chile ··· Andina y patagónica y en estepas arbustivas y áridas - Parte de la población austral migra al N   IV

775) ANGÚ (Black-capped Mockingthrush)

Donacobius atricapillus-2R

20 cm - Palustre - Distinto de *Mimus* - Llamativa coloración - Confiado - No imita - Gritos fuertes, melódicos, a veces a dúo - **Cabeza negra** - Dorso castaño - Notable **mancha alar blanca** - Larga **cola** escalonada **negra bordeada de blanco** - Ventral acanelado - **Iris dorado** ··· Desde Panamá, salvo Chile ··· Esteros y juncales en el NE y NO   III

● *Fam. Turdidae, ver pág. 39*

776) ZORZALITO OVERO

(Spotted Nightingale-Thrush)

Catharus dryas

16 cm - Semiterrícola - Arisco y oculto - Más oído que visto - Series de notas dobles, repetidas, variables y aflautadas - Notable **cabeza negra** - Dorso pardo oliváceo - Garganta estriada - **Ventral amarillento maculado de negro** - Pico, párpado y patas anaranjados ··· Desde Méjico por el O ··· Yungas (PN Calilegua)   II

777) ZORZALITO BOREAL

(Swainson's Thrush) *Catharus ustulatus*

16 cm - **Bandaditas** en copas - Sonoro *chip* y débil *fiu* - No recuerda *Turdus* - **Pequeño** - Pico algo corto - **Pecho manchado,** como cachirla - Ventral blancuzco - Párpado claro - Migrador A ··· Yungas y bosques en el NO   II

778) ZORZAL AZULADO

(Yellow-legged Thrush)*Platycichla flavipes*

20 cm - Canta posado a la vista - Suele imitar - Voz *tsrip* - Canto fuerte, variado y melódico - **Capuchón hasta el pecho, alas y cola negros** - Resto gris (que puede verse negruzco o azulado) - Pico, párpados y patas oliváceas - ♀: Pardo olivácea - Garganta estriada - Abdomen blancuzco - Párpado y patas amarillas (no negras como en el Blanco, 779) ··· Desde el Caribe por el E ··· Selvas y capueras en **Misiones**

247

Relea con cada especie los caracteres del género

 TURDUS: Terrícolas y en arbustos - A menudo ocultos - Balanceo caudal - Parecidos entre sí - Cantan bien pero no imitan - Mas bien selváticos - Párpado amarillo - De 779) a 783): Dorso pardo olíváceo - Garganta estriada - (8 especies)

779) ZORZAL CHALCHALERO
(Creamy-bellied Thrush)

Turdus amaurochalinus
21 cm - Canto menos dulce que recuerda al de 781) - Voz *puk* - Agudo **maullido** - En vuelo *psib* - Mucho balanceo caudal - Loral negro - Pecho ceniciento que pasa a **blancuzco en abdomen** (sin rufo) - Pico amarillo en ♂ adulto - J: Pecho maculado ··· Países limítrofes y Perú ... URU-GUAY ··· Bosques, arboledas y poblados
IV

780) ZORZAL SABIÁ (Pale-breasted Thrush) *Turdus leucomelas*

21 cm - Canto menos fuerte y dulce que el de 781) - Voz *schra* - Parecido a 779) y 781) - Coloración modesta - **Cabeza cenicienta** - Inconspicuas **remeras y tapadas canelas** - Estriado gular poco notable - Ventral gris acanelado uniforme (variantes individuales) - Subcaudal blancuzco - Pico oscuro ··· Desde Venezuela, salvo Chile ··· Selvas, capueras y poblados en el NE (PN Iguazú)   IV

781) ZORZAL COLORADO
(Rufous-bellied Thrush)

Turdus rufiventris
23 cm - Repetido y melódico *coró..chiré* desde el alba - Fuerte *dru..uip* y otras voces - Estriado gular que sigue en pecho - **Vientre y abdomen, rufo anaranjado**, más notable en PN - Pico amarillo en ♂ adulto ··· Brasil, Paraguay y Bolivia - URUGUAY ··· Selvas, bosques, arboledas y **poblados**   V

782) ZORZAL PATAGÓNICO (Austral Thrush) *Turdus falcklandii-2R*

24 cm - Coloración más llamativa que los anteriores - Recuerda algo a 784) (raza del NO) - Alopátricos - **Cabeza y cola negruzcas** - Ventral acanelado - **Pico y patas amarillo anaranjados** - J: Sin negro en cabeza - Pecho maculado ··· Chile ··· Bosque araucano y cercanías, arboledas y poblados en **Patagonia**   IV

783) ZORZAL COLLAR BLANCO
(White-necked Thrush)
Turdus albicollis-2R

19 cm - Oculto - Nasal **nac** - Canto que recuerda el del Zorzal Colorado (781) - Suele imitar - Más escarbador - Cabeza y cola negruzcas - **Garganta negra** con leve estriado blanco, separada de pecho ceniciento por notable y contrastado **collar blanco** - Abdomen blanco - **Flancos canelas** - J:Pecho maculado ··· S. América, salvo Chile - URUGUAY ··· Selvas y capueras en el NO (I) y NE
III

NO

784) ZORZAL PLOMIZO
(Slaty Thrush)
Turdus nigriceps-2R (•)

19 cm - Llamada *tsok* como la de 779) - Oculto - A menudo canto grupal metálico, raspante o vidriado *tíi..tí..tíi..ti* - **Dorso plomizo** - Alas y cola negruzcas - **(Cabeza negra** en el NO) - Estriado gular negro - Inferior de garganta blanco que sigue **ceniciento en lo ventral** - Mandíbula amarilla - Patas anaranjadas - ♀: Parecida a 779) - Menor y sin loral negro - J: Pecho ocráceo maculado ··· Ecuador, Perú, Bolivia, Brasil y Paraguay ··· Yungas , bosques y quebradas en el NO (IV) y selvas y poblados en el NE
II

785) ZORZAL CHIGUANCO
(Chiguanco Thrush)
Turdus chiguanco

25 cm - En sitios visibles - Confiado - Bastante terrícola y rupícola - Agudo canto de notas poco musicales - **Pardo negruzco - Pico y patas amarillo anaranjados** - ♀: Más parda ··· Desde Ecuador por el O ··· Bosques, arboledas, y pastizales y quebradas en cerros
V

786) ZORZAL NEGRO
(Glossy-Black Thrush)
Turdus serranus

24 cm - **Oculto** - Grupos - **Negro** con brillo, no pardo como 785) - **Pico y patas amarillas** - ♀: Colores modestos - Parda - Alas negruzcas - Ventral más claro - Garganta estriada de pardo ··· Desde Venezuela por el O hasta Bolivia ··· Yungas - (PN Calilegua)
II

(·) Las formas del NO y NE, *nigriceps* y *subalaris* suelen ser consideradas especies distintas.

249

● *Fam. Motacillidae, ver pág. 39*

ANTHUS: Terrícolas - De sitios abiertos- Caminan, no saltan - **Vuelo nupcial alto, para bajar en planeo, cantando** *- Parecidas entre sí - Miméticas - Cierta variación estacional de colorido - Uña del dedo posterior larga - Dorso estriado y manchado de negro y ocráceo - Cola oscura con timoneras externas claras - (8 especies)*

787) CACHIRLA UÑA CORTA
(Short-billed Pipit)

Anthus furcatus-2R

14 cm - Confiada - **Uña** relativamente **corta** - **Dorso** más agrisado y **opaco,** sin filetes notables en alas ni en timoneras centrales - Visible línea malar - Auricular pardo uniforme - **Pecho ocráceo manchado de pardo, contrastando con resto ventral** blancuzco - Flancos mucho menos manchados que en 788) ··· Brasil, Paraguay, Bolivia y Perú - URUGUAY ··· Pastizales, estepas y áreas rurales   IV

788) CACHIRLA COMÚN   (Correndera Pipit)
Anthus correndera-5R

14 cm - Más contrastada que 787) - Uña muy larga - **Dorso con dos líneas blancas bordeadas de negro** - Notables filetes en alas y timoneras centrales - **Pecho moteado de negruzco,** prolongado como **estrías en flancos** - Resto ventral blancuzco ··· Países limítrofes y Perú - URUGUAY ··· Estepas, pastizales y áreas rurales   V

789) CACHIRLA CHICA
(Yellowish Pipit)   *Anthus chii*

12 cm - **Largo zumbido** *chiiiii* - Alas y timoneras centrales negruzcas poco fileteadas - Timoneras externas algo ocráceas - **Ventral amarillento,** moteado de pardo en pecho superior - Flancos poco estriados ··· S. América - URUGUAY ··· Pastizales cerca del agua y áreas rurales
III

790) CACHIRLA TRINADORA
(Chaco Pipit)   *Anthus chacoensis*

12 cm - **Parecida a 789)** - (Ha sido considerada conespecífica) - Cola parda, no negruzca - **Ventral blancuzco** (no amarillento) **muy poco estriado en pecho superior** ··· Paraguay ··· Pastizales en sabanas en el Distrito Chaqueño Oriental   I

791) CACHIRLA PÁLIDA (Hellmayr's Pipit) *Anthus hellmayri-2R*

14 cm - **Dorso** como la Común (788) pero **sin** las **líneas blancas** típicas - **Ventral ocráceo, con pocas estrías** negruzcas **en pecho superior** y flancos - Timoneras externas ocráceas- En Patagonia más blanquecina, incluso las timoneras externas ··· Países limítrofes y Perú - URUGUAY ··· Estepas, pastizales y áreas rurales **III**

792) CACHIRLA DORADA (Ochre-breasted Pipit) *Anthus nattereri*

14 cm - Vuelo casi vertical - Llamativa coloración para el género - La más **amarilla** - Rabadilla canela - Auricular ocre - **Pecho ocre amarillento poco estriado** de negro - Resto ventral ocráceo - **Mandíbula amarilla** ··· Brasil y Paraguay ··· Pastizales húmedos en el NE **I**

793) CACHIRLA GRANDE(South Georgia Pipit) *Anthus antarcticus*

16 cm - Recuerda a la Común (788) - Alopátricas - **Dorso negro y ocre,** sin blanco - **Pecho** ocre **con gruesas estrías negras** - Resto ventral ocráceo algo estriado - Cola ancha sólo con vexilo externo blanco - Estepas y pastizales en **Georgias** **III**

794) CACHIRLA ANDINA (Paramo Pipit) *Anthus bogotensis*

14 cm - Parecida a 791) - Más **acanelada** - Sin filetes alares - **Pecho ocre con pocas y leves estrías** pardas - **Flancos sin manchas** - Timoneras externas blancuzcas ··· Desde Venezuela por el O ··· Pastizales y estepas altoandinas (Aconquija) **II**

251

795) TACUARITA AZUL (Masked Gnatcatcher) *Polioptila dumicola*

11 cm - Inquieta - Recorredora - Canto delicado y variado, incluso imitando - Esbelta - **Angosta cola algo erecta, negra, con timoneras externas blancas - Azulada** - Ventral más claro, que llega a blanco en abdomen - Filetes blancos en remeras internas - **Antifaz negro** - ♀: Algo más pálida - Sin antifaz ··· Brasil, Paraguay y Bolivia - URUGUAY ··· Copas de arbustos en bosques, sabanas y arboledas V

796) TACUARITA BLANCA (Cream-bellied Gnatcatcher) *Polioptila lactea*

10 cm - Parecida a 795) en aspecto, voz y comportamiento - Distinto hábitat - Dorso y flancos pectorales plomizos (menos azulados) - **Corona negra** - Ceja y cara blancas - **Ventral blanco cremoso** - ♀: Sin negro en corona ··· Brasil y Paraguay ··· Estratos medio y alto de selvas y capueras en **Misiones** III

797) CHIVÍ CORONADO (Rufous-crowned Greenlet) *Hylophilus poicilotis*

11 cm - Confiado - Inquieto - Repetida serie de silbos monótonos - Pico corto y puntiagudo - Recuerda un pequeño tiránido verdoso - **Corona rufa** - Dorso verde - Mancha auricular negra - Garganta grisácea - Ventral amarillo ··· Brasil, Paraguay y Bolivia ··· Estratos medio y alto en selvas de **Misiones** II

798) CHIVÍ COMÚN (Red-eyed Vireo) *Vireo olivaceus-2R*

13 cm- Confiado- Acrobático - Más oído que visto - Incansable y fuerte *chiví..chiviví* - Esbelto - Pico robusto - **Corona gris - Larga ceja blanca** realzada por línea ocular y sobreceja negras ··· Dorso oliva - Ventral blancuzco - Iris pardo, no rojo ··· ··· Desde N. América - URUGUAY ··· Estratos medio y alto en selvas, bosques y arboledas IV

(·) Para algunos autores las especies argentinas pertenecen a la *Fam. Polioptilidae* y para otros a la *Fam. Muscicapidae.*

Memorice los símbolos

799) JUAN CHIVIRO (Rufous-browed Peppershrike) *Cyclarhis gujanensis(·)-3R*

15 cm - Más oído que visto - Confiado - Pasivo - Rápido, fuerte y melódico silbo *chvíchivirío* y otras voces audibles - Corona parda - **Ceja castaña** - Cara cenicienta - Dorsal oliva - Pecho amarillento - **Pico** (como de loro) **rosáceo nacarado** - Iris anaranjado ··· Desde C. América, salvo Chile - URUGUAY ··· Estrato alto en selvas, bosques y arboledas   IV

● *Fam. Ploceidae, ver pág. 40*

800) GORRIÓN
(House Sparrow)   *Passer domesticus*

13 cm - El pájaro más conocido - Peridoméstico - Bullanguero - Oportunista - Pico grueso - **Corona** y rabadilla, **gris - Collar nucal castaño** - Dorso estriado de castaño y negro - **Babero negro** - Filete alar y resto ventral blancos - ♀: Sin negro ni rufo - Introducido de Europa ... Países limítrofes y Perú - URUGUAY ··· Poblados y áreas rurales   VI

● *Fam. Parulidae, ver pág. 40*

801) ARAÑERO ESTRIADO (Blackpoll Warbler)   *Dendroica striata*

12 cm - Inquieta - En bandadas mixtas - Dorsal oliváceo estriado - Ceja y línea malar blancuzcas - **Dos filetes alares** y subcaudal **blancos - Estriado de negro en flancos - Patas anaranjadas - ♂ en PN:** Raro de ver - **Boina negra** rodeada de blanco - Irregular Migrador A - [URUGUAY]   I

BASILEUTERUS: Confiados - Curiosean - Inquietos - Pico agudo sin gancho - Patas anaranjadas - (5 especies)

802) ARAÑERO SILBÓN
(White-browed Warbler)

          Basileuterus leucoblepharus

12 cm - Menea a saltitos el tercio posterior del cuerpo - Semiterrícola - Fuerte y melodiosa voz de muchas notas aflautadas - Agudo silbo - Corona negra con faja central, cara y nuca grises - Leve ceja y **periocular, blanco** - Dorso oliva - Ventral blanco con pecho gris ··· Brasil, y Paraguay - URUGUAY ··· Estrato bajo y denso en selvas, capueras y bosques IV

(·) Anteriormente en la disuelta *Fam. Cyclarhidae*   253

803) ARAÑERO RIBEREÑO
(River Warbler)   *Basileuterus rivularis*

13 cm - Terrícola - Caza corriendo por **orillas de arroyos** o a saltitos - Confiado - Agudo y cortante *chip* y larga serie de notas terminadas en trino prolongado - Inquieto - Sacude la cola - Plomizo en corona que pasa a **oliváceo en dorso** - Notable **ceja blanca** - Ventral blancuzco acanelado ··· Desde Honduras, salvo Chile ··· Cursos de agua en selvas y capueras de **Misiones**   III

804) ARAÑERO CORONADO GRANDE
(Two-banded Warbler)

Basileuterus bivittatus

13 cm - Confiado - Continuo *fit..fit..fit.. fit fitfit* - Además canto más sonoro que el de un Cabecitanegra (924) - Parecido a los simpátricos 805) y 806) - Algo mayor - **Corona** plomiza **con semioculta faja dorado anaranjada** - Dorso oliva - **Ceja, párpado inferior y todo lo ventral, amarillo** ··· Guyana, Venezuela, Brasil, Perú y Bolivia ··· Riberas de ríos y acequias, y matorrales en yungas   IV

805) ARAÑERO CEJA AMARILLA
(Pale-legged Warbler)

Basileuterus signatus

12 cm - Voz similar a la de 590) - Inconspicuo - Parece una ♀ de 809) - Distinto hábitat - Sin faja en corona (que poseen 804 y 806) - **Corta ceja amarilla** - Loral negruzco ··· Colombia, Perú y Bolivia ··· Estratos bajo y medio en yungas   II

806) ARAÑERO CORONADO CHICO
(Golden-crowned Warbler)

Basileuterus culicivorus-2R

12 cm - Acrobático - Inquieto - Confiado - Rápido crescendo de silbos agudos y gorjeos - Llamada *chric* - Dorso pardo oliváceo - **Ceja blanca** realzada por línea ocular y sobreceja negras - Semioculta **faja anaranjada en corona** - Ventral amarillo ··· Desde Méjico, salvo Ecuador, Perú y Chile - URUGUAY ··· Estrato medio (y aún bajo) en selvas, capueras y bosques   V

807) ARAÑERO CORONA ROJIZA
(Brown-capped Redstart)

Myioborus brunniceps

12 cm - Confiado - Inquieto - Trino más breve que el de 808) - Notable **corona rufa** - Dorso plomizo con espalda oliva - Cola negra con **timoneras externas blancas,** notables al abrirla en abanico - Párpado blanco - **Ventral amarillo oro** - J: Cabeza gris ··· Guyana, Venezuela, Brasil y Bolivia ··· Selvas, bosques, quebradas y arboledas en el NO- En expansión   V

808) PITIAYUMÍ
(Tropical Parula)

Parula pitiayumi

9 cm - Confiado - Inquieto - Recorredor - Trino muy agudo que sube y desciende - Cola corta - **Dorso azulado con espalda oliva** - Blanco en timoneras externas y en cubiertas -**Ventral amarillo oro, anaranjado en pecho** ··· Desde N. América, salvo Chile - URUGUAY ··· Estratos alto y medio en selvas, bosques y arboledas IV

809) ARAÑERO CARA NEGRA
(Masked Yellowthroat)

Geothlypis aequinoctialis

13 cm - A menudo oculto - Variado y melodioso gorjeo - **Corona plomiza - Antifaz negro** - Dorso oliva - Ventral amarillo - ♀: Inconspicua - Sin antifaz ni corona plomiza - Corta ceja y párpado claros ··· Desde C. Rica, salvo Chile - URUGUAY ··· Capueras, bosques, pajonales y juncales   IV

Fam. Coerebidae, ver pág. 40

810) MIELERO
(Bananaquit)

Coereba flaveola (•)

10 cm - Confiado - Acrobático - Perfora flores buscando néctar - Frecuenta frutales silvestres - Chirriante gorjeo - Cola corta - Pico curvo - Notable **ceja blanca** - **Garganta gris bien separada de ventral amarillo** - J: Sin ceja - Ventral ceniciento ··· Desde C. América, salvo Chile ··· Estrato medio en selvas, capueras y arboledas del NE   III

(·) Si se elimina *Coerebidae,* quedaría incluido en *Parulidae*

811) SAÍ COMÚN (Chestnut-vented Conebill) *Conirostrum speciosum(·)*

10 cm - Recorredor - Acrobático - Esbelto - Recuerda a la Tacuarita Azul (795) - Pico fino y agudo - Cola algo corta - **Dorso gris celeste** -Blanco alar visible en vuelo - Ventral gris claro - **Subcaudal rufo** - ♀: Corona gris celeste - Dorso oliva - Ventral blanco ocráceo ··· S. América, salvo Chile ··· Estratos medio y alto en selvas, capueras y bosques del N   IV

812) PAYADOR (Slaty Flower- Piercer) *Diglossa baritula (..)*

11 cm - Bullanguero - A menudo *píribiribi* .. - Come flores - Recuerda a 832) - **Pico algo curvo hacia arriba, con gancho** - Dorsal azulado - Loral negro - **Ventral canela** - ♀: Dorso pardo - Ventral ocráceo con leve estriado pectoral ··· Desde Méjico por el O hasta Bolivia ··· A baja y media altura en bosques montanos en el NO   II

813) SAÍ AZUL (Blue Dacnis) *Dacnis cayana(··)*

11 cm - Acrobático - Frecuenta copas de frutales silvestres - Pico fino, agudo y algo curvo, distinto del de 814) - **Colores brillantes** - **Azul celeste** - Loral, **garganta y espalda**, negro - Alas y cola negras con filetes azules - **Patas rosáceas** - ♀: **Verde** - **Corona y cara celestes** - Garganta gris ··· Desde Nicaragua, salvo Chile ··· Estratos medio y alto en selvas y capueras del NE   III

● *Fam. Tersinidae, ver pág. 40*

814) TERSINA (Swallow-Tanager) *Tersina viridis*

14 cm - Confiada - En sitios visibles - Vidriado *tsiip* - Caza en vuelo - ♂ y ♀ recuerdan a 813) - **Pico grueso y corto** - **Celeste** - **Frente, loral y garganta**, primarias y cola, **negros** - **Flancos ondeados** de negro - **Vientre blanco** - ♀: **Verde** sin negro - Frente, periocular y garganta claros - Vientre blancuzco - Flancos ondeados de verde ··· Desde Panamá, salvo Chile ··· Estrato alto **(suele bajar al suelo)** en selvas, bosques y poblados de **Misiones)**   III

(·) Si se elimina *Coerebidae* quedaría incluido en *Parulidae*
(··) Si se elimina *Coerebidae* quedaría incluido en *Thraupidae*

Fam. Thraupidae, ver pág. 41

EUPHONIA: Grupitos [en bandadas mixtas] recorren epífitas de troncos y copas - Comen frutitos silvestres - Inquietos - Pequeños - Pico corto y robusto - Cola corta - Bien coloridos - ♀♀ 815), 817), 818): Parecidas entre sí - Dorso oliva - Ventral blancuzco con flancos amarillento oliváceos - (5 especies)

815) TANGARÁ PICUDO
(Green-throated Euphonia)

Euphonia chalybea

11 cm - Muy rápida serie de cortos *chik* - Pico grueso y alto - **Dorsal verde azulado** brillante - Frente y ventral amarillos - **Barba negra** ··· Brasil y Paraguay ··· Selvas en **Misiones**   II

816) TANGARÁ CABEZA CELESTE
(Blue-hooded Euphonia)

Euphonia musica

10 cm - Bullanguero - Parece un Naranjero (837) en miniatura - **Corona y nuca celestes** - Dorsal, **frente, cara y garganta, negro** violáceos - Rabadilla amarillo oro - Ventral amarillo anaranjado **♀**: **Frente rufa** - Corona y nuca celestes - Dorso oliváceo - J: Como ♀ - Sin rufo frontal - Centro ventral blancuzco ··· Desde Méjico, salvo Chile ··· Claros en selvas y bosques   III

817) TANGARÁ COMÚN
(Purple-throated Euphonia)

Euphonia chlorotica

9 cm - Audible llamada de ambos sexos *bi..bi* - **Amplia frente** y ventral **amarillo oro** - Capuchón, incluso **garganta**, y dorsal, **negro violáceo** - Cola ventral con zonas blancas ··· Desde Venezuela, salvo Chile ··· Selvas, bosques y **sabanas**   IV

818) TANGARÁ AMARILLO
(Violaceous Euphonia)

Euphonia violacea

10 cm - Gorjeos muy agradables que incluyen imitaciones - Parecido a 817) - Cabeza (no capuchón) negro violácea - Frente y ventral, incluso **garganta, amarillo oro** - Blanco en cola ventral más extenso - ♀: Frente amarillenta ··· Venezuela, Guayanas, Brasil y Paraguay ··· Selvas en **Misiones** (PN Iguazú)   IV

257

819) TANGARÁ ALCALDE
(Chestnut-bellied Euphonia)
Euphonia pectoralis

10 cm - Seco y metálico *schri..schri.. schri* - Azul oscuro brillante - Notable **amarillo oro en flancos** pectorales - **Vientre** y abdomen **rufo oscuro** - Mandíbula celeste - ♀: Oliva - **Ventral ceniciento** con flancos amarillentos - **Subcaudal rufo** ··· Brasil y Paraguay ··· Estratos alto y medio en selvas de **Misiones**   II

820) TANGARÁ BONITO   (Blue-naped
Chlorophonia)   *Chlorophonia cyanea*

10 cm - Inquieto - Descendente y melódico silbo - Tonos brillantes - **Capuchón verde**- Periocular y dorso celestes - Ventral amarillo - ♀: **Faja nucal celeste** - Resto dorsal verde - Ventral amarillo verdoso ··· Desde Venezuela, salvo Chile ··· Estrato alto en selvas de **Misiones**   III

821) SAÍRA DORADA   (Guira
Tanager)   *Hemithraupis guira-2R*

12 cm - Recorre frutales silvestres - A menudo en bandadas mixtas - Llamativo colorido con predominio de amarillo - Dorsal verde bronceado - **Cara y garganta negras rodeadas de amarillo** - Lomo y **pecho, canela** - **Pico amarillo** con culmen negro - ♀: Olivácea - Rabadilla y ventral amarillentos - Flancos grisáceos - Pico como el ♂ ··· Desde Venezuela, salvo Chile ··· Estratos alto y medio en selvas y bosques del NO (II) y en el NE   IV

822) FRUTERO YUNGUEÑO
(Common Bush-Tanager)
Chlorospingus ophthalmicus

13 cm - Confiado - Inquieto - Fuerte y agradable voz - Corona pardusca - **Dorso oliva** - **Postocular blanco** - Pecho amarillo oro, más pálido en flancos - Resto ventral blancuzco ··· Desde Méjico por Venezuela, Colombia, Ecuador, Perú y Bolivia ··· Estrato medio en yungas   IV

TANGARA: Más coloridos y mayores que Euphonia - Actitudes similares - Grupos y bandadas mixtas - ♀♀ parecidas a ♂♂ - Estratos alto y medio - (3 especies)

823) SAÍRA ARCOIRIS (Green-headed Tanager)   *Tangara seledon (•)*

13 cm - Llamativa - Brillo metálico - Dorsal: cabeza celeste verdosa, **espalda amarillo verdosa,** cubiertas azul violáceas, manto negro y **lomo anaranjado** - Ventral: babero negro, pecho celeste y vientre verde - ♀: Más pálida - J: Sin negro ni anaranjado ··· Brasil y Paraguay ··· Selvas y capueras en **Misiones**   IV

824) SAÍRA CASTAÑA
(Chestnut-backed Tanager)
           Tangara preciosa(··)

14 cm - Series de varios *tsi..* agudos - **Corona y espalda castaño cobrizas** - Cubiertas, rabadilla y abdomen ocráceo plateados - Ventral celeste verdoso - ♀: Más pálida - Corona canela - Dorso celeste verdoso ··· Brasil y Paraguay - URUGUAY ··· Selvas y bosques en el NE   II

825) SAÍRA PECHO NEGRO
(Burnished-Buff Tanager) *Tangara cayana*

13 cm - **Negro en frente y cara, que se continúa en lo ventral como faja central** - Resto ocráceo plateado - Alas y cola celestes con filetes negros - ♀: Más pálida y verdosa - Sin negro ··· Desde Venezuela, salvo Chile ··· Selvas en el NE   II

(·) *T. cyanocephala* ha sido citada para Misiones
(··) *T. arnaulti* es considerada un híbrido

826) FRUTERO OVERO
(Magpie Tanager) *Cissopis leveriana*

27 cm - En sitios visibles - Grupos - Silbos agudos - Inconfundible - Recuerda una urraca - **Blanco y negro - Larga y escalonada cola** negra con ápices blancos - Gran capuchón negro azulado, terminado en flecos en el pecho - **Iris dorado** ⋯ S. América, salvo Chile ⋯ Estratos medio y alto en claros de selvas y capueras de **Misiones**   III

827) FRUTERO CORONA AMARILLA
(Black-goggled Tanager)
  Trichothraupis melanops

15 cm - Inquieto - Bullanguero - Grupos - Llamada *chik* - Coloración modesta, salvo que eleve el **copete dorado - Antifaz, alas y cola negros - Banda alar blanca** notable en vuelo - Dorso pardo olivaceo - Ventral acanelado - ♀: Más pálida - Sin antifaz ni copete ⋯ Brasil, Paraguay, Bolivia y Perú ⋯ Estrato medio en selvas del NE   IV

828) FRUTERO CORONADO
(Ruby-crowned Tanager)
  Tachyphonus coronatus

16 cm - Voz *chik,* mientras menea nerviosamente el cuerpo - **Negro** violáceo - **Blanco alar** sólo notable en vuelo - **Corona roja** rara vez visible, que no posee 829) - **Mandíbula blancuzca** - ♀: Castaña - Cabeza parduzca - Ventral canela con **pecho algo estriado** ⋯ Brasil y Paraguay ⋯ Estratos bajo y medio en selvas y capueras del NE   IV

829) FRUTERO NEGRO (White-lined
Tanager) *Tachyphonus rufus*

17 cm - Parecido a 828) - Sin rojo - **Blanco en hombros,** a veces visible también posado - ♀: Más **uniforme** que ♀ 828) - Sin estrías ⋯ Desde C. Rica, salvo Chile ⋯ Claros en selvas, bosques y **sabanas** (E de Fsa.)   IV

830) FRUTERO AZUL (Diademed Tanager) *Stephanophorus diadematus*

18 cm - Voz *chip.*. - Su canto recuerda al del Juan Chiviro (799) - **Azul violáceo** (se vé negro) - Frente, loral y barba, negros - **Blanco en corona** con plumas rojo brillante, menos notable en subadulto - J: Gris pardusco ··· Brasil y Paraguay - URUGUAY ··· Estrato medio en capueras, selvas y bosques del E (Delta del Paraná) III

831) CELESTINO COMÚN

(Sayaca Tanager) *Thraupis sayaca-2R*

15 cm - Confiado - Serie de aspirados y agudos *sh..huí* - Gris celeste - Dorso más verdoso - **Alas y cola celestes** ··· Venezuela, Colombia, Brasil, Paraguay y Bolivia - URUGUAY ··· Claros de selvas, bosques, sabanas, arboledas y **poblados** V

832) SAÍRA DE ANTIFAZ(Fawn-breasted Tanager) *Pipraeidea melanonota-2R*

13 cm - Algo pasivo - Recorre hojas, ramas y frutales - Recuerda al Naranjero (837) y a 812) - **Corona,** amplia rabadilla **y hombros, celestes** contrastando con espalda negro azulada - **Antifaz negro** - **Ventral acanelado** - ♀: Más pálida - J: Sin antifaz ··· S. América, salvo Chile - URUGUAY ··· Estratos medio y alto en yungas, selvas y capueras del NO y NE III

833) FRUTERO CABEZA NEGRA

(Hooded Tanager) *Nemosia pileata*

12 cm - Arborícola - Voz aguda *sí..sí.. sli* - Nuca y **dorso, celeste grisáceo** - **Cabeza negra** - **Loral y ventral blancos** - **Iris** y patas, **amarillo** - ♀: Sin negro en cabeza - Blanco ocráceo en garganta y pecho ··· S. América, salvo Ecuador y Chile ··· Bosques abiertos en el N II

261

834) FUEGUERO ESCARLATA
(Brazilian Tanager)
Ramphocelus bresilius
17 cm - Llamativa coloración - **Rojo púrpura - Alas y cola negras** - Mandíbula de base plateada - ♀: Parda - Rabadilla y vientre rufos - Pico sin plateado ··· Brasil ··· Estrato alto en claros de selvas y capueras en **Misiones**   I

835) FUEGUERO MORADO
(Red-crowned Ant-Tanager) *Habia rubica*
18 cm - Oculto - Semiterrícola - Bullanguero - Bandaditas, aún mixtas - Aspero *tsak* o *tcha..tcha* - **Pardo purpúreo - Semicopete rojo brillante,** rara vez visible - Rabadilla y pecho más rojizos - Alas y cola con filetes púrpura - ♀: Parda, más ocrácea que ♀ 828) - Frente algo acanelada - Patas rosáceas ··· Desde C. América, salvo Chile ··· Estrato bajo y sombrío, en selvas de **Misiones**   III

836) FUEGUERO COMÚN
(Hepatic Tanager) *Piranga flava*
17 cm - Confiado - Asentado alto en sitios visibles o volando: continuo *chuip* - **Rojo anaranjado** - Dorso rufo - ♀: Muy distinta - **Amarilla** - Dorso oliva - Plumajes intermedios ··· Desde N. América, salvo Chile - URUGUAY ··· Capueras, bosques y sabanas   III

837) NARANJERO (Blue-and-Yellow Tanager) *Thraupis bonariensis-2R*
17 cm - Arborícola - Llamativa coloración - **Capuchón celeste violáceo** - Loral y dorso negros - Alas y cola con filetes celestes - **Rabadilla y pecho anaranjados** - Ventral amarillo - ♀: Coloración modesta - Dorso oliváceo - Ventral ocráceo - Plumajes intermedios ··· Países limítrofes, Ecuador y Perú - URUGUAY ··· Bosques, sabanas, áreas rurales y poblados V

Fam. Thraupidae, ver pág. 41

838) PIORÓ (Chestnut-headed
Tanager) *Pyrrhocoma ruficeps* ♀

12 cm - Inquieto - Balancea la cola - Dos
series agudas y musicales de 3 notas similares - **Plomizo** - **Capuchón castaño** -
Frente y loral negros - ♀: Dorso oliváceo-
Capuchón canela sin negro ··· Brasil y
Paraguay ··· Estrato denso, bajo y medio,
en claros de selvas en **Misiones**   III

839) TANGARÁ ALISERO
(Rust and Yellow Tanager)
Thlypopsis ruficeps

12 cm - Confiado - Inquieto - Acrobático - Serie de agudos *yiyié* - Parecido a
840) y a ♀ 838) - Menor que 853) - **Cabeza canela** - Sin loral ni bigote amarillos -
Dorso más **oliva** que 840) - **Ventral amarillo oro** - J: Capuchón amarillo verdoso -
··· Perú y Bolivia ··· Bosques montanos
en el NO   III

840) TANGARÁ GRIS
(Orange-headed Tanager)
Thlypopsis sordida

13 cm - Confiado - Inquieto - Recuerda
un Jilguero (884) incluso en el canto -
**Capuchón amarillo oro con amplia coro-
na rufa** - **Dorso gris** oliváceo - Pecho gris
ocráceo - Resto **ventral blancuzco** - J:
Corona y dorso oliváceos - Cara, garganta
y pecho amarillos - Vientre blancuzco ···
S. América, salvo Perú y Chile ··· Selvas
y bosques   III

● Fam . *Catamblyrhynchidae,ver pág.41*

841) DIADEMA (Plush-capped
Finch) *Catamblyrhynchus diadema*

13 cm - Poco conocida - Cola escalonada-
Corto pico chato - Amplio **semicopete
frontal dorado,** de plumas rígidas - **Nuca
negra** - Dorsal plomizo - **Ventral rufo** - J:
Dorso gris oliváceo - Ventral más pálido
··· Desde Venezuela por el O hasta Boli-
via ··· Bosques montanos en **Jujuy** (Cerro
Sta. Bárbara)   I

263

SALTATOR: Más oídos que vistos - Canto melódico - Grandes - Cola algo larga - Pico grueso- **Notable ceja** *- (5 especies)*

842) PEPITERO DE COLLAR
(Golden-billed Saltator)
Saltator aurantiirostris-3R

18 cm - Repetido silbo *bich..bich..bichío* Dorsal plomizo - **Cara, lados del cuello y collar negros** - Larga ceja postocular y garganta blancas o acaneladas - Ventral pardo acanelado - **Pico anaranjado** [con maxila negra] - J: Pico oscuro - Países limítrofes y Perú - URUGUAY ··· Bosques y sabanas IV

843) PEPITERO COLORADO
(Rufous-bellied Saltator)
Saltator rufiventris

20 cm - Parecido a 846) - **Pecho gris oliváceo** - Resto **ventral rufo** - Pico algo corto con mandíbula marfil ··· Bolivia ... Bosques montanos en **Jujuy** II

844) PEPITERO VERDOSO
(Green-winged Saltator) *Saltator similis*

19 cm - Recuerda a 846) incluso en canto, *fiu..chiu..chichiu* - **Dorso y filetes en remeras, oliva** - Ceja larga, blanca - Garganta blanca flanqueada por líneas negras - Ventral grisáceo - Pico negruzco ··· Brasil, Paraguay y Bolivia - URUGUAY··· Selvas, capueras y bosques en el E III

845) PEPITERO PICUDO
(Thick-billed Saltator)
Saltator maxillosus

19 cm - Voz fuerte compuesta de 4 píos- Parecido a 846) - Notable **pico** más **robusto y curvo** - **Maxila amarilla** con culmen negro - Parece haber intermedios con 842) - ♀: Dorso oliva - J: Pico negro ··· Brasil y Paraguay ··· Selvas en el NE II

Caracteres del género *Saltador* en pág. anterior

846) PEPITERO GRIS (Grayish Saltator) *Saltator coerulescens*

20 cm - Agradables y variados silbos *chiu chiú..chiú..uiiiu* - Dorso plomizo, no oliva como en 844) - Cara gris, no negra como en 842) - **Corta y notable ceja blanca** - Garganta blancuzca flanqueada por líneas negras - **Ventral acanelado** algo ceniciento en pecho - Pico negro ··· Desde Méjico, salvo Chile - URUGUAY ··· Capueras y bosques   IV

847) PEPITERO NEGRO (Black-throated Grosbeak) *Pitylus fuliginosus*

21 cm - Confiado - Estridente llamada corta - Sonoro canto bisilábico - Pico y aspecto de *Saltator* - **Negro azulado** - Cara, garganta, alas y cola negras - **Gran pico rojo** - Tapadas blancas - ♀: Garganta gris ··· Brasil y Paraguay ··· Selvas de **Misiones**   II

848) CARDENAL COMÚN (Red-crested Cardinal) *Paroaria coronata*

17 cm - Confiado - Parejas o grupos a veces en caminos - Más bien en arbustos - Varias voces, algunas gorjeadas - A menudo en jaula - **Copete erecto y capuchón hasta el pecho, rojos** - Dorso plomizo - **Ventral blanco** - Pico blancuzco - J: Capuchón más pálido ··· Brasil, Paraguay y Bolivia - URUGUAY ··· Bosques y sabanas   IV

849) CARDENILLA (Yellow-billed Cardinal) *Paroaria capitata*

15 cm - Confiada - Bastante palustre - Terrícola y en arbustos - **Capuchón** (sin copete) **rojo carmín - Triángulo gular negro** - Dorsal negruzco - **Ventral blanco** - Pico anaranjado - J: Capuchón más pálido ··· Brasil, Paraguay y Bolivia ··· Selvas, incluso en galería, bosques y sabanas   IV

850) REY DEL BOSQUE (Black-backed Grosbeak) *Pheucticus aureoventris*

19 cm - Audible y melodioso canto - **Negro** - Hombros y **ventral desde el pecho,**' **amarillo oro** - Notables **manchas alares** y ápice de timoneras externas, **blancas** - **Pico muy grueso,** grisáceo - ♀: Más pardusca - Pecho manchado ··· S. América, más bien por el O, salvo Chile ··· Yungas, chaco serrano y quebradas húmedas - En disminución III

851) CERQUERO DE COLLAR
(Saffron-billed Sparrow)

Arremon flavirostris-2R

15 cm - Muy confiado - Curiosea - Terrícola y de estrato bajo - Fuerte y continuo *yep* - **Cabeza y collar negros** - Notable **ceja y ventral blancos** - Centro de corona gris (ausente en el E) - Dorso oliváceo (gris en el E) - **Pico anaranjado** con culmen negro ··· Brasil, Paraguay y Bolivia ··· Selvas y bosques en el NO (V) y en el NE II

852) CERQUERO VIENTRE BLANCO
(Stripe-headed Brush-Finch)
Atlapetes torquatus

15 cm - Agudo *fit* - Gorjeos no musicales - **Parecido a 851)** del NO, incluso en comportamiento - **Sin collar - Pico negro** ··· Desde Venezuela por el O, salvo Chile ··· Yungas IV

853) CERQUERO CABEZA CASTAÑA
(Fulvous-headed Brush-Finch)
Atlapetes fulviceps

15 cm - Terrícola y en arbustos - Confiado - Parecido a 839) - **Cabeza rufa - Mancha loral, bigote y ventral amarillos** - Dorso y flancos, oliváceo ··· Bolivia ··· Bosques montanos en el NO III

854) CERQUERO AMARILLO
(Yellow-striped Brush-Finch)

Atlapetes citrinellus

15 cm - ∈ - Comportamiento y hábitat como 851) - Alopátrico con 855), 856) y 857) - **Corona, antifaz y bigote negros, y ceja y malar amarillos,** intercalados - Dorsal y pecho oliváceos - Resto ventral amarillo ··· Paraguay ··· Yungas   IV

855) CARDENAL AMARILLO
(Yellow Cardinal) *Gubernatrix cristata*

18 cm - En arbustos - **Amarillo verdoso** - Notable **copete y gular negros - Espalda estriada** de oliva y negro - Ceja y malar, amarillo oro - **Cola amarillo oro con timoneras centrales negras -** ♀: Mejillas y pecho grises ··· Brasil - URUGUAY ··· Sabanas y estepas arbustivas (S. de B. Aires) - En disminución   III

856) YAL ANDINO   (Yellow-bridled
Finch) *Melanodera xanthogramma-2R*

15 cm - Confiado - Terrícola - Grupos - Recuerda a 855) - Alopátricos - Plomizo - **Larga ceja amarilla - Reborde amarillo** (no blanco) **en babero negro** - Ventral amarillo verdoso - Abdomen blancuzco - Timoneras externas amarillentas (o: Dorso oliva - Ventral y timoneras externas amarillos) - ♀: Parecida a ♀ 898) - Gris pardusca estriada de negro - Ventral blancuzco estriado ··· Chile ··· Cumbres áridas o nevadas, estepas, costas de mar o cercanías de arroyos en la cordillera austral   II

857) YAL AUSTRAL   (Black-throated
Finch) *Melanodera melanodera-2R*

14 cm - Parecido a 856) aún en comportamiento - **Ceja y reborde de babero, blancos** - Notables cubiertas y filetes en remeras, amarillos - Cabeza plomiza - Dorso gris oliváceo - Rabadilla oliva - ♀: Blancuzca estriada - **Primarias y timoneras externas, amarillas** ··· Chile··· Praderas húmedas en el S (II) y en **Malvinas**   IV

858) REINAMORA GRANDE
(Ultramarine Grosbeak)
Cyanocompsa brissonii-2R

16 cm - Contínua y melódica voz - **Azul** - **Pico muy grueso, negro** - Periocular, amplia frente y hombros, celeste - ♀ y J: Dorso castaño - Ventral canela - También plumajes intermedios ··· Venezuela, Colombia, Brasil, Paraguay y Bolivia - [URUGUAY] ··· Selvas, bosques y sabanas   IV

859) REINAMORA CHICA   (Indigo Grosbeak)   *Cyanoloxia glaucocaerulea*

14 cm - Voz *psit* y canto suave que recuerda el de 809) - Parecida a 858) - Mucho más **celeste** - Pico grueso más corto - Base de **mandíbula blancuzca** - ♀ y J: Como ♀ 858) ··· Brasil y Paraguay - URUGUAY ··· Selvas y bosques en el E   III

860) REINAMORA ENANA
(Blackish-Blue Şeedeater)
Amaurospiza moesta

11 cm - Parece una pequeña y oscura 858) - Canto similar - Pico menor - Recuerda un corbatita - **Negro azulado opaco** - Tapadas blancas poco notables - ♀: Dorso castaño - Alas y cola pardas - Ventral canela ··· Brasil ··· Estrato bajo y medio en selvas y capueras de **Misiones**   II

861) VOLATINERO   (Blue-Black Grassquit)   *Volatinia jacarina*

9 cm - Activo - Continuos y cortos **saltos verticales** desde su percha, emitiendo un chirrido metálico, y haciendo más notables sus axilares y **tapadas blancas** - Recuerda a 860) - Pico más agudo - **Negro azulado brillante** - ♀: Pasiva - No salta - Dorso pardo - Ventral ocráceo - **Pecho estriado** - A menudo plumajes intermedios ··· Desde C. América - URUGUAY ··· Sabanas, pastizales y áreas rurales   III

268

862) ESPIGUERO PARDO
(Dull-colored Grassquit)   *Tiaris obscura*

10 cm - Confiado - Semiterrícola - **Coloración modesta** - Parece ♀ de *Sporophila* - Nido cerrado - Pico menos grueso, con **mandíbula anaranjada** - Sin blanco alar - Dorsal pardo - Ventral gris oliváceo que llega a blancuzco en abdomen - Patas rosáceas ... Desde Venezuela por el O hasta Bolivia ··· Sabanas y claros en selvas del NO - (Orán, Salta)   II

SPOROPHILA (Corbatitas, capuchinos, chilenitos o paraguayitos): Gregarios - Agiles - Comen semillas de gramíneas - Pequeños - **Mancha alar blanca** *(salvo* **864, 865 y 867),** *más visible en vuelo -* **Pico robusto** *-* **♀♀:** *Indistiguibles entre sí - Diseño común: Dorso pardo oliváceo y ventral ocráceo - Mancha alar blanca sólo en 866), 868) y 876) - Migradores B - (14 especies)*

863) CORBATITA PLOMIZO
(Plumbeous Seedeater) *Sporophila plumbea*

9 cm - Fino y melodioso canto - **Gris** celeste - Alas y cola negras fileteadas de gris - Barba y **bigote,** [subocular] y vientre, **blanco** - [Pico amarillento] - ♀: Diseño común ··· S. América salvo Ecuador y Chile ··· Pastizales en **Misiones**   II

864) CORBATITA COMÚN
(Double-collared Seedeater)
Sporophila caerulescens

10 cm - A menudo en jaula - Dorso plomizo - **Barba negra** rodeada de blanco, **collar negro** y resto **ventral blanco** - Pico amarillento - ♀: Diseño común ··· Desde Brasil y Ecuador, salvo Chile - URUGUAY ··· Sabanas, estepas arbustivas, áreas rurales y poblados   V

865) CORBATITA OLIVÁCEO
(Buffy-fronted Seedeater) *Sporophila frontalis*

12 cm - Fuerte *pitz* y onomatopéyico *pichochó* - Pardo **oliváceo** - [Cabeza plomiza] - [Frente] y **postocular, blanco** - Filetes en cubiertas, y ventral, blancuzcos (salvo pecho y flancos) - ♀: Más oliva - Sin ceja - Filetes ocráceos ··· Brasil y Paraguay ··· Entre tacuaras cerca del agua, siendo abundante cuando fructifica - Selvas en **Misiones**   II

866) CORBATITA DOMINÓ

(Rusty-collared Seedeater)

Sporophila collaris

11 cm - Inconfundible - Bastante palustre - **Negro y canela** - **Corona,** cola, mejillas **y collar negros** - Manchitas fronta¹ y subocular y garganta blancas - **♀: Garganta blanca** - Rabadilla, filetes en cubiertas y resto ventral acanelados ··· Brasil, Paraguay y Bolivia - URUGUAY ··· Pastizales, sabanas y vegetación acuática
III

867) CORBATITA AMARILLO

(Yellow-bellied Seedeater)

Sporophila nigricollis

11 cm - Metálico *tzi* más corto que el de 864) - **Capuchón** hasta el pecho, **negro** - Dorso oliváceo - Resto **ventral amarillento** - Pico gris celeste - ♀: Diseño común··· Desde C. Rica, salvo Chile ··· Areas rurales y sabanas en **Misiones**
I

868) CORBATITA BLANCO

(White-bellied Seedeater)

Sporophila leucoptera

11 cm - Lento y repetido silbo *fuiiit* - **Dorsal plomizo** - **Ventral y** notable **banda alar blancos** - Pico anaranjado oscuro - ♀: Diseño común - Ventral acanelado ··· Surinam, Brasil, Paraguay y Bolivia ··· Pastizales y ambientes acuáticos en el Distrito Chaqueño Oriental (E de Fsa) III

869) CORBATITA OVERO

(Lined Seedeater)

Sporophila lineola

10 cm - **Negro y blanco** - **Faja en corona, malar,** rabadilla **y ventral blancos** - ♀: Diseño común ··· S. América, salvo Chile ··· Sabanas y bosques en el N
III

870) CAPUCHINO PECHO BLANCO

(Marsh Seedeater)   *Sporophila palustris*

9 cm - **Dorso plomizo - Amplio babero blanco** - Rabadilla y ventral rufos - ♀: Diseño común ··· Brasil y Paraguay - URUGUAY ··· Vegetación palustre en el E   II

871) CAPUCHINO DE COLLAR

(White-collared Seedeater)
Sporophila zelichi

9 cm - **Dorso rufo,** a diferencia de 870)- Corona y rabadilla plomizas - **Ancho collar completo y babero, blancos** - Ventral rufo - ♀: Diseño común - Distribución invernal desconocida ··· [Brasil] ··· Pastizales y vegetación palustre en **E. Ríos**   II

872) CAPUCHINO CORONA GRIS

(Chestnut Seedeater)
Sporophila cinnamomea

9 cm - Notable y amplia **corona plomiza - Dorso y ventral rufos** como 871), sin collar blanco - ♀: Diseño común ··· Brasil y Paraguay ··· Pastizales y vegetación palustre en el E (PN El Palmar)   III

873) CAPUCHINO CASTAÑO

(Rufous-rumped Seedeater)
Sporophila hypochroma

9 cm - Parecido a 875) - Mucho más **oscuro** - Amplia corona y dorso plomizos - **Rabadilla y ventral rufos,** no canelas - ♀: Diseño común ··· Bolivia ··· Pastizales en **Corrientes**   I

874) CAPUCHINO GARGANTA CAFÉ
(Dark-throated Seedeater)

Sporophila ruficollis

9 cm - Corona y dorso plomizos - **Amplio babero negro - Resto ventral y rabadilla rufos** - ♀: Diseño común ··· Brasil, Paraguay y Bolivia - [URUGUAY] ··· Sabanas, pastizales, cardales y áreas rurales   IV

875) CAPUCHINO CANELA
(Ruddy-breasted Seedeater)

Sporophila minuta

9 cm - Corona y dorso plomizos - **Rabadilla y ventral canelas,** no rufos - ♀: Diseño común ··· Desde C. América, salvo Perú y Chile ··· Sabanas, pastizales y vegetación palustre   IV

876) CAPUCHINO BOINA NEGRA
(Capped Seedeater)

Sporophila bouvreuil

9 cm - **Boina negra** - Dorso pardusco - **Ventral blanco ocráceo** - Abre y cierra con rapidez su cola negra - ♀: Diseño común ··· Surinam, Brasil y Paraguay ··· Pastizales en el NE   III

877) CURIÓ   (Lesser
Seed-Finch)   *Oryzoborus angolensis*

11 cm - Parece *Sporophila* - En sitios visibles - Muy cantor - Voz melodiosa y fuerte en escala descendente - **Negro - Ventral desde el pecho, rufo - Mancha alar y tapadas blancas** - ♀: Dorso pardo - Ventral pardo acanelado ··· Desde C. América, salvo Chile ··· Bordes de selvas y capueras en el NE   III

878) PIQUITODEORO COMÚN
(Band-tailed Seedeater) *Catamenia analis*

11 cm - Parece *Sporophila* - A menudo en jaula - Plomizo - Frente y loral negros- **Banda alar, faja caudal y vientre blancos-** Subcaudal rufo - **Grueso pico amarillo oro** - Patas oscuras - ♀: Dorso pardo y ventral ocráceo, estriados - Bandas alar y caudal menos notables ··· Desde Colombia, por el O, hasta Chile ··· Estepas altoandinas, chaco serrano y pastizales de altura - En invierno llanuras   III

879) PIQUITODEORO GRANDE
(Plain-colored Seedeater)
Catamenia inornata-2R

13 cm - Parecido y simpátrico con 891), 892), 893) y 878), sin los notables caracteres de éste - **Subcaudal** también **rufo** - **Dorso** plomizo algo **estriado** - Ventral ceniciento oscuro - **Pico y patas anaranjados** - ♀: Más pardusca ··· Desde Venezuela, por el O, hasta Chile ··· Estepas altoandinas y altoserranas   IV

880) DIUCA COMÚN   (Common
Diuca-Finch)   *Diuca diuca-3R*

14 cm - Terrícola y en arbustos - Confiada - Lento, continuo, melodioso y audible canto de 4 ó 5 notas - **Dorso y chaleco cenicientos - Apice de timoneras externas y resto ventral blancos** - Mancha abdominal canela - ♀ y J: Más parduscos ··· Chile y Brasil - [URUGUAY] ... Prepuna, áreas rurales, y estepas altoandinas, patagónicas y arbustivas - La población austral es Migrador C   IV

881) DIUCA ALA BLANCA
(White-winged Diuca-Finch)
Diuca speculifera

15 cm - Terrícola - Más llamativa que 880) - Sin mancha canela - Zona **subocular,** sólo vexilo caudal externo, **y notable mancha alar, blancos** ··· Perú, Bolivia y Chile ··· Vegas altoandinas en **Jujuy**   I

273

SICALIS: Gregarios - Confiados - Cantan en vuelo - Amarillos - Dorso estriado - Los andinos difieren sólo en detalles (describirlos muy bien a campo) - (8 especies)

882) JILGUERO COLA BLANCA
(Stripe-tailed Yellow-Finch)
Sicalis citrina

12 cm - No forma bandadas - Semiterrícola - Canto en vuelo como 883) - Fuerte silbo *fiú* - **Cabeza olivácea con amplia frente amarilla** - Rabadilla y ventral amarillos - Flancos oliváceos - **Cola negra con zona ventral blanca** - ♀: Parda estriada - Vientre amarillo - Menos blanco en cola·· Guyana, Venezuela, Colombia, Perú y Brasil ··· Alisales y prados en **Tucumán** II

883) MISTO
(Grassland Yellow-Finch) *Sicalis luteola*

12 cm - A veces bandadas enormes que semejan enjambres - A menudo en jaula - Vuelo nupcial con caída en planeo lento - Más terrícola que 884) - Anida en el suelo - Bisilábico *zi..ziss* - **Dorsal** ocráceo muy **estriado de pardo** - Rabadilla oliva - Párpado y ventral, amarillo - **♀: Similar** - Más pálida - Pecho y flancos ocráceos ··· Desde C. América - URUGUAY ··· Sabanas, pastizales y **áreas rurales** V

884) JILGUERO DORADO
(Saffron Finch) *Sicalis flaveola-2R*

12 cm - Más bien en pareja - A menudo en jaula - Amarillo oro - **Dorso oliva estriado de negro - Frente algo anaranjada** - Alas y cola negras con rebordes amarillos - **♀ y J: Distintos de ♂ - Sin amarillo** - Dorso gris pardusco estriado de negro - Ventral blancuzco con **pecho y flancos estriados** ··· Desde Panamá - URUGUAY ··· Bosques, **áreas rurales y poblados** V

885) JILGUERO CARA GRIS
(Bright-rumped Yellow-Finch)

Sicalis uropygialis

12 cm - Separable por color grisáceo de otros jilgueros andinos - Contraste entre corona y ventral amarillos y **dorso gris** casi uniforme - Alas y cola con rebordes grises - Rabadilla oliva - Notable **cara gris** - ♀: Corona estriada - Dorso más pardusco ··· ̶P̶ ̶·̶·̶· Chile ··· Estepas a̶l̶ ̶ ̶ ̶ ̶ ̶ ̶ al NO (Abra

886) JILGUERO GRANDE (Greater Yellow-Finch) *Sicalis auriventris*

14 cm - Bastante dorado - **Frente y ventral, amarillo oro** - **Cabeza amarillenta, no olivácea** - Dorso y flancos gris oliváceos - Cubiertas cenicientas - Rabadilla amarillo oliváceo - **Cola negruzca con vexilo externo amarillo** - ♀: Más pálida y estriada - Poco amarillo ··· Chile ··· Estepas altoandinas III

887) JILGUERO PUNEÑO (Puna Yellow-Finch) *Sicalis lutea*

13 cm - Recuerda algo a un cabecitanegra ♀ - Melancólico y audible *triu ri* - **Dorso oliva amarillento y rabadilla dorada** contrastados con **alas y cola negruzcas,** fileteadas de amarillo - Ventral amarillo oro uniforme - ♀: Más pálida - Corona olivácea - Dorso, alas y cola gris parduscos - Rabadilla y ventral amarillo, agrisado en pecho ··· Perú y Bolivia ··· Estepas altoandinas y prepuna en el NO III

888) JILGUERO OLIVÁCEO (Greenish Yellow-Finch) *Sicalis olivascens-2R*

13 cm - Musical, rápido y repetido parloteo *tirirí* - **Oliváceo, tanto en corona y nuca** como en dorso pardo y en rabadilla y ventral amarillos - Alas y cola negruzcas con filetes amarillentos - Párpado claro - Patas anaranjado pálido - ♀: Dorsal pardo algo estriado - Rabadilla olivácea - Ventral amarillento ··· Perú, Bolivia y Chile ··· Estepas altoandinas y prepuna IV

889) JILGUERO AUSTRAL (Patagonian Yellow-Finch) *Sicalis lebruni*

13 cm - Vuelo nupcial como el del Misto (883) aunque más bajo - Corona y **dorso gris oliváceo** - **Frente** más **amarilla** - Rabadilla olivácea - Alas y cola negruzcas fileteadas de gris - Cubiertas amarillo oliváceo - Ventral gris amarillento que pasa a amarillo en abdomen - **Patas rojizas** o rosáceas - ♀: Más gris pardusca ··· Chile ··· Estepas patagónicas y pastizales de altura en S. de la Ventana III

890) YAL GRANDE (Short-tailed Finch) *Idiopsar brachyurus*

16 cm - Terrícola - **Pico** (2 cm) **largo y grueso** - Grisáceo - **Dorso plomizo** - Alas y cola algo corta, negruzcas - Filetes claros en remeras - **Subocular punteado de blanco** - Garganta y subcaudal blancuzcos - Largas patas, e iris, amarillentos ··· Perú y Bolivia ··· Estepas altoandinas y quebradas en el NO   II

PHRYGILUS: Terrícolas -Forman bandadas, incluso mixtas - Andinos y patagónicos - Pico no muy grueso (9 especies)

891) YAL PLATERO (Band-tailed Sierra-Finch) *Phrygilus alaudinus*

14 cm - En vuelo, dos notas chirriantes - Llamada *piuc* - Plomizo - **Cola con banda blanca** sólo **notable** en vuelo - Mejillas y estriado dorsal negros - Vientre blanco - **Pico y patas amarillo anaranjados** - ♀: Recuerda el diseño de una cachirla - Dorso y pecho ocráceos , estriados de negruzco - Pico, patas y cola como el ♂ ··· Ecuador, Perú, Bolivia y Chile ··· Estepas altoandinas y **pastizales altoserranos**   IV

892) YAL PLOMIZO (Plumbeous Sierra-Finch) *Phrygilus unicolor-3R*

13 cm - Trino prolongado - **Dorso plomizo uniforme,** no estriado como en 891) y 893) con quienes convive - Sin ceja - Ventral gris - **Pico oscuro -** Patas rosáceas -♀: Parecida a la de 891) - Menos contrastada -Ventral más estriado - Sin blanco en cola ni amarillo en pico ··· Desde Venezuela por la cordillera hasta Chile ··· Estepas altoandinas y pastizales de altura (Pampa de Achala, Cba.)   IV

893) YAL CHICO (Ash-breasted Sierra-Finch) *Phrygilus plebejus-2R*

12 cm - Agudo musical *tzi..* - Menor que 891) y 892) - **Dorsal** gris **pardusco** estriado de negro - Amplia rabadilla plomiza - **Ceja y ventral blancuzcos** - Filetes claros en remeras y cubiertas - Pico y patas oscuros - ♀: Ventral menos estriado que ♀ 892) - Leve ceja clara ··· Desde Ecuador por la cordillera, hasta Chile ··· Estepas altoandinas y pastizales altoserranos   V

894) COMESEBO ANDINO
(Gray-hooded Sierra-Finch)

Phrygilus gayi-2R

15 cm - Terrícola - **Más pálido que 895)** - Capuchón y alas gris azulados - **Dorso oliváceo** - Ventral amarillento - Abdomen y subcaudal blancos - **♀: Capuchón estriado** - Dorso ocre oliváceo - **Garganta blancuzca flanqueada de pardo** - Pecho acanelado que llega a ocre en vientre y subcaudal ··· Chile ··· **Terrenos áridos** andinos y patagónicos   IV

895) COMESEBO PATAGÓNICO
(Patagonian Sierra-Finch)

Phrygilus patagonicus

14 cm - Arborícola - Repetido y musical *tuit..tio..* - Parecido a 894) - Colores más contrastados - Como un intermedio entre 894) y 896) - **Dorso canela** oliváceo - **Rabadilla** y ventral **amarillo oro** - Alas y cola negruzcas - **♀**: Más pálida - **Capuchón como el ♂** - [Dos líneas en garganta] - Dorso oliva - Ventral amarillo verdoso ··· Chile ··· Bosque araucano   IV

896) COMESEBO CABEZA NEGRA
(Black-hooded Sierra-Finch)

Phrygilus atriceps

15 cm - Arbustivo - Delicado, repetido y musical *trili* - **Gran capuchón negro** - **Dorso canela** que llega a amarillo en rabadilla - **Alas y cola** negruzcas **con filetes grises** - **Ventral canela** - Subcaudal blanco - ♀: Más pálida - Capuchón algo estriado - Dorso pardo oliváceo - Ventral amarillento ··· Perú, Bolivia y Chile ··· Prepuna y estepas altoandinas en el NO (Humahuaca, Jujuy)   IV

897) COMESEBO PUNEÑO (Red-backed
Sierra-Finch)   *Phrygilus dorsalis*

15 cm - Tonos opacos - Recuerda una Diuca (880) - Cabeza, cuello dorsal y rabadilla grises - **Espalda canela rosácea** - Cubiertas negruzcas - **Garganta blanca** - Ventral gris que llega a blanco en abdomen - ♀: Algo más pálida ··· Bolivia y Chile ··· Estepas altoandinas en el NO   II

898) YAL NEGRO (Mourning Sierra-Finch) *Phrygilus fruticeti*

15 cm - Nasal *piri..piri..piii...piripí* que emite asentado o en despliegue, al caer planeando con las alas debajo de la horizontal - Negruzco - Estriado dorsal, **pecho**, alas y cola, **negro** - **Filetes blancos en cubiertas** - **Resto ventral blancuzco** - **Pico y patas anaranjados** - ♀: Gris pardusca estriada de negro ↘ **Auricular pardo acanelado** - **Bigote blanco** ··· Perú, Bolivia y Chile - [URUGUAY] ··· Andino y patagónico IV

899) YAL CARBONERO (Carbonated Sierra-Finch) *Phrygilus carbonarius*

13 cm - ∈ - Más oculto que 898) - Vuelo nupcial con las alas hacia arriba - **Dorso** estriado (o uniforme), cola **y ventral negros** - Pico y patas amarillo anaranjados - ♀: Confiada y pasiva - Parecida a ♀ de Jilguero Dorado (884) - Dorsal estriado de pardo y ocráceo - Periocular claro - Ventral blancuzco con pecho estriado de pardo - **Pico amarillo** con culmen negro - **Patas amarillentas** - Migrador C - Estepas arbustivas y patagónicas y salitrales III

900) AFRECHERO PLOMIZO

(Uniform Finch) *Haplospiza unicolor*

11 cm - Bisilábico y rápido piar agrillado- Parecido al alopátrico 892) - Pequeño pico agudo - **Plomizo uniforme** - Patas liláceas - ♀: Pardusca olivácea - Ventral estriado - Mandíbula clara ··· Brasil y Paraguay ··· Tacuarales en bordes de selvas y en capueras en **Misiones** II

901) MONTERITA SERRANA (Tucuman Mountain-Finch) *Compsospiza baeri*

16 cm - ∈ Terrícola y de arbustos - Confiado - Inquieto - Plomizo olivácео - **Amplia frente y babero rufo anaranjados** - Subcaudal canela - Quebradas húmedas en pastizales de altura y orillas de bosques montanos en el Aconquija (El Infiernillo, Tuc.) III

902) SOLDADITO GRIS (Gray-crested Finch) *Lophospingus griseocristatus*

13 cm - **Ceniciento** - Parecido a 903) - Copete pardusco algo menor - **Sin ceja ni marcas negras en la cabeza - Timoneras externas con ápice blanco** - Ventral gris que llega a blanco en abdomen - ♀: Más pálida ··· Bolivia ··· Prepuna en el NO   II

903) SOLDADITO COMÚN
(Black-crested Finch)
Lophospingus pusillus

12 cm - Terrícola y arborícola - Bandadas mixtas - Recuerda a 902) - **Copete, antifaz y garganta negros,** intercalados con notable **ceja y malar blancos** - Resto ceniciento - ♀: Más parduzca - Sin negro - Garganta blanca ··· Paraguay y Bolivia··· Bosques y sabanas de tipo chaqueño   IV

904) AFRECHERO CANELA (Coal-crested Finch) *Charitospiza eucosma*

10 cm - Inconfundible - **Copete, babero y chorreado pectoral negros - Mejillas** y manchita alar **blancas** - Dorso gris - **Ventral canela** - ♀: Más parda y pálida ··· Brasil ··· Campos en **Misiones**   I

905) BRASITA DE FUEGO (Red-crested Finch) *Coryphospingus cucullatus-2R*

12 cm - Terrícola y de arbustos - Chistido *chip..* - Rojizo oscuro · - Eréctil **semicopete rojo brillante - Rabadilla y ventral carmín** - Periocular y mandíbula blancos- ♀: Más pálida - Sin rojo brillante ··· Guayanas, Brasil, Paraguay, Bolivia y Perú - URUGUAY ··· Selvas, capueras, bosques y sabanas   IV

CHINGOLO Y CACHILOS: *Dorso estriado de negro - Ventral blancuzco- (4 especies)*

906) CACHILO CORONA CASTAÑA

(Stripe-capped Sparrow)

Aimophila strigiceps-2R

15 cm - Bandaditas - Continuo *tich..* corto y metálico - Recuerda un Gorrión - Parecido a 907) - Cola algo larga - **Corona rufa oscura con centro gris** - Hombros rufos - Ceja, malar, pecho y flancos, grises - Bigotes negros ··· Paraguay y Bolivia ··· Bosques y sabanas - En el NO en pastizales serranos   IV

907) CHINGOLO   (Rufous-collared
Sparrow)   *Zonotrichia capensis-7R*

12 cm - Confiado - Bien conocido - Tres silbos gorjeados [seguidos de trino] - Coloración de la cabeza variable según la raza - **Semicopete y mejillas grises** [flanqueadas de negro] - **Cuello dorsal canela** - Leve semicollar negro y canela - **J:** Sin gris ni canela - Ventral **estriado de negro** ··· Desde Méjico - URUGUAY ··· Casi todos los ambientes incluso poblados   VI

908) CACHILO CEJA AMARILLA

(Grassland Sparrow)

Ammodramus humeralis

11 cm - Confiado - Terrícola - Se posa en sitios visibles - Aún así, más oído que visto - Delicado gorjeo seguido de nota nasal [y trino] - Coloración más modesta que 907) - Sin copete ni canela - **Ceja** blancuzca **que comienza amarilla** - **Hombros amarillos oro** ··· S. América salvo Ecuador, Perú y Chile - URUGUAY ··· Sabanas, pastizales y áreas rurales   III

909) CACHILO DE ANTIFAZ

(Black-masked Finch)

Coryphaspiza melanotis

12 cm - Terrícola - Recuerda al Gran Cantor (851) - **Cabeza negra** - Notable y larga **ceja y ventral blancos** - **Cubiertas amarillas** - Dorsal oliva estriado - Cola escalonada con ápice blanco - Mandíbula amarilla - ♀: Más pardusca - Cabeza estriada - Parecida al Jilguero 884) - Como el ♂, cubiertas amarillas ··· Brasil, Paraguay, Perú y Bolivia ··· Pastizales en el NE   II

910) CACHILO CANELA (Long-tailed Reed-Finch) *Donacospiza albifrons*

14 cm - Confiado - Postura vertical - Recuerda una monterita - **Larga cola** (8 cm) en puntas - Pico pequeño - Cabeza plomiza - **Ceja blancuzca** - **Dorso** pardo **estriado** de negro - Ventral acanelado - J: Pálido - Cola corta ··· Brasil y Paraguay - URUGUAY ··· Pastizales y juncales III

*POOSPIZA: Agiles - En invierno bandadas, aún mixtas - **Cola** oscura **con ápice blanco en timoneras externas** - Pico no grueso (7 especies)*

911) MONTERITA CANELA (Cinnamon Warbling-Finch) *Poospiza ornata*

12 cm - ∈ - Cabeza, lomo y rabadilla plomizos - **Espalda, flancos y pecho rufos** - **Ancha ceja y resto ventral canela** - Alas negruzcas con dos anchos filetes ocráceos en cubiertas - ♀: Dorso pardusco - Ceja y ventral ocráceos ··· En invierno en provincias centrales··· Estepas arbustivas y bosques IV

912) MONTERITA CEJA ROJIZA (Rusty-browed Warbling-Finch) *Poospiza erythrophrys*

13 cm - Parecida a 911) - Simpátricas en invierno - Dorsal pardo - Notable **ceja rufa,** no canela - Subocular rufo - **Pecho rufo que pasa a canela en resto ventral** ··· Bolivia ··· Yungas III

913) MONTERITA PECHO GRIS (Rufous-sided Warbling-Finch) *Poospiza hypochondria*

14 cm - Dorsal gris pardusco - **Ceja blanca** Sobreceja negra - Malar y garganta blancos divididos por **bigote negro** - Pecho gris - **Flancos rufos** - Resto ventral ocráceo ··· Bolivia ··· Matorrales en prepuna, estepas altoandinas y pastizales de altura en el O III

281

914) MONTERITA LITORAL
(Red-rumped Warbling-Finch)
Poospiza lateralis

13 cm - Grupos - Confiada - A menudo
oculta - Fuerte, continuo y seco *yep..* y
otras voces - Acanelada - Dorsal plomizo-
Rabadilla, subcaudal **y flancos, rufos** -
Notable y **larga ceja** y malar, **blanco** -
Ventral grisáceo con centro blanco ···
Brasil y Paraguay - URUGUAY ··· Estrato bajo en selvas, más bien en galería y bosques húmedos en el E (Delta
del Paraná)   III

915) SIETEVESTIDOS
(Black-and-Rufous Warbling-Finch)
Poospiza nigrorufa-2 R

13 cm - Vuelo bajo - Más oído que visto-
Continuo y agudo *juít..juít..tiú* - Raza
serrana: canto melodioso muy distinto -
Negruzco - **Ceja y malar blancos** encerrando antifaz negro - **Ventral rufo** -
Blanco en abdomen, en cuña hacia el pecho - **J**: Sin rufo - **Ventral manchado de
negro** - Cola sin blanco ··· Brasil, Paraguay y Bolivia - URUGUAY ··· Bosques,
sabanas y juncales   IV

916) MONTERITA DE COLLAR
(Ringed Warbling-Finch)
Poospiza torquata

12 cm - Recorredora - Dorsal plomizo -
Notables **ceja y garganta blancas** - Sobreceja, **antifaz y ancho collar negros** - Faja
en cubiertas y resto ventral blancos -
Subcaudal rufo - ♀: Más pálida ··· Paraguay y Bolivia ··· Sabanas y estepas arbustivas y áreas rurales en invierno   IV

917) MONTERITA CABEZA NEGRA
(Black-capped Warbling -Finch)
Poospiza melanoleuca

12 cm - Confiada - Recorredora - Repetido y sonoro *tsp* - Recuerda a la Tacuarita Azul (795) - **Cabeza negra** - Dorso
plomizo - **Ventral blanco** - ♀: Más parda -
Sin cabeza negra ··· Brasil, Paraguay y
Bolivia - URUGUAY ··· Bosques, sabanas
y cercanías de selvas   IV

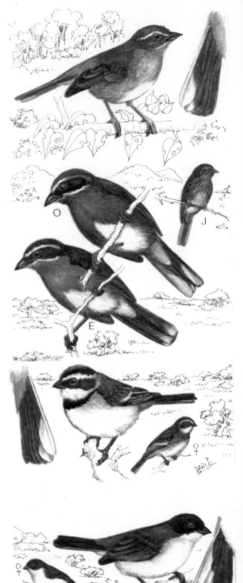

282

918) PEPITERO CHICO (Many-colored Chaco-Finch) *Saltatricula multicolor*

15 cm - Parece un pequeño y colorido 842) - Repetido *víreo..* - **Cola negra con ápice externo blanco** - Ceja postocular blanca - **Negro en cara contínuado en lados de garganta blanca** [rodeándola] - Collar gris - **Ventral canela con centro blanco** - **Pico amarillo anaranjado con culmen negro** ···· Paraguay y Bolivia - [URUGUAY] ... Bosques y sabanas de tipo chaqueño   IV

919) COLUDO CHICO (Lesser Grass-Finch) *Emberizoides ypiranganus*

16 cm - Palustre - Oculto - Bastante terrícola - Llamado *yec..* - Cola larga, escalonada, en puntas - Muy parecido a 920) - Más contrastado - **Dorso oliváceo estriado de negro** - Cubiertas amarillo verdosas - Ceja clara - **Cara plomiza** - Ventral blancuzco - Pico amarillo anaranjado con culmen negro ··· Brasil ··· Pastizales y juncales en el NE   II

920) COLUDO GRANDE (Wedge-tailed Grass-Finch) *Emberizoides herbicola*

18 cm - Recuerda a 921) - Comportamiento y aspecto de 919) - Menos palustre - Voz distinta - Fino *sbit* y *pic* - **Dorso pardo ocráceo estriado** de negruzco - Sin ceja - Loral y periocular claros - **Cara** y ventral, **ocráceo** - Rabadilla canela - J: Ceja y ventral amarillentos ··· Desde C. Rica, salvo Ecuador y Chile !··· Pastizales húmedos en el NE (Iberá,Ctes)   !II

921) VERDÓN (Great Pampa-Finch) *Embernagra platensis-3R*

20 cm - Confiado - Parejas - [Bordes de caminos] - Desde lo alto de matas: notas agradables, penetrantes y cortas - Además *chip..* - Cabeza gris - Dorso oliváceo (estriado en el E) - **Alas y cola amarillo verdosas** - Notable **pico anaranjado** (con culmen negro en el E) - J: Muy estriado - Ceja amarilla - Rabadilla y abdomen canelas - Pico negruzco ··· Brasil, Paraguay y Bolivia - URUGUAY ··· Sabanas, pastizales de altura y de llanura y juncales IV

Fam. Fringillidae, ver pág. 41

CARDUELIS (922 a 927) : Recuerdan Sicalis - Gregarios - Canto variado, a veces en conjunto - Notable **banda alar, aún visible en ala plegada y base de cola furcada, amarillo oro** *- (7 especies)*

922) NEGRILLO
(Black Siskin)   *Carduelis atrata*

12 cm - Confiado - **Negro** - Abdomen y subcaudal amarillos - ♀: Apenas más pálida ··· Perú, Bolivia y Chile ··· Estepas altoandinas y prepuna   III

923) CABECITANEGRA ANDINO
(Yellow-rumped Siskin)
                    Carduelis uropygialis

12 cm - Parece un intermedio entre 922) y 924) - **Capuchón, incluso babero y espalda, negro - Rabadilla** y resto ventral, **amarillo** - ♀: Más pálida - Dorso estriado - Capuchón negruzco ··· Perú, Bolivia y Chile ··· Estepas altoandinas   II

924) CABECITANEGRA COMÚN
(Hooded Siskin)
                    Carduelis magellanica-4R

12 cm - A menudo en jaula - Agradable canto trinado - **Capuchón negro** que incluye pequeño babero - Dorso oliváceo apenas estriado - Rabadilla y ventral amarillos - ♀: Más olivácea - Sin capuchón ··· S. América - URUGUAY ··· Diversos ambientes, áreas rurales, arboledas y **poblados**   IV

284

Caracteres del género *Carduelis* en pág. anterior

925) CABECITANEGRA PICUDO
(Thick-billed Siskin)
Carduelis crassirostris

12 cm - Parecido a 924) - Simpátricos - Pico algo mayor - Dorso más pardo - **Lados del cuello amarillos** - ♀: Distinta de ♀ 924) - **Dorso gris pardusco** apenas estriado - Rabadilla amarilla -**Lados del cuello y ventral cenicientos** ··· Perú, Bolivia y Chile ··· Estepas altoandinas y prepuna   III

926) CABECITANEGRA AUSTRAL
(Black-chinned Siskin) *Carduelis barbata*

12 cm - Parecido a 924) - Alopátricos - **Boina y mancha gular negras** - Rabadilla amarillo olivácea - **Cola** casi **negra** - ♀ Sin boina ni gular negros - Pecho oliváceo que pasa a ceniciento en resto ventral ··· Chile ··· Bosque araucano, cercanías y poblados   III

927) VERDERÓN   (European Greenfinch)   *Carduelis chloris*

14 cm - Trino corto, rápido y sonoro *yyyy..* - Recuerda a ♀ 924) - Mayor - **Pico** más **grande, blancuzco** - En remeras **amarillo** menos conspicuo en vuelo pero más **largo y notable en ala plegada** - Patas rosáceas - ♀: Más grisácea - J: Dorso estriado ··· Introducido de Eurasia - URUGUAY ··· Pinares y poblados en **B. Aires** (Villa Gesell) - En expansión   III

928) CARDELINO   (European Goldfinch)   *Carduelis carduelis* (•)

12 cm - Llamativo colorido - Banda alar y cola furcada, como otros *Carduelis* - **Cabeza roja, blanca y negra** - Dorso pardo - Pico y **rabadilla, blancuzco** - J: Gris ocráceo estriado ··· Introducido de Eurasia ··· Bosques, áreas rurales y poblados en **URUGUAY**

(·) También citado para la Argentina

BOYEROS (929 a 932): **Negros** *con brillo - Pico recto y agudo - Cola larga - Nidos colgantes, como bolsa tejida - (4 especies)*

929) YAPÚ   (Crested Oropendola)   *Psarocolius decumanus*

♂ **40 cm** - ♀: 30 cm - En colonias - Acrobático - Fuerte *uaj,* como ladrido y otras voces - Inconfundible - En vuelo, recuerda una rapaz - Larga y fina cresta - Rabadilla y subcaudal rufos - Notable **cola amarilla** con centro negro - Gran **pico marfil** - Iris azul··· Desde Panamá, salvo Chile ··· Selvas y bosques en el NO (Aguas Blancas, Salta) (II) y el NE   I

930) BOYERO ALA AMARILLA
(Golden-winged Cacique)
            Cacicus chrysopterus

21 cm - Ronco maullido corto - Otras voces incluso canto agradable - **Cubiertas y amplia rabadilla amarillo oro** - Iris rosáceo - Mandíbula celeste ··· Brasil, Paraguay y Bolivia - URUGUAY ··· Bosques y selvas   III

931) BOYERO CACIQUE (Red-rumped Cacique)   *Cacicus haemorrhous*

24 cm - Bandadas - Nidos agrupados, a menudo en palmeras y cerca del hombre - Bullicioso - Grave y raspante *rac.,* y otras voces, algunas musicales - Recuerda a 932) - **Lomo y rabadilla rojos - Pico marfil** - Iris celeste - J: Iris pardo ··· S. América, salvo Chile ··· Estratos medio y alto en selvas, capueras y bosques en el NE (PN Iguazú)   IV

932) BOYERO NEGRO (Solitary Black Cacique) *Cacicus solitarius*

24 cm - Acrobático - Canto bisilábico, y breves y roncos *uegg* - Además otras voces - Imita - **Todo negro,** sin rojo ni amarillo - **Pico marfil** ··· S. América, salvo Chile - URUGUAY ··· Estratos medio y alto en bosques, sabanas y selvas
IV

TORDOS 933) a 938) (salvo 936): **Negros** *con brillo - Pico más corto que el de los boyeros, algo curvo - Nidos no tejidos - 934), 937) y 938) no construyen - (5 especies)*

933) CHOPÍ
(Chopi Blackbird) *Gnorimopsar chopi-2R*

22 cm - Bandaditas - Confiado - Terrícola y arborícola - Fuertes y melodiosos silbos, otras voces y repetido *chopí..,* a veces grupal - Brillo sedoso - Gola que suele encrespar - Iris oscuro - **Pico curvo con surcos** en la mandíbula - En alarmante disminución por caza desmedida ··· Brasil Paraguay y Bolivia - URUGUAY ··· Bosques, sabanas, palmares y selvas en el NE
III

934) TORDO GIGANTE
(Giant Cowbird) *Scaphidura oryzivora*

35 cm - Con los boyeros 929) y 931) a quienes parasita - Arborícola y terrícola - Uno o dos silbos agudos - Mucho **mayor** que 938) - Por su gola parece jorobado y de cabeza pequeña - **Pico** negro y **curvo** - **Iris anaranjado** - Patas largas - ♀: 28 cm - Opaca - Joroba menor - Iris pardo ··· Desde C. América salvo Chile ··· Selvas y capueras en el NO y NE (PN Iguazú)
III

935) TORDO PATAGÓNICO (Austral Blackbird) *Curaeus curaeus-2R*

26 cm - Terrícola y arborícola - Canto complejo en grupos, que recuerda el de 933) - Además chirrido como el Dragón (947) - Sólo simpátrico con 938) - Mayor y más esbelto - Sin brillo morado - **Pico** más **largo y recto** - Patas largas ··· Chile ··· Bosques y cercanías y arboledas, patagónicos
IV

936) BOYERITO
(Epaulet Oriole)   *Icterus cayanensis*

19 cm - Arborícola - Inquieto - **Acrobá-tico** - Voces variadas incluso imitando - Canto agradable - **Esbelto** - **Negro** - Sin el brillo violáceo de 938) - Pico fino - Cola larga - **Hombros rufos** poco visibles - El **ala ventral** se vé **blancuzca** ··· S. América, salvo Venezuela, Ecuador y Chile - URUGUAY ··· Bosques, orillas de selvas, sabanas y poblados   IV

937) TORDO PICO CORTO (Screaming Cowbird)   *Molothrus rufoaxillaris*

18 cm - ♂ y ♀ iguales - Grupos con 939) a quien parasita - Suele posar sobre ganado - **Aspero y súbito** *juish* y otros gritos - **Negro** - Muy parecido a 938) - Pico más corto - Brillo menos notable, **no violáceo** - Axilas rufas poco visibles - J: Similar a 939) - Subadulto manchado de negro ··· Brasil, Paraguay y Bolivia - URUGUAY ··· Sabanas, bosques y áreas rurales   V

938) TORDO RENEGRIDO   (Shiny Cowbird)   *Molothrus bonariensis*

19 cm - Grandes bandadas con más ♂♂ - Se asienta sobre ganado - Algo más esbelto que 937) - Parasita a muchas especies - Gorgoteo seguido de silbo agudo o chistido - Agradable canto en vuelo- **Negro** - **Brillo violeta** - ♀: Gris pardusca (negra en Misiones) ··· Desde Panamá - URUGUAY ··· Diversos ambientes, bañados y poblados   VI

939) TORDO MÚSICO   (Bay-winged Cowbird)   *Molothrus badius*

18 cm - Bandaditas a menudo con 937) y 938) - **Canto grupal** con voces disímiles, como ensayo orquestal - Dorso gris pardusco - **Loral y cola negros** - **Remeras rufas** más notables en vuelo - Ventral ceniciento ··· Brasil, Paraguay y Bolivia - URUGUAY ··· Sabanas, bosques, áreas rurales y poblados   V

AGELAIUS: Tordos de bañado - Pico algo fino - **Negros** *- ♀♀: Estriadas - (3 especies)*

940) VARILLERO NEGRO (Unicolored Blackbird)　　　　*Agelaius cyanopus*
18 cm - Silbo *chiu..chiu..chiu* y largo gorjeo - **Pico largo** y agudo - Con brillo - ♀: **Estriado dorsal y filetes en remeras, castaño** - Cola negra - **Ventral amarillo con flancos estriados de negro** - Sin ceja - ♂J: Dorso negruzco - Ventral estriado ··· Brasil, Paraguay y Bolivia ··· Vegetación acuática　　　　III

941) VARILLERO CONGO
(Chestnut-capped Blackbird)
　　　　Agelaius ruficapillus
17 cm - Bandadas - Bullanguero - Silbos musicales y notas nasales - Pico no largo - Inconspicuos **corona y babero rufos** - ♀: Dorso negruzco algo estriado de oliváceo - Sin ceja - **Garganta ocrácea** ··· Brasil, Paraguay y Bolivia - URUGUAY ··· Vegetación acuática y cercanías　　V

942) VARILLERO ALA AMARILLA
(Yellow-winged Blackbird)
　　　　Agelaius thilius-2R
17 cm - Bandaditas - Gorjeo fino y variado - Pico más agudo que en 941) - **Hombros y tapadas amarillo oro,** notables en vuelo - ♀: Larga **ceja blancuzca** - Hombros y tapadas como el ♂ - Pecho estriado de negro ··· Países limítrofes y Perú - URUGUAY ··· Vegetación acuática y cercanías　　　　IV

943) CHARLATÁN
(Bobolink)　　*Dolichonyx oryzivorus*
15 cm - Bandadas - Musical *pink* - Coloración modesta - **Dorsal y flancos estriados** de negro - **Línea en corona negra, larga ceja y ventral,** ocráceos - Pico anaranjado - [♂ en PN: Negro - **Amarillo oro en cuello dorsal**] - Ambientes acuáticos y pastizales - Migrador A　　II

944) MATICO

(Troupial) *Icterus icterus*

21 cm - Silbo fuerte y melodioso - Llamativa coloración - **Anaranjado** - Frente, **cara, pecho,** manto, **cola y alas, negros** - Blanco en remeras - Iris amarillo ··· S. América, salvo Chile ··· Sabanas en **Formosa**

945) TORDO AMARILLO

(Saffron-cowled Blackbird)

Xanthopsar flavus

19 cm - Gregario - **Cabeza,** hombros, **rabadilla y todo lo ventral amarillo oro** - Loral y **dorsal, negro** - ♀: Recuerda ♀ 940) - Dorso pardo estriado - Notable **ceja,** hombros, todo lo ventral **y rabadilla, amarillo** ··· Brasil, Paraguay y Bolivia- URUGUAY ··· Ambientes acuáticos con vegetación, pastizales y áreas rurales -- En disminución   I!

946) PECHO AMARILLO GRANDE

(Yellow-rumped Marshbird)

Pseudoleistes guirahuro

22 cm - Gregario - Bastante terrícola - Parecido a 947) - A veces juntos - Canto, más agradable y trinado, emitido casi siempre en vuelo - Más contrastado - **Dorsal y pecho pardo negruzcos** - Amarillo en cubiertas más extenso - **Rabadilla,** tapadas y resto ventral **amarillo oro** ··· Brasil y Paraguay - URUGUAY ··· Pastizales y esteros en el NE   III

947) PECHO AMARILLO COMÚN

(Brown-and-Yellow Marshbird)

Pseudoleistes virescens

21 cm - Aspecto y comportamiento de 946) - Menos llamativo - Se alimenta en campos y pernocta en bañados - Chirriado y repetido *chrrruí* grupal - **Dorsal (incluso rabadilla), pecho y abdomen, pardo** oliváceos ~ Hombros, tapadas y resto ventral amarillos ··· Brasil - URUGUAY ··· Ambientes acuáticos con vegetación y áreas rurales, en el E   IV

948) FEDERAL (Scarlet-headed Blackbird) *Amblyramphus holosericeus*

22 cm - Fuerte *uit* - Trisilábico silbo melancólico - Inconfundible - Pico largo y agudo - Negro - **Capuchón hasta el pecho, y piernas, anaranjado rojizo** - J: Negro - Plumajes intermedios ··· Brasil, Paraguay y Bolivia - URUGUAY ··· Ambientes acuáticos con vegetación - En disminución   III

STURNELLA: Terrícolas - Aperdizados-Hombros y pecho, rojo - ♀♀: Más pálidas-(3 especies)

949) LOICA COMÚN (Long-tailed Meadowlark) *Sturnella loyca-4R*

22 cm - Canto chillón con gorjeos, silbos y notas nasales - **Ceja blanca que comienza roja - Tapadas blancas** - ♀: Garganta blanca flanqueada de negro ··· Chile ··· Pastizales y estepas andinas y patagónicas, y serranías   IV

950) LOICA PAMPEANA
(Lesser Red-breasted Meadowlark)
                    Sturnella defilippi

19 cm - Canto en vuelo con descenso planeado - Pico y cola menores que en 949) - Dorso más oscuro - **Tapadas negras** - Rojo más intenso - ♀: Pico bastante más corto y abdomen más negro que en ♀ 949) - Brasil, URUGUAY ··· Pastizales - En disminución   I

951) PECHO COLORADO
(White-browed Blackbird)
                    Sturnella superciliaris

17 cm - El más gregario - Se exhibe sobre matas o postes - Canto en vuelo como 950) - Metálico *pinng* - **Dorso casi negro** - Larga ceja blanca - **Garganta, pecho y hombros, rojos** - ♀: Inconspicua - Ceja y garganta ocráceas - Ventral poco estriado - Pecho y hombros rosáceos ··· Brasil, Paraguay, Bolivia y Perú - URUGUAY ··· Pastizales y áreas rurales   IV

· Diomedea cauta

· Pterodroma externa

· Pterodroma macroptera

· Pachyptila forsteri

· Larus modestus

· Sterna albifrons

· Vanellus cayanus

· Pitangus lictor

· Tangara cyanocephala

· Muscisaxicola fluviatilis

· Asthenes humicola

· Crotophaga sulcirostris

· Campylorhynchus turdinus

♂

♀

♂

· Hylocharis cyanus

♀

· Heliomaster longirostris

· Galbula ruficauda

PN

PI

· Calidris minutilla

· Numenius borealis

· Gallinago undulata

· Ara caninde

♀

♂

· Columbina minuta

· Streptoprocne biscutata

· Anodorhynchus glaucus

GabrielPeralta.

· Aburria cumanensis

ESPECIES ALGUNA VEZ CITADAS (·)

Spheniscus humboldti
Eudyptes sclateri (M)
Taoniscus nanus
Pelecanus occidentalis
Sula variegata
Butorides virescens
Eudocimus ruber
Anas platyrhynchus
Buteogallus aequinoctialis
Penelope montagnii (pág. 99)
Charadrius occidentalis
Calidris ferruginea
Tringa nebularia
Limnodromus griseus (pág. 118)
Larus fuscus
Sterna fuscata
Columba plumbea
Ara ararauna
Amazona mercenaria
Trichlaria malachitacea (...)
Otus watsoni
Heliomaster squamosus
Thamnophilus schistaceus (pág. 197)
Contopus virens
Hylocichla mustelina (M)
Eucometis penicillata
Tangara arnaulti (pág. 259)

(·) Las especies incluidas en esta lista no figuran en el índice

(...) Un ejemplar fue observado recientemente en Misiones

(M) Accidental en Malvinas

ZONAS ORNITOGEOGRAFICAS DE ARGENTINA

Existen varios trabajos en los cuales se ha tratado de caracterizar áreas en la Argentina, que rigen o influyen en la distribución de las aves. Algunos son específicamente ornitológicos (Dabbene, 1910; Pereyra, 1943; Olrog, 1959, 1963, 1984), mientras que otros son más generales, ya que siguen un criterio zoogeográfico (Cabrera y Yepes, 1940; Gollán, 1958; Ringuelet, 1960). A pesar de los datos aportados en dichos trabajos, especialmente en Olrog (1959, 1963), el panorama ornitogeográfico de Argentina no parece estar del todo claro, razón por la cual se presenta aquí este nuevo ordenamiento que intenta identificar áreas más coherentes con la distribución de las aves y caracterizadas por la presencia de endemismos.

Material y Método

Para la localización de las zonas ornitogeográficas, se ha utilizado el área de nidificación de especies y subespecies de rango restringido o semirrestringido y se han analizado las situaciones que reflejan cambios climáticos en el pasado, especialmente en el período Cuaternario. Se han tomado como base las divisiones fitogeográficas de Cabrera (1976), ya que la distribución de las aves responde marcadamente a la de la vegetación, y se han introducido los resultados de los análisis antes mencionados.

Aunque las divisiones ornitogeográficas están basadas en la distribución de las aves, los límites de las mismas han sido fijados en muchos casos, en base a la distribución de la vegetación, al análisis de imágenes satelitarias (Landsat) y a curvas de nivel, ya que por su movilidad las aves no son indicadores adecuados para precisar límites. Para la distribución de la vegetación se han utilizado los datos obtenidos personalmente en diferentes partes del país y los mapas aparecidos en los siguientes trabajos: Báez (1937), Digilio y Legname (1966), Morello y Adámoli (1968), Hueck (1972), Cabrera (1976), Luti et al. (1979), Vervoorst (1982), Jozamín y Muñoz (1983), Carnevali (1985), del Castillo (1985).

La utilización de los términos "dominio", "provincia" y "distrito", está basada en Cabrera (1976) y se ha seguido el siguiente criterio:

Dominio: con géneros endémicos de aves y a veces familias.

Provincia: con especies endémicas y a veces géneros.

Distrito: con subespecies endémicas y a veces especies.

Para que un dominio sea dividido en provincias o una provincia en distritos, es condición indispensable que cada una de las divisiones resultantes tenga endemismos, y no sólo sea una disminución de la diversidad siguiendo algún tipo de gradiente.

En muchos casos las aves que se han utilizado para caracterizar una zona no son exclusivas de la misma, sino que también frecuentan áreas vecinas de otras zonas, aunque por lo general en forma esporádica o en poca cantidad.

Comúnmente los distritos de una provincia comparten buena parte de las especies o subespecies, pero cada uno a su vez tiene sus formas propias; en general se han utilizado sólo las formas propias para caracterizar una zona, pero en algunos casos también formas comunes y atribuido al distrito más importante para la misma.

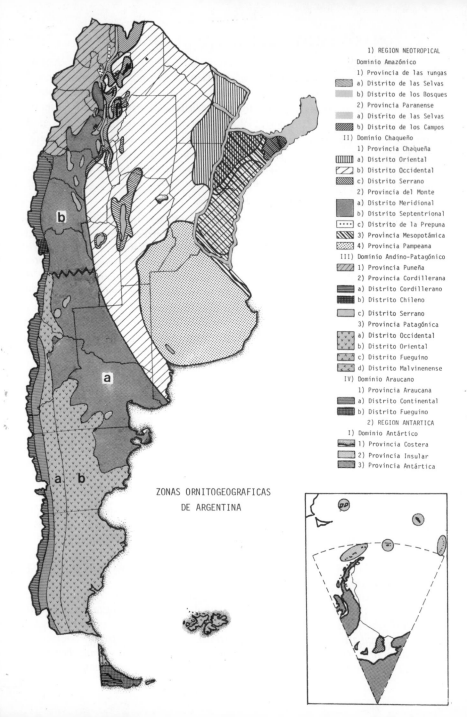

ZONAS ORNITOGEOGRAFICAS
DE ARGENTINA

1) REGION NEOTROPICAL
Dominio Amazónico
  1) Provincia de las Tungas
    a) Distrito de las Selvas
    b) Distrito de los Bosques
  2) Provincia Paranense
    a) Distrito de las Selvas
    b) Distrito de los Campos
II) Dominio Chaqueño
  1) Provincia Chaqueña
    a) Distrito Oriental
    b) Distrito Occidental
    c) Distrito Serrano
  2) Provincia del Monte
    a) Distrito Meridional
    b) Distrito Septentrional
    c) Distrito de la Prepuna
  3) Provincia Mesopotámica
  4) Provincia Pampeana
III) Dominio Andino-Patagónico
  1) Provincia Puneña
  2) Provincia Cordillerana
    a) Distrito Cordillerano
    b) Distrito Chileno
    c) Distrito Serrano
  3) Provincia Patagónica
    a) Distrito Occidental
    b) Distrito Oriental
    c) Distrito Fueguino
    d) Distrito Malvinenense
IV) Dominio Araucano
  1) Provincia Araucana
    a) Distrito Continental
    b) Distrito Fueguino
2) REGION ANTARTICA
I) Dominio Antártico
  1) Provincia Costera
  2) Provincia Insular
  3) Provincia Antártica

ZONAS ORNITOGEOGRAFICAS

1) Región Neotropical

I) Dominio Amazónico

1) Provincia de las Yungas: Se extiende por las montañas del noroeste argentino, formando una faja en el centro de las provincias de Salta, Jujuy, Tucumán y Catamarca. También en el sur y centro de Bolivia (el sector meridional).

Tipos de vegetación: selvas de transición, selvas de neblina, bosques, praderas, etc.

a) Distrito de las Selvas: Se extiende por las provincias antes mencionadas, entre los 400 y 1.600 m aproximadamente.

Aves características: *Micrástur ruficollis olrogi, Geotrygon frenata margaritae, Ara militaris boliviana, Pyrrhura molinae australis, Pionus maximiliani lacerus, Piaya cayana mogenseni, Pulsatrix perspicillata boliviana, Caprimulgus saltarius, Picumnus dorbignyanus, Picumnus cirratus thamnophiloides, Piculus rubiginosus tucumanus, Veniliornis frontalis, Campephilus leucopogon major, Lepidocolaptes angustirostris certhiolus, Synallaxis scutatus whitii, Xenops rutilans connectens, Thamnophilus caerulescens connectens, Batara cinerea argentina, Todirostrum plumbeiceps viridiceps, Phylloscartes ventralis tucumanus, Elaenia obscura obscura, Xanthomyias sclateri sclateri, Turdus albicollis contemptus, Cyclarhis gujanensis tarijae,, Basileuterus bivittatus argentinae, Hemithraupis guira boliviana, etc.*

b) Distrito de los Bosques y Praderas: Se extiende por arriba del Distrito de las Selvas, entre los 1.200 m y 2.500 m, aproximadamente. Tres tipos de bosques son característicos: de aliso *(Alnus acuminata)*, de pino del cerro *(Podocarpus parlatorei)* y de queñoa *(Polylepis australis)*.

Aves características: *Penelope dabbenei, Amazona pretrei tucumana, Aegolius harrisi dabbenei, Uropsalis lyra argentina, Microstilbon burmeisteri, Mecocerculus hellmayri subsp., Cinclus schulzi, Turdus serranus unicolor, Basileuterus signatus flavovirens, Diglossa baritula sittoides, Thlypopsis ruficeps, Saltator rufiventris, Sicalis citrina, Atlapetes fulviceps, Atlapetes citrinellus.*

2) Provincia Paranense: Se extiende por la provincia de Misiones y NE de Corrientes, y en forma de galería a lo largo de los ríos Paraná, Uruguay, de la Plata, Paraguay, Bermejo, Pilcomayo y tributarios. Además E de Paraguay y SE de Brasil.

Tipos de vegetación: selva lluviosa subtropical, bosques de *Araucaria angustifolia,* pajonales, etc.

a) Distrito de las Selvas: Ocupa la mayor parte de Misiones y las márgenes de los grandes ríos y tributarios.

Aves características: alrededor de 170 especies y subespecies, que comparte parcialmente con la selva atlántica de Brasil. Ejemplos: *Tinamus solitarius solitarius, Crypturellus obsoletus obsoletus, Mergus octosetaceus, Penelope obscura obscura, Penelope superciliaris major, Aburria jacutinga, Amazona pretrei pretrei, Piaya cayana macroura, Otus atricapillus sanctaecatarinae, Ciccaba virgata borelliana, Caprimulgus sericocaudatus sericocaudatus, Stephanoxis lalandi loddigesii,Dryocopus galeatus, Melanerpes flavifrons rubrirostris, Leptasthenura setaria, Syndactila rufosuperciliata acrita, Hypoedaleus guttatus guttatus, Chamaeza campanisona tshororo, Psilorhamphus guttatus, Pachyramphus castaneus castaneus, Turdus albicollis paraguayensis, Basileuterus rivularis rivularis, etc.*

b) Distrito de los Campos: Se extiende por el sur de Misiones y NE de Corrientes.

Aves características: *Athene cunicularia grallaria, Colaptes campestris campestris, Xolmis cinerea cinerea, Xolmis dominicana, Donacobius atricapillus atricapillus, Anthus nattereri, Sporophila bouvreuil pileata, Emberizoides ypiranganus, Xanthopsar flavus, Carduelis magellanica icterica.*

II) Dominio Chaqueño

1) Provincia Chaqueña: Se extiende por las provincias de Salta, Jujuy, Tucumán, Catamarca, La Rioja, Formosa, Chaco, Santiago del Estero, Santa Fe, Corrientes, Entre Ríos, Córdoba, San Luis, La Pampa y Buenos Aires. La parte correspondiente a la provincia fitogeográfica del Espinal, que se incluye en esta Provincia, está tan modificada en algunos sectores que presenta una fisonomía pampeana; sin embargo, la presencia de bosques relictuales como así también árboles y arbustos aislados, muestran que originalmente hubo Espinal. También O de Paraguay y SE de Bolivia.

Tipos de vegetación: bosques xerófilos, palmares, cardonales, sabanas, pajonales, etc.

a) Distrito Oriental: Ocupa el este de Formosa y Chaco, NO de Corrientes y norte de Santa Fe. La vegetación característica es el bosque de quebracho colorado chaqueño *(Schinopsis balansae).*

Aves características: *Nothura maculosa paludivaga, Nothura maculosa chacoensis, Nandayus nenday, Myiopsitta monacha cotorra, Celeus lugubris kerri, Lepidocolaptes angustirostris angustirostris, Thamnophilus doliatus radiatus, Donacobius atricapillus albovittatus, Anthus chacoensis, Sporophila leucoptera leucoptera, Icterus icterus strictifrons.*

b) Distrito Occidental: Ocupa el oeste de Formosa y Chaco, NE y centro de Santa Fe, sur de Corrientes y el resto de las provincias antes mencionadas. Incluye la provincia fitogeográfica del Espinal. La vegetación típica es el bosque de quebracho colorado santiagueño *(Schinopsis quebrachocolorado)*

Aves características: *Nothura maculosa pallida, Eudromia elegans magnistriata, Eudromia formosa formosa, Chunga burmeisteri, Strix rufipes chacoensis, Dryocopus schulzi, Furnarius cristatus, Furnarius rufus paraguayae, Pseudoseisura lophotes argentina, Knipolegus striaticeps, Lophospingus pusillus, Coryphospingus cucullatus fargoi, Aimophila strigiceps strigiceps, Embernagra platensis olivascens, Poospiza torquata pectoralis, Saltatricula multicolor.*

c) Distrito Serrano: Se extiende por las montañas de Salta, Jujuy, Catamarca, Tucumán, La Rioja, Córdoba y San Luis. Se comporta en parte como una zona de transición entre el chaco y la selva, pero tiene algunas aves que son propias o por lo menos frecuentan mayormente esta area. La especie vegetal característica es el orco-quebracho *(Schinopsis haenqueana).*

Aves características: *Nothoprocta pentlandii doeringi, Melanopareia maximiliani argentina, Hirundinea ferruginea pallidior, Aimophila strigiceps dabbenei, Poospiza nigrorufa whitii.*

2) Provincia del Monte: Se extiende por las provincias de Chubut, Río Negro, Buenos Aires, La Pampa, Neuquén, Mendoza, San Juan, La Rioja, Catamarca, Tucumán, Salta y Jujuy. También Bolivia.

Tipos de vegetación: estepa arbustiva, bosques xerófilos, cardonales, cojines de bromeliáceas, etc.

a) Distrito Meridional: Se extiende desde el este de Chubut hasta aproximadamente el centro de Mendoza.

Aves características: *Nothura darwinii darwinii, Eudromia elegans devia, Pseudoseisura gutturalis gutturalis, Asthenes patagonica, Agriornis murina, Xolmis coronata, Neoxolmis rubetra rubetra, Anairetes parulus patagonicus, Anairetes flavirostris flavirostris, Stigmatura budytoides flavocinerea.*

b) Distrito Central: Se extiende desde el centro de Mendoza hasta el sur de Salta. Aves características: *Eudromia elegans albida, Eudromia elegans riojana, Eudromia elegans intermedia, Cyanoliseus patagonus andinus, Asthenes steinbachi, Pseudoseisura gutturalis ochroleuca, Teledromas fuscus, Saltator aurantiirostris nasica, Poospiza ornata.*

c) Distrito de La Prepuna: Se extiende por la zona andina de Jujuy (Quebrada de Humahuaca) y del sur de Salta (quebrada del Río Calchaquí), entre 2.000 y 3.400 m aproximadamente. En parte también por Catamarca, Tucumán y La Rioja.

Aves características: *Metriopelia morenoi, Bolborhynchus aurifrons margaritae, Phytotoma rutila angustirostris, Mimus dorsalis, Lophospingus griseocristatus.*

3) Provincia Mesopotámica: Se extiende desde el sur de Misiones, al este del Río Paraná, hasta el NE de Buenos Aires. Se superpone con los distritos occidental y oriental del chaco y con el distrito de los campos de la Provincia Paranense. Además, Uruguay y SE de Brasil.

Tipos de vegetación: pajonales húmedos, camalotales, juncales, palmares, bosques, etc. Son muy frecuentes las lagunas y esteros con vegetación flotante.

Aves características: *Leptotila verreauxi chloroauchenia, Myiopsitta monacha monacha, Chlorostilbon aureoventris lucidus, Colaptes melanochloros perplexus, Picoides mixtus mixtus, Lepidocolaptes angustirostris praedatus, Furnarius rufus rufus, Limnornis curvirostris, Limnoctites rectirostris, Troglodytes aedon bonariae, Cyclarhis gujanensis ochrocephala, Thraupis sayaca sayaca, Thraupis bonariensis bonariensis, Sporophila palustris, Sporophila zelichi, Sporophila cinnamomea.*

4) Provincia Pampeana: Se extiende por la mayor parte de la provincia de Buenos Aires, E de La Pampa, SE de Córdoba y S de Santa Fe. También Uruguay.

Tipos de vegetación: praderas, pajonales, etc.; es muy rica en lagunas y esteros con vegetación acuática (juncales, totorales, etc.).

Aves características: *Nothura maculosa annectens, Eudromia elegans multiguttata, Cranioleuca sulphurifera, Spartonoica maluroides, Asthenes hudsoni, Carduelis magellanica magellanica, Sturnella defilippi.*

A pesar de las pocas aves propias, la Provincia Pampeana es muy importante para la nidificación de aves acuáticas que, aunque generalmente comparte con la Patagonia, allí se da la mayor concentración.

Ejemplos: *Podiceps major major, Coscoroba coscoroba, Cygnus melancoryphus, Anas flavirostris flavirostris, Anas silbilatrix, Anas georgica spinicauda, Anas versicolor versicolor, Anas cyanoptera cyanoptera, Anas platalea, Netta peposaca, Fulica armillata, Fulica rufifrons, Fulica leucoptera, Nycticryphes semicollaris, Himantopus melanurus, Larus maculipennis.*

III. Dominio Andino-Patagónico

1) Provincia Puneña: Se extiende por la zona andina de Jujuy, Salta, Catamarca, La Rioja y Tucumán, por arriba de los 3.000 - 3.500 m. Además, Chile, Bolivia y Perú.

Tipos de vegetación: estepa arbustiva (tolares), estepa graminosa, estepa de caméfitas, etc. Son abundantes las lagunas con vegetación acuática y los salares.

Aves características: alrededor de 50 especies y subespecies. Ejemplos: *Nothoprocta ornata, Tinamotis pentlandii, Plegadis ridgwayi, Phoenicoparrus jamesi, Anas puna, Buteo poecilochrous, Fulica cornuta, Charadrius alticola, Attagis gayi simonsi, Athene cunicularia juninensis, Oreotrochilus estella, Geositta punensis, Upucerthia andaecola, Phleocryptes melanops schoenobaenus, Asthenes modesta modesta, Asthenes sclateri lilloi, Agriornis montana montana, Muscisaxicola rufivertex pallidiceps, Muscisaxicola juninensis, Lessonia rufa oreas, Tachuris rubrigastra alticola, Anthus furcatus brevirostris, Anthus correndera catamarcae, Sicalis lutea, etc.*

2) Provincia Cordillerana: Se extiende por las monañas del oeste argentino, tanto en la zona andina, como en otros sistemas montañosos. Ocupa una banda más o menos continua desde La Rioja hasta Santa Cruz y en forma aislada en las otras montañas. Además Chile.

Tipos de vegetación: estepa arbustiva, pajonales rocosos, estepas de caméfitas, etc.

a) Distrito Cordillerano: Se extiende desde La Rioja hasta Santa Cruz y de alguna manera también hasta Tierra del Fuego.

Aves características: *Nothoprocta pentlandii mendozae, Merganetta armata armata, Geositta cunicularia hellmayri, Agriornis montana leucura, Muscisaxicola albilora, Muscisaxicola frontalis, Muscisaxicola macloviana mentalis, Sicalis olivascens mendozae, Phrygilus unicolor unicolor, Melanodera xanthogramma barrosi.*

b) Distrito Chileno: Se extiende por el NO de Mendoza y zonas limítrofes de San Juan. Es típico de Chile.

Aves características: *Laterallus jamaicensis, Geositta isabellina, Cinclodes oustaleti oustaleti, Scytalopus magellanicus fuscus, Muscisaxicola rufivertex rufivertex, Muscisaxicola cinerea cinerea, Zonotrichia capensis sanborni, Phrygilus gayi gayi.*

c) Distrito Serrano: Se extiende en forma aislada por las sierras de Salta, Tucumán, Catamarca, La Rioja, San Juan, Mendoza, Córdoba, San Luis, Buenos Aires y Río Negro.

Aves características: *Nothoprocta pentlandii doeringi, Geositta rufipennis ottowi, Geositta cunicularia contrerasi, Cinclodes olrogi, Cinclodes comechingonus, Cinclodes atacamensis schocolatinus, Asthenes modesta cordobae, Asthenes modesta hilereti, Asthenes sclateri sclateri, Asthenes sclateri brunnescens, Agriornis montana fumosus, Muscisaxicola rufivertex achalensis, Anthus bogotensis shiptoni, Catamenia inornata cordobensis, Phrygilus unicolor cyaneus, Phrygilus plebejus naroskyi, Compsospiza baeri, Sturnella loyca obscura.*

3) Provincia Patagónica: Se extiende por Mendoza, Neuquén, Río Negro, Chubut, Santa Cruz, Tierra del Fuego y las Malvinas. Además sur de Chile.

Tipos de vegetación: estepa arbustiva, estepa herbácea, estepa de caméfitas, etc.

a) Distrito Occidental: Se extiende desde Mendoza, por el oeste, hasta Santa Cruz y Tierra del Fuego. Es en cierta manera una zona de transición entre la estepa patagónica y el bosque araucano.

Aves características:*Nothura maculosa submontana, Rallus sanguinolentus landbecki, Asthenes pyrrholeuca sordida, Asthenes anthoides, Agriornis livida fortis, Anairetes parulus parulus, Phytotoma rara, Tachycineta leucopyga, Diuca diuca diuca.*

b) Distrito Oriental: Se extiende por Río Negro, Chubut y Santa Cruz, al este del Distrito Occidental.

Aves Características: *Pterocnemia pennata pennata, Tinamotis ingoufi, Eudromia elegans patagonica, Thinocorus rumicivorus rumicivorus, Geositta antarctica, Eremobius phoenicurus, Neoxolmis rufiventris, Anthus correndera chilensis, Sicalis lebruni.*

c) Distrito Fueguino: Se extiende principalmente por el norte de Tierra del Fuego; además la zona del Canal de Beagle e Isla de los Estados.

Aves características: *Rallus sanguinolentus luridus, Gallinago stricklandii, Cinclodes antarcticus maculirostris, Cinclodes patagonicus patagonicus, Cinclodes oustaleti hornensis, Muscisaxicola flavinucha brevirostris, Muscisaxicola capistrata, Melanodera xanthogramma xanthogramma, Phrygilus unicolor ultimus.*

d) Distrito Malvinense: Se extiende por las Islas Malvinas.

Aves características: *Podiceps rolland rolland, Nycticorax nycticorax falklandicus, Chloephaga picta leucoptera, Chloephaga hybrida malvinarum, Asio flammeus sanfordi, Cinclodes antarcticus antarcticus, Muscisaxicola macloviana macloviana, Cistothorus platensis falklandicus, Troglodytes aedon cobbi, Turdus falcklandii falcklandii, Anthus correndera grayi, Melanodera melanodera melanodera, Sturnella loyca falklandica.*

IV) Dominio Araucano

1) Provincia Araucana: Se extiende por la Cordillera de los Andes, desde Neuquén hasta Santa Cruz, Tierra del Fuego e Isla de los Estados. Además, Chile.

Tipos de vegetación: bosques perennifolios, bosques caducifolios, matorrales, etc. Son muy abundantes los lagos, vegas y turberas, con vegetación acuática.

a) Distrito Continental: Se extiende desde Neuquén hasta Santa Cruz.
Aves características: *Accipiter bicolor chilensis, Buteo ventralis, Milvago chimango temucoensis, Columba araucana, Enicognathus ferrugineus minor, Strix rufipes rufipes, Sephanoides galeritus, Ceryle torquata stellata, Picoides lignarius, Colaptes pitius cachinnans, Sylviorthorhynchus desmursii, Pteroptochos tarnii, Scelorchilus rubecula rubecula, Xolmis pyrope, Colorhamphus parvirostris, Curaeus curaeus curaeus.*

b) Distrito Fueguino: Se extiende por la mitad sur de Tierra del Fuego e Isla de los Estados.
Aves características: *Milvago chimango fuegiensis, Enicognathus ferrugineus ferrugineus, Curaeus curaeus reynoldsi.*

2) Región Antártica
I) Dominio Antártico

1) Provincia Costera: Se extiende por la costa atlántica desde Buenos Aires hasta Tierra del Fuego, Isla de los Estados e Islas Malvinas. También de alguna manera en la Laguna Mar Chiquita, en Córdoba. Además, Chile y Perú.
Tipos de vegetación: estepa arbustiva, estepa graminosa, estepa halófila, "bosques" de algas gigantes, etc.
Aves características: *Spheniscus magellanicus, Eudyptes chrysocome chrysocome, Pelecanoides magellani, Phalacrocorax magellanicus, Phalacrocorax bougainvillii, Phalacrocorax albiventer, Phalacrocorax gaimardi, Tachyeres pteneres, Tachyeres brachypterus, Tachyeres leucocephalus, Haematopus ostralegus durnfordi, Haematopus ater, Haematopus leucopodus, Charadrius falklandicus, Stercorarius skua chilensis, Leucophaeus scoresbii, Larus belcheri atlanticus, Sterna hirundinacea.*
Es un área muy importante de invernada de Charadriiformes del Hemisferio Norte.

2) Provincia Insular: Se extiende por las Islas Malvinas, Georgias del Sur, Sandwich del Sur, Orcadas del Sur y Shetland del Sur. También en otras islas subantárticas.
Tipos de vegetación: estepa arbustiva, estepa graminosa, tundra, "bosques" de algas gigantes, etc.
Aves características: *Aptenodytes patagonica patagonica, Pygoscelis papua papua, Diomedea exulans chionoptera, Phoebetria palpebrata palpebrata, Halobaena caerulea, Pachyptila belcheri, Pachyptila turtur, Procellaria aequinoctialis aequinoctialis, Puffinus gravis, Puffinus griseus, Oceanites oceanicus oceanicus, Garrodia nereis, Fregetta tropica tropica, Pelecanoides georgicus, Pelecanoides urinator exsul, Pelecanoides urinator berard, Sterna vittata gaini.*
Las Georgias del Sur tienen cuatro aves endémicas: *Phalacrocorax atriceps georgianus Sterna vittata georgiae, Anas georgica georgica, Anthus antarctica.*

3) Provincia Antártica: Se extiende por la Antártida e islas adyacentes.
Tipos de vegetación: tapices de líquenes, tapices de musgos, "bosques" de algas gigantes, etc.

Aves características: *Aptenodytes forsteri, Thalassoica antarctica, Stercorarius maccormicki.*
Además 14 especies y subespecies en común con la Provincia Insular.

Manuel Nores

Investigador del Conicet.
Centro de Zoología Aplicada

Los datos utilizados para la realización de este trabajo, han sido obtenidos en una buena parte con subsidios provenientes del Consejo Internacional para la Preservación de las Aves, del Conicor y de la Secyt.

BIBLIOGRAFIA CITADA
EN "ZONAS ORNITOGEOGRAFICAS DE ARGENTINA"

BAEZ, J.
1937   Mapa fitogeográfico de la provincia de Entre Ríos. Pág. 17, en Burkart, A.
            1969. Flora ilustrada de Entre Ríos (Argentina), pt. 2, Gramíneas . INTA.

CABRERA, A. L.
1976   Regiones fitogeográficas argentinas. Enciclopedia argentina de agricultura y
            jardinería. Tomo 2.

CABRERA, A. y J. YEPES
1940   Mamíferos sudamericanos. Cía. Argentina de Editores, Bs. As.

CARNEVALI, R.
1985   Esquema fitogeográfico de Corrientes. Presentado en las 20 Jornadas Ar-
            gentinas de Botánica. Salta.

DABBENE, R.
1910   Ornitología argentina. An. Mus. Nac. Bs. As. Tomo 18.

DIGILIO, A.P. y P.R. LEGNAME.
1966   Los árboles indígenas de la provincia de Tucumán. Opera Lilloana 15.

DEL CASTILLO, M.Z. de.
1985   Esquema fitogeográfico de la provincia de Salta. Secr. Est. Asuntos Agrarios,
            Salta.

GOLLAN, J.S.
1958   Zoogeografía. Págs. 211-359, en La Argentina suma de geografía. Tomo 3.

HUECK, K.
1972   As florestas da America do Sul, Sao Paulo.

JOZAMIN, J. M. y J.D. MUÑOZ.
1983   Arboles y arbustos indígenas de la provincia de Entre Ríos. IPNAYS. Santa
            Fe.

LUTI, R., M. SOLIS, F. GALERA, N. FERREYRA, M. BERZAL, M. NORES, M. HE-
RRERA y J. BARRERA.
1979   Vegetación. Págs. 297-368 en Geografía física de la provincia de Córdoba.
            J. Vázquez, R. Miatello y M. Roqué (Eds.). Ed. Boldt.

MORELLO, J. y J. ADAMOLI
1968   Las grandes unidades de vegetación y ambiente del chaco argentino. Primera
            parte: objetivos y metodología. INTA, Serie Fitogeográfica, Nº 13.

OLROG, C.C.
1959   Las aves argentinas, una guía de campo. Inst. M. Lillo. Tucumán.

1963   Lista y Distribución de las Aves Argentinas. Op. Lilloana IX. Tucumán.

1984   Las aves argentinas. Adm. de Parques Nacionales.

PEREYRA, J. A.
1943   Nuestras aves. Tratado de ornitología. Min. Obr. Públ. Bs. As.

RINGUELET, R. A.
1960   Rasgos fundamentales de la zoogeografía de la Argentina. Physis 22: 151-170.

VERVOORST, F.
1982   Noroeste. Págs. 9-24, en Simposio Conservación de la vegetación natural en la República Argentina. 18 Jornadas Argentinas de Botánica. Tucumán.

ALGUNOS COLORES UTILIZADOS EN EL TEXTO

ACANELADO: Ocráceo acanelado. Canela claro. Ej: *Synallaxis scutata.*
AMARILLO ORO: Amarillo intenso. Ej: *Sicalis flaveola.*
BRONCEADO: Color del bronce. Ej: *Hylocharis chrysura.*
CANELA: Color de la canela. Castaño pálido con algo de amarillo. Ej: *Dendrocygna bicolor.*
CARMIN: Rojo. Ej: Lomo de *Sappho sparganura.*
CASTAÑO: Pardo rojizo. Rufo pálido. Ej: *Limnornis curvirostris.*
CENICIENTO: Gris pálido con algo de pardo. Ej: *Pluvianellus socialis.*
CORNEO: Color del cuerno.
GRANATE: Color del interior del fruto de la granada. Rojo con algo de violeta. Ej: Cola de *Anthracothorax nigricollis.*
GRIS PARDUSCO: Combinación equivalente de gris y pardo; más pardo que el ceniciento y más gris que el pardusco. Ej: *Empidonomus aurantioatrocristatus.*
LACRE: Rojo oscuro. Ej: Escudete de *Fulica rufifrons.*
LILACEO: Morado claro o violáceo rosado, como la flor de la lila. Ej: Patas de varios petreles.
MARFIL: Blanco amarillento. Ej: Pico de *Cacicus solitarius.*
MORADO: Color del fruto de la morera. Ej: *Cyanocorax cyanomelas.*
OCRACEO: Usase en general para diversas tonalidades de ocre, pardo claro, leonado, etc; más o menos blancuzcas, más o menos acaneladas, tan comunes en la parte ventral de muchas aves. Ej: Tinamidae, Furnariidae, etc.
OLIVA: Verde oscuro. Color de la aceituna. Ej: Dorso de *Satrapa icterophrys* y de muchos tiránidos de selva.
OLIVACEO: Oliva menos definido; con algo de pardo. Ej: *Mesembrinibis cayennensis.*
PARDO: Marrón.
PARDUSCO: Pardo con algo de gris, sin llegar a gris pardusco. Ej: *Podilymbus podiceps.*
PLOMIZO: Gris oscuro con toque azulado. Ej: *Rallus sanguinolentus.*
PURPURA: Rojo violáceo. Ej: *Ramphocelus bresilius.*
RUBI: Rojo. Color de la piedra preciosa homónima. Ej: Garganta de *Heliomaster furcifer.*
RUFO: Rojizo. Castaño rojizo. Ej: Cola de *Furnarius rufus.*
SALMON: Rosáceo anaranjado. Color de la carne del salmón. Ej: *Phoenicopterus chilensis.*
VINOSO: Rojizo purpúreo. Color del vino tinto. Ej: Cabeza y cuello de *Columba picazuro.*

GLOSARIO

ABIGARRADO: Plumaje abigarrado. De diseño complejo. Ej: *Botaurus pinnatus.*

ACROBATICO: Que realiza ágiles movimientos en las ramas colocándose incluso cabeza abajo. Ej: *Leptasthenura.*

ACTIVO: Inquieto. Que a menudo está en movimiento. Ej: *Aphrastura spinicauda.*

AGUAS SOMERAS: Aguas playas, de poca profundidad. Sitio preferido por ciertos playeros.

ALA ANGULADA: Silueta en vuelo con el ala abruptamente doblada hacia atrás en la articulación carpo-metacarpo. Ej: *Pandion haliaetus.*

ALA VENTRAL: Parte interna o inferior del ala, visible en vuelo.

ALISAL: Comunidad de aliso (*Alnus*), en la yunga. En general incluye también pino de cerro *(Podocarpus).*

ALOPATRICAS/OS: Dícese de dos o más especies que no viven en la misma localidad.

ALTOANDINO: Referido a las alturas de la cordillera de los Andes o del Aconquija, por lo general sobre los 3.000 m.

ALTOSERRANO: Referido al nivel superior de las sierras altas, por lo general sobre los 1.200 m.

ANTIFAZ: Amplia zona oscura periocular, más ancha hacia atrás. Ej: *Geothlypis aequinoctialis.*

APERDIZADO: Diseño abigarrado de tonos ocre, castaño y negro, a menudo mimético. Ej: *Nothura maculosa.*

APICAL: Referido al ápice, punta o extremo distal.

ARBOLEDA: Se aplica aquí para agrupaciones de árboles de especies introducidas. Ej: Eucaliptal *(Eucaliptus)*, Alameda *(Populus).*

ARBORICOLA: Que vive en árboles.

AREA RURAL: Zona agrícola o ganadera, habitualmente modificada por el hombre.

ARISCO: Esquivo. Que huye o se oculta dificultando la observación. Desconfiado. Ej: *Leptotila verreauxi.*

AUDAZ: Atrevido, osado. Ej: *Larus dominicanus.*

AURICULAR: Zona auricular, región del oído.

BABERO: Amplia zona gular que incluye lo superior del pecho.

BAJOS SUBMERIDIONALES: Depresión que abarca el N de S. Fe y el S de Chaco, rica en avifauna palustre.

BALANCEO: Movimiento vertical del cuerpo o de la cola. Ej: *Actitis macularia.*

BANDA: Larga y ancha zona coloreada, similar a faja pero sólo usada para el ala, notable en vuelo. Banda alar. Ej: *Cinclodes fuscus.*

BAÑADO: Cuerpo de agua semipermanente, sin perímetro definido, con abundante vegetación emergente. Suelo inundable. Característico de la llanura pampeana.

BARBA: Lo superior de la garganta. Area debajo del pico.

BARRADO: Que posee barras o líneas transversales. Ej: Pecho de *Thamnophilus ruficapillus.*

BASAL: Referido a la base. Lo opuesto a apical.

BATARAZ: Diseño que combina pintas o manchitas blancas y negras. Ej: *Picoides mixtus.*

BIGOTE: Línea oscura en la región malar. Ej: *Falco.*

BOSQUE: Comunidad de árboles o arbustos de porte variado, poco estratificado, que incluye la unidad fitogeográfica del espinal.

> **ARAUCANO:** Bosque subantártico. Bosque húmedo con abundancia de *Nothofagus* que forma una angosta faja en la ladera oriental de la cordillera austral, al O de la Patagonia.
>
> **DE TRANSICION:** Con inclusión de elementos selváticos (se utiliza para el NO).
>
> **HUMEDO:** Con cierta presencia de elementos selváticos. En general se corresponde con el Distrito Oriental del Dominio Chaqueño.
>
> **MONTANO:** Bosque serrano. En laderas de cerros en el NO, con predominio de aliso *(Alnus)* y pino de cerro *(Podocarpus).*
>
> **XEROFILO/XEROFITO:** De zonas secas. "Monte".

BULLANGUERO: Ruidoso. Que emite muy a menudo su voz. Ej: *Myiodynastes maculatus.*

CAPUERA: Vegetación selvática secundaria surgida tras el desmonte. Usase también aquí para indicar áreas empobrecidas o semiexplotadas de la selva.

CARA: Se utiliza con el mismo aparente significado que en anatomía humana.

CARDONAL: Comunidad de cardones o grandes cactáceas columnares (*Trichocereus*) en la prepuna.

CARUNCULA: Excrecencia carnosa en la base de la maxila. Ej: *Netta peposaca.*

CAUDAL: Referido a la cola.

COLONIA: Asociación de individuos de una o más especies que se reúnen para nidificar.

COLORACION MODESTA: Plumaje no vistoso, de tonos más bien uniformes. Ej: *Furnarius rufus.*

COLLAR: Collar pectoral. Faja pectoral, a menudo oscura. Ej: *Charadrius collaris.*

    COMPLETO: Collar que se continúa y une en lo dorsal del cuello. Ej.: *Charadrius semipalmatus.*

COLLARIN: Collar de plumas alargadas que rodean el cuello. Ej: *Circus buffoni.*

CONESPECIFICO: Coespecífico. Dos poblaciones o razas son conespecíficas cuando pertenecen a la misma especie.

CONSPICUO: Visible o destacado. Usase para indicar un grado menor que notable.

COPETE: Prolongadas plumas en la corona. Puede ser también frontal o nucal.

CORONA OCULTA: Plumas coloreadas de la corona visibles en ciertos casos. Ej: *Pitangus sulphuratus*

COSMOPOLITA: Especie que habita diversos continentes.

COSTERO: Que vive en las costas. Aquí se utiliza más bien para costas de mar.

CUBIERTAS: Usado como sinónimo de cubiertas alares. Plumas que cubren dorsalmente el ala.

CURIOSEA: Que se acerca al observador a menudo entre la espesura, para huir luego. Ej: *Scytalopus magellanicus.*

CHALECO: Zona pectoral más angosta en el centro. Ej: *Falco femoralis.*

CHORREADO: Goteado, manchitas alargadas. Ej: *Grallaria ochroleuca.*

DESPLIEGUE NUPCIAL: Cortejo. Conjunto de actitudes de la pareja, previas al apareamiento. Ej: *Sturnella superciliaris.*

DIMINUTO: Muy pequeño. Menor que 10 cm de medida natural. Ej: *Myiornis auricularis.*

DIMORFISMO ESTACIONAL: Característica de ciertas especies que poseen diferente coloración y/o aspecto en la época reproductiva (PN) y en la de reposo sexual (PI) lo que suele equivaler, respectivamente, a verano e invierno. Ej: *Zonibyx modestus.*

DIMORFISMO SEXUAL: Característica de ciertas especies que poseen diferencias de coloración o aspecto entre los sexos. Ej: *Hymenops perspicillata.*

DISEÑO COMUN: Usase para señalar un tipo de plumaje habitual en una especie. También una diseño similar entre ♀♀ de diferentes especies. Ej: *Sporophila.*

DIVERSIDAD DE PLUMAJES: Frase utilizada para señalar que por razones de edad o de fases, pueden encontrarse otros plumajes no descriptos.

DORSAL: Parte dorsal. Parte superior incluyendo cabeza y cola.

DORSO: Parte dorsal a menudo con exlusión de cabeza y/o cola.

EGRETES: Largas plumas que aparecen en algunas garzas durante la época nupcial. Ej: *Egretta alba.*

EN DISMINUCION: Especie cuyo número va decreciendo. Ej: *Gubernatrix cristata.*

EN EXPANSION: Que va extendiendo su distribución. Ej: *Columba picazuro.*

ENDEMICO (∈): Que vive tan solo en una localidad. Aquí úsase exclusivamente con referencia a la Argentina. Ej: *Podiceps gallardoi.*

ENVERGADURA (Env.): Distancia de extremo a extremo de las alas, en vuelo. Ej: *Diomedea exulans.*

ERECTIL: Que se puede elevar. Copete eréctil. Ej.: *Tapera naevia.*

ESCAMADO: Diseño de plumas con aspecto de escamas. Ej: *Geositta cunicularia.*

ESCUDETE: Membrana frontal coloreada. Ej: *Jacana jacana.*

ESCUTELACIONES: Placas sobre el tarso. Ej: *Pterocnemia pennata.*

ESPEJO: Espejo alar. Fajas en el ápice de las secundarias, a menudo con brillo metálico, notables en vuelo. Ej: *Anatidae.*

ESTEPA: Extensión de terreno con predominio de gramíneas, en forma de matas, dejando entre ellas suelo más o menos desnudo.

    ARBUSTIVA: Formada por arbustos bajos y esparcidos.

ESTERO: Laguna de regiones tropicales y subtropicales de poca profundidad, con mínimo espejo de agua y abundante vegetación.

ESTRATOS: Niveles de vegetación. Usase para las selvas, dividiéndolos en: Estratos bajo, medio y alto.

ESTRIAS: Líneas cortas de color. Ej: Pecho de *Anthus correndera.*

ESTUARIO: Sistema acuático fluvio-marino inestable, característico de la desembocadura de ríos en el mar.

FAJA: Alargada zona de color. Faja caudal, pectoral, nucal, ocular, etc. Similar a banda, que se reserva para el ala (Banda alar).

FASE: Variantes de coloración que presentan individuos en algunas especies, no relacionadas con edad, sexo, etc. Ej: *Buteo polyosoma.*

FILETE: Usase sólo para el ala. Apice de cubiertas alares o de vexilos de remeras, con aspecto de línea continuada. Ej: Muchos Tyrannidae

FORMA: Especie o subespecie. Se utiliza a menudo cuando se duda sobre el nivel taxonómico.

FRUGIVORO: Que se alimenta de frutos. Ej: Thraupidae

GANCHO APICAL: Terminación afilada y curva del pico de ciertas especies. Ej: Tyrannidae.

GOLA: Plumas alargadas en lo dorsal del cuello, en general algo eréctiles. Ej: *Gnorimopsar chopi.*

GOTEADO: Manchas como gotas. Ej: *Hypoedaleus guttatus.*

GREGARIO: Que vive asociado con otros individuos de su especie o de otras.

GRUPO: Conjunto de individuos en número menor que bandada.

MIXTO: Grupo de individuos de varias especies.

GULAR: Zona gular. Referido a la garganta.

HALCONEAR: Cernirse. Mantenerse en un punto fijo batiendo las alas pero sin desplazarse. Ej: *Elanus leucurus.*

HIBRIDIZAN: Quienes perteneciendo a especies supuestamente distintas, se reproducen entre sí.

HOMBRO: Cubiertas alares superiores o menores. Tiene el mismo aparente significado que en la anatomía humana.

HUELLA PALMEADA/SEMIPALMEADA: Marca dejada en el barro por la pisada. En este caso con palmeadura o semi. Ej: *Calidris pusilla.*

IMBRICADO: Diseño complejo. Trama en la que partes del dibujo se entremezclan con otras.

INCONSPICUO: No notable. Poco destacado.

INQUIETO: Activo. Que a menudo está en movimiento.

INSECTIVORO: Que se alimenta de insectos.

INTRODUCIDO: Que no es nativo aunque vive en libertad. Ej: *Passer domesticus.*

JUNCAL: Usase como sinónimo de comunidad de Juncos (*Scirpus*), de Totoras *(Typha)*, de Espadañas (*Zizaniopsis*), etc.

LAGO: Cuerpo de agua extenso, de mucha profundidad, en general en áreas montañosas.

LAGUNA: Cuerpo de agua extenso, de poca profundidad, con perímetro definido.

LARGUIRUCHO: Delgado y largo. Ej: *Geranospiza caerulescens.*

LAXO: Flojo, suelto. Refiérese al plumaje. Ej: Cariamidae.

LISTADO: Que posee barras o líneas longitudinales. Lo opuesto a barrado.

LOBULADOS: Dedos con una extensión lateral de la membrana, sin llegar a palmeadura. Ej: *Fulica.*

LORAL: Lorum. Zona loral. Area entre el pico y el ojo.

MACULADO: Manchado.

MALAR: Zona malar. Area comprendida entre las zonas auricular, loral y gular.

MANCHADO: Moteado. Diseño de coloración con máculas mayores que puntos y más irregulares que pecas o pintas.

MANTO: Zona dorsal entre las alas. Ej: *Diomedea melanophris.*

MARGINADO: Con reborde de cada pluma de coloración notable, a menudo clara. Ej: Dorso de jóvenes de varios Accipitridae.

MEJILLA: Se utiliza con el mismo aparente significado que en la anatomía humana.

MELANISMO: Coloración negra en el plumaje de ciertos individuos de una especie coloreada. En algunos grupos es muy comun. Ej: *Buteo swainsoni.*

MENEO: Movimiento lateral a menudo de la cola. Ej: *Glaucidium brasilianum.*

MESOPOTAMIA: Provincias argentinas incluidas entre los ríos Paraná y Uruguay. Misiones, Corrientes y Entre Ríos.

MIGRADOR A: Especie que nidifica en el hemisferio norte e inverna aquí durante nuestra primavera y verano. Ej: *Pluvialis dominica.*

MIGRADOR B: Que nidifica en nuestra área en primavera y verano, y que inverna más al norte, a menudo en otros países de América. Ej: *Tyrannus savana.*

MIGRADOR C: Que nidifica en la Patagonia o Malvinas y que aparece en el resto del país, y aún más al norte, en invierno. Ej: *Neoxolmis rufiventris.*

MIMETICO: Utilizado aquí para quien se asemeja al ambiente en el que vive.

MUDA: Cambio estacional de plumaje.

NOTABLE: Muy destacado. Usase en un grado mayor que conspicuo.

OCULTO: Que permanece escondido; generalmente entre la vegetación. Difícil de observar. Ej: *Batara cinerea.*

ONDEADO: Plumaje con aspecto de ondas.

PAISES LIMITROFES: Refiérese en este caso a los que limitan con la Argentina, que son Brasil, Paraguay, Bolivia y Chile. No se aplica al Uruguay, país mencionado explícitamente.

PAJONAL: Area cubierta por gramíneas de mediano a alto porte.

    DE INUNDACION: **Pajonal inundable. Periódicamente cubierto por agua.**

PALMAR: Comunidad de palmeras.

PALMEADO: Con palmeadura. Ej: Anatidae.

PALMEADURA: Membrana interdigital.

PALUSTRE: Referido a pantano o laguna. **De áreas húmedas o semiinundadas.**

PANTANO: Area semiacuática sin espejo de agua y lecho barroso, con abundante presencia de vegetación palustre. Etapa final de algunas lagunas.

PANTROPICAL: Que habita el área tropical en distintos continentes. Ej: *Fregata magnificens.*

PARASITO: Que pone huevos en nido ajeno dejando la incubación de estos a cargo del anfitrión, quien suele criar a los pichones.

PARECIDO: Usase para comparar especies similares. Representa un grado mayor que "recuerda".

PARPADO: Leve línea que rodea al iris. Menor que periocular. Ej: *Elaenia.*

PASIVO: Apático. Tranquilo. Que permanece mucho tiempo inactivo en el mismo sitio. Ej: *Trogon surrucura.*

PASTIZAL: Comunidad de pastos bajos.

    DE ALTURA: **Comunidad de gramíneas en terrenos altoserranos o andinos.**

    SALOBRE: **Comunidad de pastos halófitos.**

PATAGONIA: Provincias argentinas de Río Negro, Neuquén, Chubut y Santa Cruz incluyendo el extremo sur de Buenos Aires y norte de Tierra del Fuego.

PATILLA: Línea vertical postocular. Ej: *Falco peregrinus.*

PELAGICO: De alta mar.

PENACHO: Mechón de plumas. Ej: *Podiceps rolland.*

PERCHAR: Posarse en ramas.

PERIDOMESTICO: Que vive en derredor de las viviendas humanas.

PERIOCULAR: Línea que rodea al ojo, más notable que párpado. Ej: *Pygoscelis adeliae.*

PICO CURVO: Curvado hacia abajo. En caso contrario se menciona expresamente curvo hacia arriba.

PIRATEO: Persecución de otras aves para apoderarse de su alimento. Ej: *Stercorarius parasiticus.*

POBLADOS: Pueblos o ciudades. En general asentamientos humanos.

PRADERA: Area con vegetación herbácea densa con descanso invernal.

PRADO: Prado alpino. Pradera en el estrato superior de la yunga.

PREPUNA: Quebradas y laderas secas del NO. Vegetación predominantemente arbustiva, baja y esparcida, mezclada con cardones, entre los 2000 y 3200 m.

PRIMARIAS VENTRALES, PRIMARIAS DORSALES: ver remeras.

PUNA: Estepa arbustiva con vegetación achaparrada entre suelo desnudo, entre los 3200 y 4000 m. en el NO.

QUEBRADA: Area angosta entre sierras o montañas, a menudo más vegetada y húmeda que los alrededores, por la que suele correr un arroyo.

RABADILLA PARTIDA: Diseño en la rabadilla, con faja longitudinal central oscura flanqueada de blanco. Ej: *Calidris bairdii.*

RAZA: Subespecie. Forma geográfica. Variación en general poco notable de coloración o tamaño entre una población y otra de una especie.

RECHONCHO: Aspecto robusto. En general de cola corta. Lo opuesto a esbelto. Ej: Pipridae.

RECORREDOR: Que recorre activamente el ramaje de árboles o arbustos. Ej: *Parula pitiayumi.*

RECUERDA: Utilízace con el sentido de algo parecido o relativamente parecido.

REMERAS: Remiges. Plumas de vuelo.

DORSALES: Remeras vistas dorsalmente, desde arriba.

VENTRALES: Remeras vistas ventralmente, desde abajo.

RETICULADO: Plumaje reticulado. Aspecto de redecilla, panal de abeja o cuadriculado. Ej: Ala ventral de *Accipiter.*

ROQUEDALES: Ambientes rocosos. Pedregales.

RUPICOLA: Que vive en las rocas o piedras.

RETACON: Bajo y robusto.

SABANA: Grandes praderas con predomino de gramíneas de alto porte, salpicada con palmeras, árboles o bosquecitos aislados.

SALITRAL: Area de salinas.

SALUDADOR: Que efectúa a menudo un movimiento de balanceo de cabeza y cuello. Ej: *Tringa.*

SE EXHIBE: Se posa en sitios visibles con aparente intención de llamar la atención. Ej: ♂ de *Sturnella superciliaris.*

SELVA: Comunidad vegetal densa y muy estratificada. Con abundancia de lianas, epífitas, etc. Característica de zonas tropicales húmedas.

EN GALERIA: A lo largo de rios y arroyos.

SEMICOPETE: Prolongadas plumas en la corona, frente o nuca, sin alcanzar a constituir un copete.

SIMPATRICAS/OS: Dícese de dos o más especies que habitan la misma localidad.

SOBRECEJA: Línea sobre la ceja. Ej: *Basileuterus culicivorus.*

SOMERAS: Ver aguas someras.

SUBADULTO: Individuo intermedio entre joven y adulto que sin poseer aún el plumaje definitivo ha dejado el vestuario juvenil. Se da en los grupos que tardan un tiempo prolongado en alcanzar la adultez.

SUBAPICAL: Antes del ápice o punta.

SUBCAUDAL: Región subcaudal. Plumas subcaudales. Debajo de la cola.

SUBOCULAR, SUPRAOCULAR: Debajo o arriba del ojo respectivamente.

SUPRAFRONTAL: Línea o faja sobre la frente. Ej: *Charadrius collaris.*

TACUARAL: Comunidad de caña tacuara en la selva.

TAMBOREAR: Sonido monótono que efectúan varias especies de carpinteros golpeando el pico más o menos rápidamente contra troncos.

TAPADAS: Tapadas alares. Parte interna del ala ventral.

TERRICOLA: Que habita el suelo. Ej: *Rhynchotus rufescens.*

TIMONERAS: Rectrices. Plumas rígidas de la cola.

TURBAL: Ambiente de suelo blando, de turba, común en el sur de Tierra del Fuego y Malvinas.

VADEAR: Recorrer aguas someras. Ej: *Limosa haemastica.*

VEGA: Pradera andina con acumulación de agua.

VENTRAL: Parte inferior. Región ventral. De la barba a las subcaudales.

VERMICULADO: Plumaje vermiculado. Con dibujos de vermes, sinuoso. Ej: Dorso de *Tigrisoma lineatum.*

VINCHA: Faja coloreada que rodea la cabeza a nivel de la frente. Ej: *Phegornis mitchellii.*

VUELO A DESGANO: Que vuela sólo en última instancia. Ej: *Chionis alba.*

    BATIDO: Con aleteo continuo.

    ELASTICO: Rápido y corto, regresando a su atalaya o proximidades. Ej.: *Pyrocephalus rubinus.*

    ERRATICO: Como sin objetivo, irregular. Ej.: Hydrobatidae.

    NUPCIAL: Parte del despliegue sexual. Vuelo efectuado durante la época de celo, característico para muchas especies o grupos. Ej.: *Gallinago gallinago.*

    ONDULADO: En ondas. Como subiendo y bajando de la horizontal. Ej.: Picidae.

    QUEBRADO: Entrecortado. Cambiando bruscamente de dirección. Ej.: Caprimulgidae.

YUNGAS: Provincia ornitogeográfica que incluye la selva nublada de las laderas orientales de los Andes, en el NO (Selva Tucumano-Oranense) además del bosque montano, alisales y praderas.

BIBLIOGRAFIA GENERAL

Colaboró   Alejandro Di Giacomo

ALEXANDER, W.B.
1963   Birds of the Ocean. G. P. Putnam's Sons. New York.

ARAYA M., B. y G. MILLIE H.
1986   Guía de Campo de las Aves de Chile. Ed. Universitaria. Sgo. de Chile.

BARATTINI, L. y R. ESCALANTE
1958   Catálogo de las Aves Uruguayas. 1° parte. Falconiformes. Cons. Deptal. Montevideo. Montevideo.

1971   Catálogo de las Aves Uruguayas. 2° parte. Anseriformes. Intendencia Municipal de Montevideo. Montevideo.

BELTON, W.
1984   Birds of Rio Grande do Sul, Brazil. Part. I. Rheidae through Furnariidae. Bull. Am. Mus. Nat. Hist. Vol 178, art. 4. New York.

1985   Birds of Rio Grande do Sul, Brazil. Part. II. Formicariidae through Corvidae. Bull. Am. Mus. Nat. Hist. Vol. 180, art. 1. New York.

BLAKE, E. R.
1977   Manual of Neotropical Birds. Vol. I. Spheniscidae to Laridae. University of Chicago Press. Chicago.

BROWN, L. y D. AMADON
1968   Eagles, Hawks and Falcons of the World. Mc. Graw. Hill. Co. New York.

BURTON, J.A.
1984   Owls of the World. W. Collins. Glasgow.

CADE, T. J.
1982   The Falcons of the World. Cornell University Press. Ithaca. New York.

CLARK, R.
1986   Aves de Tierra del Fuego y Cabo de Hornos. Ed. L.O.L.A. Buenos Aires.

CONTINO, F.
1980   Aves del Noroeste Argentino. Universidad Nacional de Salta. Salta.

CORY, C., C. HELLMAYR y B. CONOVER
1918-1951   Catalogue of Birds of the Americas and Adjacent Islands. Fiel. Mus. Nat. Hist. XI. Vol. Chicago.

CUELLO, J. y E. GERZENSTEIN
1962   Las Aves del Uruguay. Lista sistemática, distribución y notas. Com. Zool.
            Mus. Hist. Nat, Montevideo. Vol. 6, N° 93. Montevideo.

CUELLO, J.
1985   Lista de referencia y bibliografía de las Aves Uruguayas. Mus. D. A. Larraña-
            ga, Int. Mun. de Montevideo. Montevideo.

DABBENE, R.
1910   Ornitología Argentina. An. Mus. Nac. Bs. As. Tomo XVIII, 1. Buenos Aires.

1972   Aves de Caza. Editorial Albatros. Buenos Aires.

DE LA PEÑA, M.
1976-1977   Aves de la Provincia de Santa Fe. Fasc. I-X. Santa Fe.

1978-1979   Enciclopedia de las Aves Argentinas. Fasc. I-VIII. Editorial Colmegna. Santa
            Fe.

DE SCHAUENSEE, R. M., 1970. A guide to the Birds of South America. The Academy
            of Natural Sciences of Philadelphia. Pennsylvania.

DUNNING, J. S.
1982   South American Land Birds. Harrowood Books. Pennsylvania.

ESCALANTE, R.
1970   Aves marinas del Río de la Plata y aguas vecinas del Océano Atlántico. Ba-
            rreiro y Ramos S. A. Montevideo.

1983   Catálogo de las Aves Uruguayas. 3° parte. Galliformes y Gruiformes. Inten-
            dencia Municipal de Montevideo. Montevideo.

FFRENCH, R.
1976   A guide to the Birds of Trinidad and Tobago. Harrowood Books. Pennsy
            vania.

FORSHAW, J.M.
1973   Parrots of the World. Lansdowne Press. Melbourne. Australia.

FRAGA, R. y S. NAROSKY
1985   Nidificación de las Aves Argentinas (Formicariidae a Cinclidae). Asoc. Orn.
            del Plata. Buenos Aires.

GIAI, A.
1952   Diccionario Ilustrado de las Aves Argentinas. Parte I. Mundo Agrario. Ed.
            Haynes. Buenos Aires.

GOODALL, J., W. JOHNSON y R. PHILIPPI
1948-1951   Las Aves de Chile, su conocimiento y sus costumbres. Tomos I y II. Platt.
             Establ. Graf. Buenos Aires.

GOODWIN, D.
1970   Pigeons and doves of the world. Brit. Mus. Nat. Hist. Ithaca, New York.

GORE, M. E. y A. R. GEPP
1978   Las Aves del Uruguay. Mosca Hnos. Montevideo.

HANCOCK, J. y J. KUSHLAM
1984   The Herons Handbook. Croom Helm. London and Sydney.

HARRISON, P.
1983   Seabirds an identification guide. Croom Helm. Ltd. A. H. & A. W. Redd.
             Beckenham.

HAVERSCHMIDT, F.
1968   Birds of Surinam. Oliver & Boyd. Edimburgo.

HUDSON, G.E.
1974   Aves del Plata. Libros de Hispanoamérica. Buenos Aires.

HUMPHREY, P.S., D. BRIDGE, P. W. REYNOLDS y R. T. PETERSON
1970   Birds of Isla Grande (Tierra del Fuego). Prelim. Smiths. Manual. University
             of Kansas. Mus. of Nat. Hist.

JOHNSGARD, P. A.
1981   The Plovers, Sandpipers and Snipes of the World. University of Nebraska
             Press. Lincoln and London.

JOHNSON, A. W.
1972   Supplement to The Birds of Chile. Platt Establ. Graf. Buenos Aires.

KOEPCKE, M.
1964   Las Aves del Departamento de Lima. Lima.

LANYON, W.E.
1978   Revision of the Myiarchus Flycatchers of South America. Bull. Am. Mus.
             Nat. Hist. Vol. 161, art. 4. New York.

MURPHY, R. C.
1936   Oceanic Birds of South America. Vols. 1 y 2. Amer. Mus. Nat. Hist. New
             York.

NAROSKY, T.
1978   Aves Argentinas. Guía para el reconocimiento de la avifauna bonaerense.
             Asoc. Orn. del Plata. Buenos Aires.

NAROSKY, S., R. FRAGA y M. DE LA PEÑA
1983   Nidificación de las Aves Argentinas (Dendrocolaptidae y Furnariidae).
            Asoc. Orn. del Plata. Buenos Aires.

NAVAS, J.
1977   Aves, Anseriformes. Fauna de Agua Dulce de la República Argentina.
            Vol. XLIII. Fasc. 2. FECIC. Buenos Aires.

        y N. A. Bo
1977   Ensayo de tipificación de nombres comunes de las aves argentinas
            Rev. Mus. Arg. Cs. Nat. Tomo XII, Nº 7

NORES, M. y D. YZURIETA
1980   Aves de ambientes acuáticos de Córdoba y centro de Argentina. Sec.
            de Estado y Agrc. y Ganad. Córdoba.

        D. YZURIETA y R. MIATELLO
1983   Lista y Distribución de las Aves de Córdoba, Argentina. Acad. Nac.
            Cienc. Córdoba. Nº 56. Córdoba.

OLROG, C.C.
1959   Las Aves Argentinas. Una guía de campo. Inst. M. Lillo. Tucumán.

1963   Lista y Distribución de las Aves Argentinas. Op. Lilloana IX. Tucumán.

1968   Las Aves Sudamericanas. Una guía de campo. Tomo 1. Inst. M. Lillo.
            Tucumán.

1979   Nueva lista de la avifauna argentina. Op. Lilloana XXVII. Tucumán.

1984   Las Aves Argentinas. Adm. de Parques Nacionales. Buenos Aires.

PAYNTER, R. A. (Jr)
1985   Ornithological Gazetteer of Argentina. Harvard University. Cambridge.

PEREYRA, J.
1937   Aves de La Pampa. Mem. Jard. Zool. Tomo VII. La Plata.

1937-1938   Aves de la Zona Ribereña Nordeste de la Provincia de Buenos Aires.
            Mem. Jard. Zool. Tomo IX. La Plata.

1942   Avifauna Argentina. Mem. Jard. Zool. Tomo X. La Plata.

1943   Nuestras Aves. Min. Obr. Publ. Pcia. Bs. As. Buenos Aires.

PERGOLANI DE COSTA, M. J. I.
1970   Los nombres vulgares de las Aves Argentinas. IDIA. Buenos Aires.

PETERS, J. L.
1931-1979   Checklist of Birds of the World. 15 Vols. Harvard. Univ. Press. Cambridge.

PHELPS, W. H. y DE SCHAUENSEF R. M.
1979   Una Guía de Aves de Venezuela. Gráficas Armitaño, C.A. Caracas.

PRATER, A. J. H. MARCHANT y J. VOURINEN
1977   Guide to the identification and ageing of Holarctic Waders. British Trust for Ornithology. Beech Grove, Tring, Herts. *

RIPLEY, S. D.
1977   Rails of the World. M. F. Feheley Publishers Limited. Toronto.

ROBBINS, C., B. BRUUN y H. ZIM
1966   A guide to field identification Birds of North America. Golden Press. New York.*

SALVADOR, S.
1983   La avifauna de Villa María y alrededores. Esc. V. Mercante. Villa María. Córdoba.

SCOTT, D. A. y M. CARBONELLA
1986   Inventario de Humedales de la Región Neotropical. IWRB y UICN. Slimbridge y Cambridge.

SHORT, L.
1975   A zoogeographic Analysis of South American Chaco Avifauna. Bull. Am. Mus. Nat. Hist. Vol. 154, art. 3. New York.

1982   Woodpeckers of the World. Delaware Museum of Natural History. USA.

SICK, H.
1985   Ornitología Brasileira, uma introducao. Vols. I y II. Editora Universidade de Brasília. Brasília.

STEULLET, A. B. y E. A. DEAUTIER
1935-1946   Catálogo Sistemático de las Aves de la República Argentina. Univer. Nac. de La Plata. La Plata.

TUCK, G. y H. HEINZEL
1980   Guía de campo de las Aves Marinas de España y del Mundo. Ediciones Omega, S.A. Barcelona.

VAURIE, C.
1980   Taxonomuy and geographical distribution of the Furnariidae (Aves, Passeriformes) Bull. Am. Mus. Nat. Hist. Vol. 166, art. 1. New York.

VENEGAS, C. y J. JORY
1979 Guía de campo para las aves de Magallanes. Publicaciones del Instituto de la Patagonia. Punta Arenas. Chile.

WETMORE, A.
1960 A classification for the birds of the world. Smith. Misc. Coll. 1939 (11).

WOODS, R. W.
1975 The Birds of the Falkand Islands. Anthony Nelson. Shropshire.

* Estas obras resultan útiles para especies migratorias del Hemisferio Norte.

Revistas Periódicas

Actas Zoológica Lilloana. Universidad Nacional de Tucumán. Instituto Miguel Lillo. Tucumán.

Comunicaciones Zoológicas del Museo de Historia Natural de Montevideo. Museo de Historia Natural. Montevideo.

Historia Natural. Revist de Ciencias Naturales de aparición mensual. Corrientes.

El Hornero. Revista de la Asociación Ornitológica del Plata. Buenos Aires.

Neotropica. Notas Zoológicas Americanas. La Plata.

Nuestras Aves. Boletín de la Asociación Ornitológica del Plata. Buenos Aires.

Physis. Revista de la Sociedad Argentina de Ciencias Naturales.

The Auk. A Quarterly Journal of Ornithology. Published by The American Ornithologists' Union. Washington, D. C.

The Condor. Journal of the Cooper Ornithological Society.

The Ibis. Journal of the British Ornithologists' Union. Published for The British Ornithologists' Union by Academic Press.

The Wilson Bulletin. Published by The Wilson Ornithological Society.

ESPECIES RECIENTEMENTE CITADAS

Desde la aparición de la 1a. edición de esta obra (1987) a la fecha, se han señalado para la avifauna argentina diversas especies, de las que ofrecemos una lista tentativa.

Spheniscus demersus - **Pingüino del Cabo**
Procellaria westlandica - **Petrel Negro**
Cathartes melambrotus (*)
Xenus cinereus - **Playerito Pico Curvo**
Aratinga solstitialis (*)
Otus guatemalae - **Alilicucu Yungueño**
Glaucidium jardinii - **Caburé Yungueño**
Hydropsalis climacocerca - **Atajacaminos Tijera Gris**
Nyctibius aethereus - **Urutaú Coludo**
Aeronautes montivagus - **Vencejo Montañés**
Taphrospilus hypostictus (*)
Chloroceryle aenea - **Martín Pescador Enano**
Chamaeza ruficauda - **Tovaca Colorada**
Hemitriccus obsoletum (*)
Myiotheretes rufipennis - **Birro Gris**
Myiodynastes chrysocephalus - **Benteveo de Barbijo**
Oxyruncus cristatus - **Picoagudo**
Sturnus vulgaris - **Estornino Pinto**
Acridotheres critatellus - **Estornino Crestado**
Seiurus noveboracensis - **Arañero de Agua**
Thraupis palmarum - **Celestino Oliváceo**
Sporophila falcirostris - **Corbatita Picudo**
Sicalis luteocephala - **Jilguero Corona Gris**
Diglossa carbonaria (*)

(*) Especies no incluidas en la **Lista Patrón de los Nombres Comunes de las Aves Argentinas,** de Navas, Narosky, Bó y Chebez (1991), Asoc. Ornit. del Plata. Buenos Aires.

INDICE

A

321

325

329

I

J

K

L

Q

341

NOTAS DE CAMPO

NOTAS DE CAMPO

La *Asociación Ornitológica del Plata* valora y agradece
el apoyo prestado a esta obra por sus asociados:

Carlos M. Vigil

Miguel Woites

Alfredo M. Ducos

César A. Ciocatto

Edmundo R. Guerra

José Leiberman

Rosendo M. Fraga

Elsa M. de Stein

Sigrun Schmidt

Clotaire Coulon

Carlos Martinese

Laura Rosenberg

Jorge Ricci

Colin Sharp

Adelino Narosky

César A. Valdivieso

Horacio Rodríguez Moulin

Esta obra se terminó de imprimir
en Abril de 1999
en los Talleres Gráficos
EDIPUBLI S.A.
Concepción Arenal 4864
Ciudad de Buenos Aires
Argentina